出土文献与早期中国思想新知论丛

出土文献与早期中国思想新知论丛

王中江／主编

周易溯源与早期易学考论

丁四新　著

中国人民大学出版社
·北京·

总　序

思想史的记忆同其他的历史记忆一样，新史料的发现总是难得的机遇。简帛文献中的一些思想史新文献就是如此。它已经并仍然在塑造着早期中国思想世界的故事。这个故事表明，早期中国的思想世界比人们已知的要广、要大，比人们已知的要丰富、要复杂。

面对千古未见的简帛思想史新文献，面对与传世本差异或大或小的不同抄本，从山东临沂银雀山汉简、河北定州八角廊汉简到湖南长沙马王堆帛书，从湖北云梦睡虎地秦简、湖北荆门郭店楚简到上海博物馆藏楚简等等，早期中国思想史的研究者从各方面和多角度对它们进行了艰苦的探讨，对早期中国思想世界产生了许多新的认知。

这些新的认知表现在一些不同的方面。从《鲁邦大旱》《鬼神之明》中的早期信仰到《太一生水》《恒先》《凡物流形》中的宇宙观，从《唐虞之道》《忠信之道》《为政》《三德》《为吏之道》中的美德治理到《黄帝四经》《语书》中的法治，从《性自命出》《五行》中的心性论、德性论到《尊德义》《穷达以时》中的伦理道德自律，从《周易》、“易学类”的不同抄本和新文本到《老子》的各种抄本，从诸文献中显示的儒家、道家谱系到子学的整体谱系，在这些犹如层峦叠嶂的各个侧面中，不同于以往思想史记忆的新面貌都得到了一定的呈现。对此，人们自然感到欣喜。

本论丛就是其中一个重要的和集中的展示，它是由我主持并和同人一道完成的国家社科基金重大项目“出土简帛文献与古代中国哲学新发现综合研究”的部分成果，它凝聚着每位作者的心血，它的出版令人高兴。在此，谨向中国人民大学出版社和为这套论丛出版付出了诸多辛劳的王琬莹女士深致谢意。

王中江

2016 年 12 月于北京

目　录

第一编

第二编

第三编

第一编

第一章　从出土材料论《周易》卦爻画的性质和来源

早期《周易》卦爻画的性质及来源，三十多年来，一直是学界十分关心的重要问题。自张政烺先生提出“数字卦”概念并将《周易》阴阳爻画推源为筮数以来①，绝大部分学者认同

① 1978年12月初，在吉林大学参加“首届中国古文字研究会学术讨论会”期间，针对徐锡台《周原出土甲骨文字》所说周原甲骨的“奇字”，张政烺先生发表了《古代筮法与文王演〈周易〉》的临时演讲。据他后来的追述，《古代筮法与文王演周易》的主要内容为：“主要的是推断这些数字都是筮数……周原卜甲上所见数字是一、五、六、七、八……还仿照传统的办法，老阳、少阳都是阳，老阴、少阴都是阴，数字虽多，只是阴阳二爻，在黑板上画出了蒙、蛊、艮、既济四卦。我认为金文中三个数字的是单卦，周原卜甲上六个数字的是重卦。”（《张政烺文集·论易丛稿》，40～41页，北京，中华书局，2012）或：“我认为这些奇字是筮数，六个数目字一组的是重卦，而金文所见三个数目字一组的是单卦。《周易》家一贯认为奇数是阳，偶数是阴，我按照这个习惯把周原甲骨上保存完整的四组数目字用阳爻和阴爻画出为坎下艮上的蒙、巽下艮上的蛊、艮下艮上的艮、离下坎上的既济。奇阳、偶阴是根据习惯来的，传统的《周易》学如此，并没有新的证据，听者也不以为异，总算鼓掌通过了。”（《张政烺文集·论易丛稿》，60～61页）他后来发表的四篇相关论文，都是以此为基础的。参见张政烺：《试释周初青铜器铭文中的易卦》（原载《考古学报》，1980（4），403～415页），《殷墟甲骨文中所见的一种筮卦》（原载《文史》，第24辑，1～8页，北京，中华书局，1985），《易辨——近几年根据考古材料探讨〈周易〉问题的综述》（原载《周易纵横录》，177～196页，武汉，湖北人民出版社，1986；又载《中国哲学》，第14辑，1～15页，北京，人民出版社，1988），《帛书〈六十四卦〉跋》（原载《文物》，1984（3），9～14页），均收入《张政烺文集·论易丛稿》，1～25、26～38、39～58、59～72页。

此说，并多有敷陈之作。不过，清华大学藏战国楚简《筮法》篇的发现[①]，虽然从宏观上仍然可以肯定张先生的意见，但是他的一些具体结论要么应当抛弃，要么需要做出重大的修改了。单就本章主题来说，张先生曾认为《周易》阴阳爻画来源于筮数“一”“六”，现在看来这一具体结论是不正确的；而且，他的论证比较经验化，缺乏《周易》筮法理论的有力支持。在楚简《筮法》等出土资料的基础上，本章拟就早期《周易》卦爻画的性质及来源问题做出深入的探讨。

第一节　张政烺的相关研究与本章问题的提出

由张政烺提出并由李学勤等先生做进一步讨论的数字卦问题，在当代具有重要的学术价值和意义。[②] 不过，现在看来，既往的研究存在着严重的缺陷和错误之处，应当得到批评和纠正。针对张先生等人的观点，特别是在楚简《筮法》公布后的今天，我们需要严肃地追问：《周易》阴阳爻画“--”“—”的产生，确实是筮数在“一”(—)、“六”(⼈)上的集中，并最终在此两数之书写形式的基础上演变而来的吗？

1. 张政烺相关研究简述

易卦阴阳爻画是否由“一”“六”筮数变化而来？这是一

---

① 参见李学勤释文注释：《筮法》，见李学勤主编：《清华大学藏战国竹简》(肆)，75～122页，上海，中西书局，2013。

② 张政烺、李学勤是研究数字卦问题的两大代表。张政烺提出了一些最初的重要观点，李学勤则深化了对这一问题的研究。参见《张政烺文集·论易丛稿》，1～72页；李学勤：《周易溯源》，177～301页，成都，巴蜀书社，2006。

个十分令人关心的问题。概括起来说，张政烺先生认为，易卦阳爻画“—”和阴爻画“--”分别是由筮数“一”（—）、“六”（∧）变化而来的。① 这个看法一经发表，立即在学界产生了巨大的影响。中间虽然曾经李学勤先生的折中和否定②，但是影响仍然巨大，许多学者仍然相信他的论断。

张先生是如何得出他的观点的？首先他尽可能地搜集和总结了那些出土易卦材料。具体说来，他将殷周甲金文（三十二例）和战国天星观楚简所载上下连书在一起的三位和六位数字组判定为易卦。③ 这种易卦又称数字卦。数字卦问题的提出，很快得到了学界的广泛认可。

其次，张先生观察到，在这些筮卦中只出现了一、五、六、七、八、九这六个数字，但是没有出现二、三、四这三个数字；而且，前六个数字在出土易卦中出现的次数是不平衡的，其中六、一最多，其次为七、八、五、九。④ 另外，数字“九”和“七”在筮卦中不是同时出现的，例如扶风卜骨筮卦有数字“九”但没有数字“七”。⑤ 张先生还推测了一、六出

---

① 参见《张政烺文集·论易丛稿》，8、52、62～64页。

② 李氏曾认为天星观、包山和葛陵楚简上的数字组是阴阳爻画卦，而不是数字。最近，李学勤在整理《筮法》简的基础上，纠正了自己的观点，重新肯定了它们为数字卦的说法，并否定了骈列之二卦为本卦与变卦的关系。参见李学勤：《周易溯源》，277～284页；《清华简〈筮法〉与数字卦问题》，载《文物》，2013(8)，66～69页。

③ 在殷墟甲文中，还有一种上下连书在一起的四位数字组，张政烺也判断为易卦。不过，他的这一论断没有得到广泛承认。参见张政烺：《殷墟甲骨文中所见的一种筮卦》，见《张政烺文集·论易丛稿》，26～38页。

④ 参见《张政烺文集·论易丛稿》，7、24、43～44、61、63页。

⑤ 参见上书，45、63页。

现次数最多而没有出现二、三、四的原因，认为这是筮人将三向一，二、四向六集中和转化的结果。他具体解释道：“显然是由于一、二、三、亖（四）皆积横画为之，容易混乱不清”，于是不用二、三、四这三个字，而向一、六这两个数字集中，即三向一，二、四向六集中。① 这种解释当然属于推测之辞，不过长期以来学者鲜有质疑。

最后，张先生断定阴阳爻画（“—”“--”）直接源自于“一”“六”两数的形变。在《帛书〈六十四卦〉跋》中，张先生是这么说的：“（阜阳汉简《周易》）爻题称九、六，而实际画的却是一、∧，和殷周古筮资料相同……盖阜阳简《周易》所根据的底本早，故在卦画上犹保留古老的形式。这说明当时正是新旧交替的时节，而马王堆帛书《六十四卦》上的卦画确实是中国最早用阴阳爻写成的，其阴爻作┘└，犹带∧字一分为二的痕迹。”② 后来在《易辨》一文中，张先生说得更为清楚：“关于阴阳爻的形成问题，我最近在《帛书〈六十四卦〉跋》中做过说明，现在不想多谈，只说两点：一、阳爻形成的标志在读音上，到爻题有初九、用九即已完成。二、阴爻

① 这一推想，在《试释周初青铜器铭文中的易卦》《帛书〈六十四卦〉跋》《易辨——近几年根据考古材料探讨〈周易〉问题的综述》中都有论述。例如，《易辨》曰：“这次共用了 32 个卦例，其中筮数出现的次数极不平衡……其中六最多，一次之，二、三、四都是零。这种现象怎么解释？我的看法是一、二、三、亖都是积画为之，写在一起不易分辨是几个字、代表哪几个数，所以不能使用，然而这三个数并非不存在，而是筮者运用奇偶的观念当机立断，把二、四写为六，三写为一，所以一和六的数量就多起来了。……近几年来，又见到许多古筮的考古资料，总共有百十来个卦例，全无二、三、四这三个字，增强了我的信心。”参见《张政烺文集·论易丛稿》，8、61、43 页。

② 《张政烺文集·论易丛稿》，65 页。

形成的标志在读音上，到 ∧ 分裂为两段横画才算完成。安徽阜阳双古堆竹简《周易》和长沙马王堆帛书《六十四卦》是现存最早的《易经》，都有爻题，一读为九，不再有数值的意义。∧ 的读音未变，字形的变化就慢，双古堆竹简尚作 ∧，保持原形，马王堆帛书作⌟⌞，两画皆从中间落笔，还带 ∧ 字一分为二的痕迹。如果没有这样多的考古材料，恐怕谁也想不到阳爻是由一字、阴爻是由六字变来的。到东汉末熹平石经《周易》，阴阳爻都写成极整齐的长短横画（--、—），流行至今。”①综合起来，这两段话大抵包括三层意思：其一，张先生肯定了帛书和汉简《周易》六十四卦都是用阴阳爻而不是用数字写成的。这既说明了阴阳爻直接源自于数字爻，又说明了易卦爻画的表示法毕竟需要或者在演变的过程中实现了其抽象化的表达。其二，他认为帛书、汉简《周易》的阴阳爻画都是由筮数“一”“六”演变而成的，两者在形状上比较相近，甚至对于帛书阴爻画作“⌟⌞”，他认为“还带 ∧ 字一分为二的痕迹”。其三，根据爻题以九、六为称，他认为阜阳汉简和马王堆帛书六十四卦都是阴阳爻卦，而且爻题中的一读为九，不再有数值的意义，而 ∧ 的读音未变，其字形的变化因而就慢。

从方法上来看，张政烺先生是通过比拟《周易》理论（知识）系统来完成他关于数字卦问题的一系列论证的。这包括两点。第一，他肯定那些连书在甲金、竹简材料上的三位和六位

① 《张政烺文集·论易丛稿》，52 页。

数字组是所谓筮数，因为易学常识告诉我们，具体筮卦必定来源于筮数。而为了更加契合《周易》的筮法，张先生甚至对于这些所谓出土筮数做了四象数（少阴、少阳和老阴、老阳）的断定和分析。① 第二，他将这些数字依照奇偶，进而依照奇阳偶阴的观念做了简化和归类，这样数字卦就可以直接转化和对应由阴阳爻画组成的《周易》六十四卦了。同时，张先生对出土筮数所做的奇阳偶阴的归类，甚至所谓"数字虽多，只是阴阳二爻"的说法②，乃是借助于传统易学的观念，且以默认数字卦与阴阳爻卦两者间具有高度的同一性为基础的。以上，是张先生发现数字卦及阐明其内涵的两个关键性的方法论前提。

2. 批评及本章问题的提出

从出土易学资料，特别从清华简《筮法》篇来看，张政烺先生等人提出"数字卦"的概念，是很恰当的。在《筮法》简中，不但有由一、四、五、六、八、九这六个字组成的卦例，而且直接就有以爻象说明爻数，或以筮数表示爻象的概念，这说明"数字卦"的概念是完全可以成立的。吴勇曾否定数字卦的存在③，不同意张先生等人的提法，今天看来是不能成立的。从方法论来看，张先生以三《易》特别是以《周易》的理论系统为基础来整理和阐明数字卦问题，也是比较合理的，因为以奇阳偶阴的观念来简化六个筮数，并进而转化为所谓易

① 参见《张政烺文集·论易丛稿》，9～11页。

② 参见上书，2、7页。

③ 参见吴勇：《从竹简看所谓数字卦问题》，载《周易研究》，2006（4），44页。

卦，这在楚简《筮法》中得到了证实。

不过，对于数字卦问题，尽管张政烺先生居功甚伟，成绩巨大，但是在今天看来，其陋谬之处是不能忽视的。第一，在笔者看来，既往的研究确实没有明确地区分“数字卦”和“易卦”的概念，没有很好地理解两者的关系。“易卦”包括两种：一种为具有固定、一般之表现形式（书写形式）的本卦。据《周礼·春官·太卜》，三《易》经文中的六十四卦即属于此种，这具体见于今本《周易》及秦简《归藏》等文本。另一种即为用卦（占卦），具体见于所谓数字卦。数字卦源于占筮实践，且为其服务。此类易卦的筮数通常具有特别含义，不宜仅做简化的处理。毫无疑问，这两种易卦为体用关系，然而张先生对此缺乏理会，于是将数字卦与阴阳爻画卦几乎只理解为历时性演变、生成的关系，这影响了他对四象及《周易》阴阳爻画之数字来源（构成）的判断。

第二，张先生按照《周易》筮法的要求，力图在所举商周筮例中发现所谓四象数，但是他的这一努力并没有取得成功。他自己也曾意识到这一点，他说：“前面举的三十二条考古材料所用的数字是一、五、六、七、八，拿它和六、七、八、九相印证，六、七、八这三个数字是相同的，但是一、五和九却不容易调和。我曾试图改造筮仪，未能成功，原因是一到八出现数字太多，一比八数值差异太大，顾此失彼，无法弥缝。”①在表面上，张先生所举筮卦包含了“一、五、六、七、八”五

① 《张政烺文集·论易丛稿》，9页。

个数字，而四象却只有四个数字。后来，他又在出土筮卦中发现了数字“九”。今天，我们在楚简《筮法》中还发现了数字“四”。而今天的这一发现，也使得张先生所谓“由于一、二、三、亖（四）皆积横画为之，容易混乱不清”，从而导致三向一，二、四向六集中的说法，露出了致命的破绽。笔者认为，从数量来看，三十二例出土筮卦材料还是偏少，很难说它们充分又实际地说明了商周时期的筮法问题。另外，张先生的论述在当时缺乏像楚简《筮法》这类理论文献的支撑，因而不可避免地会堕入十分严重的经验论证和过度的观点猜测之中。从方法论来看，张先生依据《周易》系统按图索骥，试图从殷周筮卦材料中也寻找出由六、七、八、九组成的四象数，这一举措近似于刻舟求剑，其结果很可能远离历史的实际。事实上，筮数或四象数的不同，乃是由揲蓍法的不同决定的。

第三，既然张先生的集中说（即筮数三向一，二、四向六的集中）本为臆测，那么其所谓阴阳爻画由数字一、六演变而来的观点，也就变得令人难以置信了。使人感到更为不安的是张先生对于《周易》爻题九、六与爻画一、∧之关系的理解，特别是他将爻画一读作九，这些都是不正确的。而在笔者看来，爻题九、六的设置，乃是为了指示爻性的刚柔和阴阳，而不是为了说明爻画一应当直接读作九，∧应当直接读作六。为了论证易卦阴阳爻画出自一、六（书写形状）的观点，张先生面对帛书的阴爻画作⅃L，竟然颇为大胆地认为它是∧从中间落笔断开、一分为二的结果；后来他知道阜阳汉简阴爻作“八”字形，依然如此做解释[1]，这就有点固执己见，十分生硬地涂改材料了！实际上，不但帛书、阜阳汉简《周易》阴爻画作“八”字形，而且上海博物馆楚竹书《周易》亦作“八”字形，在上下约一百五十年的时间里都保持了其一贯性。不但如此，而且清华简《筮法》更有惊人的发现，卦例中的经爻（爻体）“一”其实不是表示数字“一”，而是表示数字“七”！或者说，《筮法》简的爻画“一”其实表示数字“七”（引证见后）。依此推论，如果出土易卦中的所谓数字“一”均表示“七”的话，那么我们就必须最大限度地抛弃张先生的相关论断，而重新思考易卦阴阳爻画的构成及其来源问题。顺便指出，李学勤先生曾根据有无数字“七”的出现，将商周的揲蓍法分为甲、乙两类[2]，受到学者们的大力肯定，现在看来这种划分也存在很大的疑问。

总之，张政烺先生提出了数字卦的概念，思考了《周易》阴阳爻画的来源问题，虽然他的研究极富启示意义，但是由于资料的不足和误用，以及在方法论上的考虑不周，导致他对阴阳爻画与筮数及其与爻形之关系的认识存在着严重或根本性的错误。筮数本源于筮法，具体与揲蓍法密切相关。如果清华简《筮法》所谓数字“一”表示“七”的说法可以成立的话，那么《筮法》简本身的经爻就是由六、七两个数字构成的，而

---

① 在写作《易辨》时，张先生已知道阜阳汉简的阴爻画作“八”字形，但仍然维护它是⋀字分裂的结果。《易辨》曰：“听有的同志说阜阳简的阴爻是八……阜阳简的阴爻显然不如此，它只可能是已经分裂的⋀字。”（《张政烺文集·论易丛稿》，53页）

② 参见李学勤：《周易溯源》，231页。

《周易》阴阳爻画则是由七、八这两个数字构成的，只不过在后来它们做了观念上的转化而已。简言之，鉴于目前数字卦问题疑窦丛生及楚简《筮法》等提供的新材料，早期易卦爻画的性质及其来源问题，仍是今天需要着力加以追问和探讨的。

第二节　从出土材料看《周易》卦爻画的性质

在讨论相关问题之前，先就《周易》（包括《归藏》）卦爻画的“构成”“性质”“来源”三个概念稍做辨析。“构成”，乃就组成卦爻画的形状而言，不过它常常兼摄“性质”和“来源”两个概念。而“性质”和“来源”，则皆以“构成”概念为前提，前一概念是就卦爻画的构成特征及其思想、价值倾向而言的，而后一概念是就卦爻画的先后生成关系而言的，且往往与历史的因素相关。如说《周易》的阴爻画是由“--”构成的，其中“--”表示爻画，其性质为阴为柔，现在又知道它来源于筮数“八”，或者说它是由数字“八”变化来的，这样我们就将这三个概念区别开来了。

自张政烺先生提出“数字卦”概念之后，大家对于易卦的构成无非持数字说和阴阳爻画说。

首先，可以确定，今本《周易》的卦画是由阴阳爻画构成的，其阳爻作“—”，阴爻作“--”。由此上推，大家也普遍认为上博楚竹书、马王堆帛书和阜阳汉简《周易》也都是由阴阳爻画构成的，即使是提出“数字卦”概念的张政烺先生也是这么看的。这三个出土本子的阳爻画均作“—”，而阴爻画，帛书作“┘└”，阜阳汉简、楚竹书作“/\”[①]，均像“八”字形。秦简《归藏》所有不同，其阳爻作“一”，与出土《周易》同，但是其阴爻作“∧”[②]，像“六”字形，与出土《周易》不同。笔者认为，至迟自战国中期开始，《周易》与《归藏》的卦爻画即各成系统，其区别主要体现在阴爻画上，《周易》作“八”字形，而《归藏》作“六”字形。张政烺曾据阜阳汉简作“∧”的错误信息，而将这种符号看作《周易》阴爻画的一般形式，从而推定其来源于数字“六”，进而将帛书《周易》的阴爻画“┘└”（像“八”字形）强行断定为“∧”的变体[③]，这是错误的。对此，李零（张政烺的高足）后来专门做了纠正，说《周易》的“阳爻是源于‘一’，阴爻是源于‘八’”[④]。但是殊为可惜，我们没有看到张氏生前曾发表过任何声明，放弃其讹谬的观点。

---

① 三本卦画，分别参见湖南省博物馆、复旦大学出土文献与古文字研究中心编纂：《长沙马王堆汉墓简帛集成》（壹），3～13页，北京，中华书局，2014；韩自强：《阜阳汉简〈周易〉研究》，3～44页，上海，上海古籍出版社，2004；马承源主编：《上海博物馆藏战国楚竹书》（三），13～70页，上海，上海古籍出版社，2003。

② 秦简《归藏》卦画，参见王明钦：《王家台秦墓竹简概述》，见《新出简帛研究——新出简帛国际学术研讨会文集》，30～32页，北京，文物出版社，2004。

③ 张政烺说：“双古堆竹简尚作∧，保持原形，马王堆帛书作┘└，两画皆从中间落笔，还带∧字一分为二的痕迹。如果没有这样多的考古材料，恐怕谁也想不到阳爻是由一字、阴爻是由六字变来的。”（《张政烺文集·论易丛稿》，52页）

④ 李零：《中国方术考》（修订本），258页，北京，东方出版社，2000。在《中国方术续考》（北京，东方出版社，2000）中，李零说：“《周易》古本有马王堆帛书本和双古堆竹简本，两种都是西汉早期的写本，其卦画阳爻作‘一’，阴爻作‘八’，年代更晚于上述材料。”（309页）

其次，不但出土《周易》诸本的爻画属于阴阳性质，而且秦简《归藏》和清华简《别卦》（包括《筮法》的三位卦）的爻画也属于阴阳性质，前者作“—”“/\”（或“⅃∟”），后者作“—”“∧”。而如何论证它们属于所谓阴阳爻画，这是一个需要面对的问题。关于出土《周易》卦爻画的性质，曾有三种意见。第一种将其认定为阴阳爻画性质，不过它们都源于所谓数字，这是张政烺先生的看法。李零等大多数学者同意这一看法。① 第二种认为这两种爻画都属于阴阳性质，且其原形与今本《周易》并无不同，这是金景芳、李学勤先生的意见。金先生说：“（马王堆帛书、双古堆竹简）都是《易》的卦画，而不是用数目字记爻。”② 李先生说：“其阴爻之所以作那样的形状，只是由于竹简或者帛书上的竹栏很窄，如作中间断开的直线，易于模糊混淆，从而有所变通，和数字恐无联系。”③ 个别人则认为，一直到汉初，《周易》卦爻画仍是数字，而不属于阴阳性质。④ 这是第三种。现在看来，张先生的看法最为接近实际。不过，由于楚竹书的发现，《周易》卦爻画具备阴阳性质应当上推至战国中期。笔者之所以下如此判断，不仅因为在《周易》文本中七、八被当作两种爻画，九、六被当作爻题来使用，而且因为现在拥有更为直接而明确的证据。其一，帛书《衷》篇云“曲句焉柔，正直焉刚”，可见帛书的作者是从爻形——阴爻（柔爻）“曲句”、阳爻（刚爻）“正直”，而不是

---

① 参见李零：《中国方术续考》，312 页。
② 金景芳：《学易四种》，196 页，长春，吉林文史出版社，1987。
③ 李学勤：《周易溯源》，327 页。
④ 参见韩自强：《阜阳汉简〈周易〉研究》，90、95 页。

从数字的角度来理解卦爻画的。[①] 其二，《周易·同人》九五爻、《困》九五爻《象传》俱曰“以中直也”，两“直”字均就爻形而言。其三，在出土文献中，除了帛书《衷》篇云“《易》之义萃阴与阳”之外，唐修《晋书·束皙传》云汲冢竹书有《易繇阴阳卦》两篇，“与《周易》略同，繇辞则异”，而楚简《筮法·得》亦有“作于阳，入于阴”的说法，这说明在战国中期卦爻画是可以被阴阳观念化的。将这些证据综合起来，笔者完全可以断定楚竹书《周易》的爻画已是阴阳性质，而不是单纯的数字。在此，我们应当将卦爻画的性质与其数字来源做适当的区分。那么，《周易》卦爻画的阴阳化是从何时开始的呢？目前看来，《周易》卦爻画的阴阳化不可能早至春秋时期，因为，其一，阴阳观念在彼时尚未广泛流行并进入占筮领域；其二，《左传》《国语》筮例均以“之卦”言爻变，说明当时三《易》文本尚无爻题，四象尚未被彻底文本化，以九、六指认其阴阳性质的办法尚未出现。总之，《周易》卦爻画的阴阳化、刚柔化，可能萌芽于战国早期，至战国中期已经达到了非常成熟的程度。

最后，一般说来，数字卦出现在阴阳爻卦之前，而数字卦本身不仅是对相关易卦的定性，而且根据筮法的不同，有必要将其爻画性质进一步论定为天地爻画（奇偶数爻画）；不过，由于筮法的不同，在表现形式上就可以分为“六、一（七）”

---

① 这个理由，笔者曾经指出过。参见丁四新：《〈易传〉类帛书札记十六则》，见《玄圃畜艾——丁四新学术论文选集》，211～213 页，北京，中华书局，2009。彼文有论述不当之处，当据本章改正。

和“一（七）、八”两大系统。筮数源于筮法（揲蓍法），而有本数、本爻与用数、变爻之分。由筮法产生的这两种数字就构成了筮卦（或如《筮法》的卦例）的爻数，据今本《系辞传》，它们被称为“四象”一类概念，而八卦就是在四象的基础产生出来的。

有必要指出，从后人的数字观念来看，所有的筮数不是奇数就是偶数，而在先秦它们称为天数和地数。《系辞传》曰：“天一，地二；天三，地四；天五，地六；天七，地八；天九，地十。”一、三、五、七、九属天，二、四、六、八、十属地。将十个基本数字归约为天数（奇数）和地数（偶数），这种观念在殷周时期已得到了运用。这意味着出土筮卦各爻在性质上可以被归纳为奇数爻和偶数爻，按照《系辞传》的说法，即所谓天爻和地爻。不过在观念上的归纳和分类，并不等于卦爻画的实际表示法。天爻（奇数爻）和地爻（偶数爻）是如何具体表示出来的？这是三《易》文本及其筮法必须考虑的问题。

综上所述，出土《周易》的卦爻画均为阴阳性质。就其构成形状来看，阴阳爻画源于数字一（七）、八，七、八在四象中为少阳、少阴之数。战国中期以来的《周易》卦爻画和爻题，均由四象构成，而与大衍之数的揲蓍法直接相关。从逻辑上来看，七、八、九、六应当存在一个未曾被阴阳化的阶段，时间当在战国早期或更早以前。不过，按照数分天地（奇偶）的观念，四象本身也置身于天地观念之中。与《周易》相对，楚简《别卦》、《筮法》和秦简《归藏》及其他出土卜筮祭祷材料上的易卦，很可能与天地之数的揲蓍法紧密相关，其爻画要么仅由六、一（七）两数构成，要么以此两数为主干。而且，《别卦》、秦简《归藏》的卦画及《筮法》三位卦的爻画应当已被阴阳化了，当然它们同样也经历了一个未曾被阴阳化而属于所谓天爻、地爻的阶段。而在卦爻画被阴阳化之后，“天地”之意蕴仍然寄寓在阴阳观念之中。总之，三《易》文本（在“经文”意义上说）的卦爻画在性质上经历了天地化（天爻、地爻，奇偶数爻）和阴阳化（阴阳爻）两大阶段。此外，由于西安西仁村《周易》筮卦的发现，我们因此确切地知道《周易》也曾经历了一个以六、一（七）两数为卦爻本体的阶段。在性质上，西仁村《周易》筮卦可以归结为天地爻画。

第三节　从出土材料看《周易》卦爻画的来源

1. 楚简《筮法》卦例与爻画“一”表示爻数“七”

秦简《归藏》诸卦的阳爻作“—”形，阴爻作“∧”形[①]，而它们真的是由筮数“一”“六”演变来的吗？我们看到，在甲金文和战国竹简筮卦中，“一”“六”二数不仅出现的频次最高，而且在形体上也与秦简《归藏》爻画非常近似。而楚简《筮法》的卦例可分为两类，一类由一、四、五、六、八、九这六个数字组成，一类则仅由一（一）、∧（六）组成，其中三位卦无一例外地皆由后两种爻画（数）构成。更为

① 参见王明钦：《王家台秦墓竹简概述》，见《新出简帛研究——新出简帛国际学术研讨会文集》，29～32页。

重要的是，清华简《别卦》是由八卦相重得来的，其六位卦亦纯由一（一）、𠆢（六）构成。这三点似乎证明了，不但《归藏》，而且楚简《别卦》及《筮法》的三位卦都是由“一”“六”两数构成的。① 从战国中期及之后的思想背景来看，它们应当已被阴阳化了，即它们已是阴阳爻画卦。由此，不仅可以肯定出土《周易》文本是阴阳爻画卦，而且这些卦爻画是由所谓“一”（“—”）、“八”（“/\”“⊣⊢”）两数构成的。不过，这一论断不仅需要爻形与数字之相似性的证明，而且更需要从理论上证明为何楚简《别卦》、秦简《归藏》的阴阳爻画是由“一”“六”两数，而出土《周易》则是由“一”“八”两数构成的。在笔者看来，后者与揲蓍法直接相关。清华简《筮法》的发现，为我们探讨爻画与筮数的关系提供了难得的契机，这就是爻画“一”在《筮法》卦例中竟然表示数字“七”！

据《系辞上》“是故《易》有太极”一章，古人一般认为《周易》的卦爻画、爻题，与四象（七、八、九、六）有关。朱子继承了四象之说，将七、八、九、六这四爻分为两大类，并与阴阳爻画相关联。他在《筮仪》中说：“挂扐两奇一耦合十七策，则过揲三十二策而为少阴，其画为--，所谓拆也；挂扐两耦一奇合二十一策，则过揲二十八策而为少阳，其画为—，所谓单也。”② 在他看来，爻画“—”“--”正与少阳、少

---

① 李学勤认为楚简《筮法》跟《归藏》有关。参见李学勤：《〈归藏〉与清华简〈筮法〉〈别卦〉》，载《吉林大学社会科学学报》，2014（1），5～7页。

② （宋）朱熹：《原本周易本义·筮仪》，见《文渊阁四库全书》，第12册，704页，台北，台湾商务印书馆，1986。

阴之数七、八相关；不过，他显然不明就里，并不知道爻画“—”在此表示数字“七”，而阴爻“--”（出土《周易》作“八”“ㅡㄴ”）则由数字“八”演变而来；更不知老阳老阴九六为用爻、少阳少阴七八为经爻的四象说。此前，曾有一位名叫张玑的易学家的论说较朱子更切实际。[①] 孔颖达《周易正义》引其说曰：

> 阳数有七有九，阴数有八有六，但七为少阳，八为少阴，质而不变，为爻之本体；九为老阳，六为老阴，文而从变，故为爻之别名。且七既为阳爻，其画已阳，今有九之老阳，不可复画为阳，所以重体，避少阳七数，故称九也。八为阴数而画阴爻，今六为老阴，不可复画阴爻，故交其体，避八而称六。[②]

这段话指明了七、八为“爻之本体”，用作爻画；而九、六为“爻之别名”，用作爻题。其要点在于指明了阴阳爻画是以“七、八”两数为依据的，并暗示了阳爻以“七”数为画，阴爻以“八”数为画的看法。但是，张玑同样没有就阴阳爻画的构成来论证其形体与数字之间的关系。此前，《易纬·乾凿度》曰：“阳以七、阴以八为象。”《易纬·是类谋》曰：“经以七、八为象，九、六为爻。”象以明体，爻以明变，足见

① 张玑，生于梁武帝天监十三年（514 年），梁隋之际的易学家，终年 76 岁，事见《陈书》《南史》之《儒林传》。参见黄庆萱：《魏晋南北朝易学书考佚》，358～361 页，北京，中国书店，2011。

② （魏）王弼注、（唐）孔颖达疏：《周易正义》卷一，见（清）阮元校刻：《十三经注疏》（清嘉庆刊本），第 1 册，21 页，北京，中华书局，2009。

对汉人来说，七、八即为阴阳爻画的筮数来源。不过，这些古人视为常识的东西，后来却长期迷失了，乃至在现当代，学者们一直在追问和猜测《周易》阴阳爻画（--、一）的构成和来源问题！① 今天，韩自强先生不但引用了以上几条材料②，而且以近乎猜测的方式首先窥见了真相。他说：

> 天星观楚简卦画使用的数字是一、六、八、九，没有七，这与《系辞》揲蓍方法所得余数不符，似乎令人费解，其实古人写七，中间一竖不弯曲，是直的，为使与十字有分别，竖笔写得非常短……把一写成七，岂不更方便？《易纬·乾凿度》也说："一变而为七，七变而为九。"换句话说，七也可以变为一。因此，我们把卦画的一视为七，天星观楚简卦画使用的数字，正与"大衍之数"的揲蓍法得出的六、七、八、九相符。③

---

① 对于这两种阴阳爻画，钱玄同认为乾坤二卦是"两性的生殖器底记号"，郭沫若认为像"男根""女阴"，刘钰认为八卦是用土圭之法记录出来的"日影"，冯友兰认为是殷人对钻灼龟板所出现兆纹的模仿，高亨认为如一节、两节竹以象征阳性和阴性之形，刘鄂培认为是"古代一种文字的遗迹"。以上诸氏观点，均参见刘鄂培：《试论〈周易〉的两个基本符号的意义——兼论卦象源于数字》，载《清华大学学报》（哲学社会科学），1988，3（3），50页。

② 参见韩自强：《阜阳汉简〈周易〉研究》，94页。

③ 同上书，91页。韩氏的论说多端，反复多次。如说："至此，《周易》卦画的演变过程已经清楚，它是从战国时代楚简使用的一（七）、六、八、九这四个数字中先抽出九，再抽出六，最后剩下七、八两个数组成数字卦，汉初再由七、八两个具体数字，逐渐演变成为抽象的符号卦。这种以长短横画为卦画的符号卦，最早的实物见于东汉末年的熹平石经《周易》，比石经更早的符号卦，至今尚未发现……直到一九七八年数字卦被张政烺先生破译、认识，近几年又经学术界多方探寻、深究，才算弄清楚八卦抽象的阴阳爻是由八、七两个数字演变而来的，'用九''用六'之谜也随之解开。"（韩自强：《阜阳汉简〈周易〉研究》，95页）

在此，韩自强猜测阳爻画“—”直接是由数字“七”变化而来的。当然，他的这一洞见迄今并未引起学界的关注。尽管韩氏“把卦画的一视为七”，在今天看来这是颇有价值的，但是必须指出，他的论证是无力的，难以证明其结论。在天星观楚简筮卦中，一、六两数出现的次数最多，而八仅出现了 1 次。① 由此可知，天星观楚简筮卦并非出自大衍筮法。用大衍之数的揲蓍法来阐明天星观简卦画的来源，这本身即是一个错误。另外，由《易纬·乾凿度》“一变而为七，七变而为九”二句，也是不能推导出“七也可以变为一”一语的。真正能够证明出土易卦之爻画“一”表示数字“七”的可靠资料，目前仅见于清华简《筮法》篇。在《筮法》中，所有卦例的爻画“一”皆表示数字“七”，并有确凿的证据支持这一结论。由此推断《周易》的阳爻画“—”来源于数字“一（七）”，这才是有根据的了。

如何证明易卦的爻画“—”是以“一”表示“七”，而“—（一）”实际是由数字“七”转化而来的？这可以从两个方面来做论证。先从楚简《筮法》来做论证，这也是关键性的一步。在《筮法》卦例中，单纯从字形来看，有一、四、五、六、八、九这六个数字，而在六、八之间，却唯独缺少数字“七”。虽然从字形来看，“一”的确为数字“一”的写法，但是从其上下文及内容来看，它在卦例中无疑表示“七”。除了整理者在一定程度上采纳了这一意见外，马楠、廖名春还做了

---

① 参见《张政烺文集·论易丛稿》，47 页。

具体论证。① 据马、廖的论述，支持此一观点的核心证据有两个，一个见于第24～27号简《战》一节，另一个见于第52～57号简《地支与爻》一节。《战》一节的两组筮例为

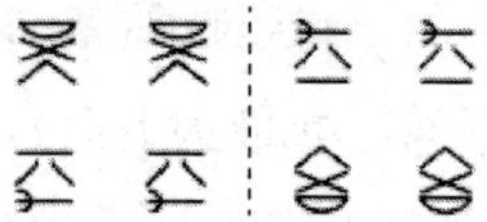

其下所接断筮之辞分别为“凡是，内胜外”和“凡是，外胜内”。前一组，即虚线左边的六位数字均为四、五、六，一、八、九；后一组，即虚线右边的六位数字均为九、八、一，六、五、四。很显然，从数字排列的次序来看，这两组中的两个“一”字都应当表示数字“七”。另一证据见于《地支与爻》一节。该节将地支与爻数相配，即将子午九、丑未八、寅申一、卯酉六、辰戌五、巳亥四搭配起来，其中的“一”字，同样从数字排列的逻辑来看，也应当表示数字“七”。据此，可以推断，楚简《筮法》卦例的所有“一”字都应当表示“七”，或者说“七”在其中都直接写成了“一”字形。而“一”，又当是数字“七”的一种简省写法。在此，何以“七”字在易卦中要省去一竖笔而写作“一”？这可能需要从筮卦（数字卦）

① 整理者说：“卦例均以‘一’代替‘七’的位置，值得注意。”（马、廖论述，参见《筮法》，见《清华大学藏战国竹简》（肆），102页，上海，中西书局，2013）不过，在《地支与爻》一节，整理者又说：“此表证明简文一般用以表示阳爻的‘一’、阴爻的‘∧’，确是‘一’‘六’两个数字，而作为阳爻的‘五’‘九’，作为阴爻的‘四’‘八’，都是特殊情况。”（同上书，119页）在此，整理者没有特别指明“一”用以表示“七”字，这表明是认同既往的说法的，而将此“一”仍看作一般所说的数字“一”。马楠：《清华简〈筮法〉二题》，载《深圳大学学报》（人文社会科学版），2014，31（1），64页；廖名春：《清华简〈筮法〉篇与〈说卦传〉》，载《文物》，2013（8），70页。

书写的特殊性来做解释。在楚文字中，“七”由一长横笔加一短竖笔构成（十），而由于在数字卦中这一竖笔会挤占上下的空间，且“七”为经爻、体爻，在卦中出现的次数特别多，所以久而久之，有可能占筮者遂约定数字“七”省书作“一”字形。从天星观、包山和葛陵楚简来看，至迟在战国中期，筮卦已经彻底完成了以“一”表示爻数“七”的过程。在殷周时期，带一短竖笔的“七”字还不时出现在筮卦中。

同时，数字卦之“七”字若要以“一”来表示，这还需要满足一个条件，即要么“一”“七”在爻义上完全无别，可以等值，要么相应的揲蓍法不可能产生出筮数“一”来。从上举《筮法·战》《地支与爻》二例及将《地支与爻》《爻象》二节结合起来看，前一种情况实际上是不存在的，在《筮法》卦例中根本不存在数字“一”的可能性。《筮法·爻象》一节只说及八、九、五、四这四数的爻象，而没有提及其他数字。而既然《筮法》卦例中的“一”都表示数字“七”，那么这些卦例可以肯定就只能是由四、五、六、七、八、九，而不是由一、四、五、六、八、九这六个数字组成的。其中六、七当为经爻，为卦画之本体，它们是楚简《别卦》和秦简《归藏》阴阳爻画 ╱╲（六）、一（七）的数字来源。

再从筮法（揲蓍法）来论证易卦的爻画“—”是以“一”表示数字“七”。据今本《系辞上》，大概先秦易学以两种揲蓍法为主导，一种为大衍之数的揲蓍法，另一种为天地之数的揲蓍法。过去，大家一般认为《系辞传》只讲了一种揲蓍法，即大衍之数的揲蓍法。现在，依据楚简《筮法》，程浩又拟定出另外一种揲蓍法（引证见后）。笔者根据今本《系辞传》，将其称为天地之数的揲蓍法。这两种揲蓍法有繁简之别，大衍筮法实际上是对天地筮法的减省，不过两者的揲蓍方法和成卦思路是相同的。两者的区别，最后落实在三变、五变后之余数再除以四，其所得之商数不同上：大衍筮法得七、八、九、六之数，《系辞上》称之为“四象”；天地筮法得四、五、六、七、八、九之数，在此可以称之为“六象”。从道理上来讲，既然九、六用作爻题，那么同为四象且被看作卦爻画之本体的七、八两数也就应当已体现在《周易》文本中。而如果将《周易》阳爻画“—”（一）理解为表示数字“七”，乃“七”字之省书（只用于易卦），那么四象在经文中就得到了妥善的安排。而出土《周易》阴爻画作“八”或“⅃∟”，为“八”字形，正可以为证明。而在楚简《筮法》中，六、一为卦爻画之本体，四、五、八、九为用爻，《爻象》一节仅列后四爻之象，从揲蓍法来看，这必须将爻画“一”理解为表示数字“七”，才能够解释《筮法》卦例中的数字现象。① 进一步，楚简《别卦》纯由六、一两数构成，其“一”就更应当表示数字“七”了。六、

① 楚简《筮法》所举卦例中各筮数出现的几率是不等的。廖名春曾说：“114个六画卦共684爻，‘一’和‘六’出现高达631次，而‘九’‘八’‘五’‘四’出现一共才53次。”并认为“这当是其成卦法所致”（廖名春：《清华简〈筮法〉与〈说卦传〉》，载《文物》，2013（8），70页）。程浩具体计算了这些数字在天地之数的揲蓍法中出现的概率，“九”为1/64，“八”为7/64，“七”为18/64，“六”为22/64，“五”为13/64，“四”为3/64。从出现的几率来看，“六”“一（七）”出现的几率最高，两者相加，占40/64，毫无疑问此两数应当成为卦爻画之本体。参见程浩：《〈筮法〉占法与“大衍之数”》，载《深圳大学学报》（人文社会科学版），2014，31（1），63页。

七抽象化，“七”进而省变为“一”，至战国中期，它们随着阴阳观念的流行而被当作阴阳爻符号来看待了。

最后，由于与楚简《筮法》具有同构性，笔者认为天星观、包山和葛陵楚简筮卦的爻数“一”也应当表示数字“七”。至于甲金文筮卦中的爻数“一”，可能存在多种情况：其一，确实只表示数字“一”；其二，只表示数字“七”，特别在那些骈列的筮卦中；其三，数字“一”“七”混用，有些“一”表示“七”，有些只如字示意。从筮数出现的多寡来看，诚如张政烺先生等所云，“—”“ ∧ ”二形在殷周筮卦中出现的频次最高。宋华强曾做过统计，他选取了 20 例出土商代六位卦，一、五、六、七、八、九这六个数字各出现了 18、4、49、29、17、3 次；他又选取了 56 例出土周代六位卦，上述六个数字又各出现了 127、14、102、28、61、4 次。① 如果将两者加起来，无疑以六、一出现的次数居前，接着是八、七两数。现在，如果设想殷周筮卦中所有的筮数“一”均表示数字“七”的话，那么两者相加之和将超出数字“六”出现的频率。不过，由于时间跨度很大，以楚简《筮法》去设想西周甚至殷商的占卦法，这是需要谨慎对待的。在易卦中，以“一”表示数字“七”究竟是从何时开始的，这是一个目前难以准确回答的问题。不过反过来看，那种将殷周（特别是西周）筮卦中的数字“一”一律如字看待，而否定其表示数字“七”的可能，这种看法在目前也是难以成立的。笔者认为，殷周易卦的“一”

① 参见宋华强：《新蔡葛陵楚简新探》，195 页，武汉，武汉大学出版社，2010。

如果不是全部，那么有可能大部分表示数字“七”；否则，我们无法面对和回答从商周到战国楚简、清华简《筮法》《别卦》，再到秦简《归藏》之易卦，在爻画上的高度相似性和一致性问题。总之，楚简《别卦》和秦简《归藏》等易卦的阴阳爻画不是源于数字一、六，而是源于数字一（七）、六。从筮法来看，以“一（七）”“六”为经爻，为卦爻画的本体，这与楚简《筮法》所依据的五十五数（天地之数）揲蓍法是完全吻合的。

2. 由《筮法》略论“六象”及“经爻”“用爻”

根据《爻象》《祟》二节，楚简《筮法》不仅以六、一（七）为经爻（爻体），以四、五、八、九为用爻，而且后四爻似乎也可以看作所谓四象，或者将六、一（七）加进来，合称为“六象”。“六象”，与今本《系辞上》所说“四象”概念相仿。所谓四象，指六、九、八、七的老阴、老阳、少阴、少阳之数，它们出自大衍之数（五十数）的揲蓍法。上文已指出，张政烺曾设想数字卦存在四象，但其论证是不成功的。《筮法·爻象》一节仅言及八、九、五、四的爻象，而没有提到六、一（七），这是很好解释的。六、七为经爻，是构成卦爻画的本体，其爻象不言自明，最为一般——先象天地，后象阴阳；而八、九、五、四为用爻，目的在于占变和预示吉凶，故《筮法》必详列其爻象。

楚简《筮法》已具备“经爻”（“本爻”或“体爻”）和“用爻”（“占爻”或“变爻”）的概念，《祟》一节还可为补证。此节使用了本卦的概念，如说“乾祟”“坤祟”“艮祟”“兑祟”“劳祟”“离祟”“震祟”“巽祟”。其中乾、坤等卦均为三爻本卦。在每祟之下，此节又陈述了起筮遇爻的几种可能情况，且都是就用卦而言的。如乾祟，列出了纯、五、九、淆四种情况；坤祟，列出了纯、八、四三种情况。而由乾、坤之纯，还可以进一步追问是否有艮、兑、劳、离、震、巽之纯呢？笔者认为是有的，只不过《祟》没有明言罢了。① 在八祟中，"纯"指三爻皆"七"（不是五、九）或"六"（不是四、八）的情况，它与"变""淆"的概念相对。卦以占祟，与爻变相关。乾之"纯"，即三爻皆七，而未有一爻变作五、九的情况。坤之"纯"，即三爻皆六，而未有一爻变作四、八的情况。"淆"，指五、九、四、八这四爻中的两爻混杂并出；若单言五、九、四、八，在《筮法》中则一律指遇此一爻而其余二爻为六、七的情况。将这几点综合起来，就完全可以断定，六、七两爻在三位卦中起着基础性的建构作用；且它们属于经爻，被高度符号化了，很可能在当时已具有阴阳爻画的性质。② 《别卦》简的六十四卦也纯由六、七两爻构成，它们也是阴阳爻画卦。纯由六、七两爻组成的卦画即为本卦，而兼具四用爻的数字卦则为用卦或占卦。而不论是作为八纯卦（经卦），还是作为六十四别卦，本卦也可以用来表示具体的占筮之卦。

---

① 整理者将"纯"义局限在乾、坤二卦上，而没有做推论。而笔者则认为《筮法》存在八纯卦的概念。参见《清华大学藏战国竹简》（肆），115～116页。

② 《筮法》三位卦（八卦）中的"—""∧"当为阴阳爻画。其一，秦简《归藏》的卦爻画全部书作"—""∧"两形。其二，楚简《别卦》以八纯卦相重而构造出六十四别卦，且此种构造法正合帛书《周易》六十四卦之序。其三，楚简《周易》及汲冢《周易》都证明阴阳爻画卦至迟在战国中期已经出现了。总之，将《筮法》的八纯卦和《别卦》的六十四卦断定为阴阳爻画卦，是恰当的。

3. 筮法（揲蓍法）与易卦阴阳爻画的来源

出土《周易》的阴阳爻画源于数字一（七）、八，而楚简《别卦》、秦简《归藏》源于数字一（七）、六。除了两者在书写形状上的高度相似之外，对于易卦阴阳爻画的来源问题还必须提供相应的理论依据，即它们的筮法（揲蓍法）来源问题。

先看大衍之数筮法与《周易》卦爻画的关系。据今本《系辞传》，大衍之数源于天地之数。大衍筮法是将五十根蓍草中的四十九根几经演算，最终得出六、九、八、七的老阴、老阳、少阴、少阳的四象之数。四象到底与《周易》文本有何关系？古今学者虽多有泛泛之谈，但大体上不明就里。现在已很清楚，根据清华简《筮法》，爻画“一”其实表示数字“七”。今本《周易》的阴阳爻画（“—”“--”）就是由七、八这两个数字演变而来的。七、八为体爻，居位为实。战国中期以来出土《周易》诸本的卦爻画虽然已为阴阳性质，但是带有明显的数字痕迹。自大衍筮法发明之后，四象（六、七、八、九）大概在战国中期或稍早经历了一个阴阳观念化的过程，七、八两数不断被抽象化，最后被当作阴阳爻画来使用了。反过来看，在阴阳爻画正式产生之前，应当存在一个单纯以七、八两数表示卦爻画的阶段。这也即是说，即使在大衍筮法之下，《周易》的卦爻画并非天然即为阴阳性质的。在纯以数字表示卦爻画的阶段，七、八乃《周易》卦爻画的一般数字表达形式（本体），按照古人的数字观念，可称为天爻（奇数爻）和地爻（偶数爻）。在此，需要强调的是，七、八本是两个具体的数字，在易卦中却成为表达天数（奇数）和地数（偶数）的一般形式。

再看天地之数的筮法与清华简《筮法》、《别卦》及秦简《归藏》卦爻画的关系。楚简《筮法》所载卦画有两种，一种为三位卦，另一种为六位卦。三位卦的爻画全部由六、一（七）两数构成，而为八卦的一般表现形式。六位卦又可分为两类，一类的爻画由四、五、六、一（七）、八、九诸数字混合组成，一类则单纯由六、一（七）两数构成。由于六位卦都处于四位占筮法之中，因此那些单纯由六、七两数构成的六位卦例是不能当作一般形式（别卦）来看待的。清华简真正具有一般表现形式的六位卦，仅见于《别卦》篇。关于《别卦》的性质，我们既可以将其看作一篇载述卦序的著作，也可以将其与《筮法》合观。从后者来看，《别卦》所载六十四卦就是隐藏在筮法卦例背后、具有一般表现形式的易卦：《别卦》之六十四卦是体，而《筮法》的卦例是用。与《别卦》相同，秦简《归藏》也是由六、一（七）两爻构成的，其易卦亦为一般形式。而为何楚简《别卦》和秦简《归藏》都采用六、一（七）两个数字作为爻体，作为易卦的一般表现形式呢？这可以从两个方面来回答。其一，从统计情况来看，这两个数字在从商周至战国的出土筮卦或卦例中出现的几率最大，大大超过了其他数字。其二，从筮法来看，这是由天地之数的筮法决定的。程浩对《筮法》揲蓍法的研究①，笔者是赞同的。据《易·系辞

① 程浩的推演，笔者认为是合理的。不过，他仍将这套筮法命名为“大衍筮法”，则未必是也。笔者倾向于将其命名为天地之数的揲蓍法。参见程浩：《〈筮法〉占法与大衍之数》，载《深圳大学学报》（人文社会科学版），2014，31（1），61～63页。

传》，天地之数五十又五，经过五变，取余数再除以四，就可以得出四、五、六、七、八、九这六个数字。其中，六、七出现的几率最高，适合于作为卦爻画的本体，而表示天爻和地爻；而四、五、八、九出现的几率较低或很低，只能作为用爻或变爻来看待。清华简《筮法·爻象》一节似乎就是这么来处理的。这套天地之数的筮法，可以推之于秦简《归藏》、战国卜筮祭祷简筮卦，乃至出土殷周易卦（如果其中的“一”都表示数字“七”的话）。大概在战国中期，作为本爻的六、一（七）两数也受到了阴阳观念的严重影响，从而被阴阳化了。楚简《别卦》和秦简《归藏》（还包括《筮法》的三位卦）已属于所谓阴阳爻画卦。

第四节　西仁村陶拍易卦与西周《周易》卦爻画的构成及来源

根据楚简《筮法》卦例的表数法，转而推断出土《周易》的阳爻画“一”也表示数字“七”，加上阴爻画作“八”字形，如此它们与爻题九、六合起来就是《系辞传》所说的四象了。由此逆推，《周易》的阳爻画“—”正当来源于数字“七”。总之，七、八就是《周易》筮卦的经爻，它们是阳爻“—”和阴爻“八”“⊐⊏”（后来又简化为“--”）的数字来源。而《周易》卦爻画从天地性质转进为阴阳性质，大概发生在战国早中期。学者普遍认为，楚竹书《周易》诸卦完全由阴阳爻画构成。不过，《周易》卦爻画的阴阳化能否推至春秋时期？答案很可能是否定的。今本《左传》《国语》筮例载有卦画，均同于今本《周易》，但是笔者怀疑它们很可能经过后人的改写。① 而且，之所以不能将阴阳爻画溯源至春秋时期②，是因为，其一，《左传》《国语》筮例以“之卦”例指称爻变，而没有爻题和四象的概念；其二，其时是否使用大衍筮法以起卦，是非常可疑的；其三，阴阳观念在春秋时期尚未流行开来。

春秋以前的《周易》卦爻画是怎样的，它和战国时期的《周易》卦爻画是一致的吗？这是一个更为深入的问题。据古代文献及今人的考证，一般认为《周易》产生于西周初期，《易・系辞传》和帛书《衷》、《要》两篇及司马迁（《史记・日者列传》《太史公自序》）都是这么说的。尽管自数字卦的概念提出来以后，西周至春秋《周易》卦爻画的构成及其筮法如何，这变成了一个重要的学术问题，但是由于缺乏必要的材料，这个问题曾长期处于茫昧之中。现在，由于两件西周陶拍的发现而露出了一些端倪。这两件陶拍，是从陕西西安长安区

① 据唐修《晋书・束皙传》、杜预《春秋经传集解后序》，汲冢竹简有《师春》一篇，“纯集疏《左氏传》卜筮事”。其中的卦画原来如何表现，现在已无从知晓，难以为证。

② 在《试释周初青铜器铭文中的易卦》中，张政烺曾说：“这是初步简化，只取消二、三、四，把它分别向一和六集中，还没有阴爻（--）、阳爻（—）的符号。”后来，在《易辨》中，他的说法有所改变，云：“殷周易卦中一的内涵有三，六的内涵有二、四，已经带有符号的性质，表明一种抽象的概念，可以看作阴阳爻的萌芽了。”（《张政烺文集・论易丛稿》，8、43页）这种推论，在逻辑上缺乏必要的前提和环节。数字三可摄于一，二、四可摄于六，这只是作奇偶数或天地数的归类，但还不能由此说“可以看作阴阳爻的萌芽”。“阴阳”观念本身在西周至战国时期存在一个不断上升而宇宙论化的过程，在西周，没有任何证据说明数字卦已受到阴阳观念的影响。何况张氏将三归之于一，二、四归之于六，现在已证明是错误的。

西仁村采集到的，其上刻有两组共六个数字卦，它们分别是：六一六一六一，一六一六一六；八八六八一八，八一六六六六，一一六一一一，一一一六一一。已有人指出，前一组两卦为既济和未济，后一组四卦为师、比、小畜、履，两组都符合今本《周易》的卦序。① 这两组六个易卦不但说明了《周易》在当时是存在的，而且具体展示了当时的《周易》卦爻画是如何构成的。② 这六个易卦均由一、六、八组成，各出现了18、13、5次；设若其中的“一”表示数字“七”的话，那么也就是七、六、八各出现了18、13、5次。毫无疑问，七、六居前，大大超过了数字八出现的次数。这说明西周《周易》易卦的经爻是由一（七）、六，而不是由一（七）、八构成的。而这一点，正与楚简《筮法》、《别卦》和战国卜筮祭祷简筮卦及秦简《归藏》同例。又由于这六个易卦在整体上杂取爻画“八”，而非全部由一（七）、六两爻组成，因此毫无疑问它们属于筮卦（或者用以阐明筮法的具体卦例），而不是所谓本卦。

---

① 参见曹玮：《陶拍上的数字卦研究》，载《文物》，2002（11），66～68页；李学勤：《周易溯源》，237页。

② 董珊曾说2005年他在杭州昼锦堂看到一件铭文有数字卦的铜戈。这件铜戈的制作年代，根据他的论证，在两周之际。铭文共22字，为：“一六一一一六，曰：鼑（鼎）止（趾）眞（顛）。鼑（鼎）黄耳。奠止（趾）。五六一一五八，□。”最后一字的释读，董珊没有把握。（参见董珊：《论新见鼎卦戈》，见刘钊主编：《出土文献与古文字研究》，第4辑，70页，上海，上海古籍出版社，2011）其中“鼑（鼎）止（趾）眞（顛）。鼑（鼎）黄耳，奠止（趾）”很可能是卦爻辞，与今本《周易·鼎卦》比较，相似性很高。这说明戈上的六位卦很可能属于《周易》系统，其中“一六一一一六”纯由六、一（七）两数构成，乃鼎之本卦；“五六一一五八”则杂用五、八两爻，三爻变，为鼎之用卦。这条材料可以与西仁村易卦互相印证。

进一步的问题在于：西仁村陶拍筮卦的爻画构成以一（七）、六为主干，这与出土战国、西汉的《周易》卦爻画以一（七）、八为爻体迥然不同。而这种不同应当如何理解？笔者认为，应当以演变的观念来理解。《周易》产生于周初，在西周时期，其卦爻画的数字构成及其来源（揲蓍法），与战国文献《系辞传》所云很可能是不一样的。目前可知，先秦大概有两种占主导地位的揲蓍法，一种是天地之数的揲蓍法，另一种是大衍之数的筮法。关于大衍筮法，《系辞传》云"大衍之数五十，其用四十有九"，经揲蓍三变后之余数再除以四，而得六、九、八、七四数，后人称为四象（即老阴、老阳、少阴、少阳）。大衍筮法完全可以解释楚竹书、帛书、汉简《周易》卦爻画的来源，一（七）、八是爻画的本体，而九、六两数为用爻或占爻，被安排在爻题中，用以指示在卦画中居位之爻体的阴阳或刚柔性质。今本《周易》阴阳爻画作"—""--"，即由"一（七）、八"两数阴阳化和抽象化，进而简化而来。而由此反观西仁村的《周易》数字卦，可知它们不是由大衍筮法得来的。

既然西仁村陶拍易卦的得出，不是采用大衍筮法，那么它们是采用何种揲蓍法得来的？由于西仁村陶拍筮卦的爻画以六、一（七）为主体，与楚简《筮法》卦例正同，因此《筮法》简的揲蓍法似乎可以用来回答这一问题。楚简《筮法》易卦的来源，据程浩所说，乃以《系辞传》所谓五十五起算，经五变而成一爻，最后得到四、五、六、七、八、九这六个数字，其中六、七两数出现的概率最大，两者相加接近占三分之二。[1] 这一筮法，可称名为“五十五数揲蓍法”、“天地揲蓍法”或“天地之数揲蓍法”。这一揲蓍法（筮法），可以解释楚简《别卦》（包括秦简《归藏》）和《筮法》阴阳爻画的来源，以及为何用四、用五、用八、用九为占的问题。它并且可应用于战国卜筮祭祷楚简乃至出土殷周易卦，在这些易卦中各数字出现的频率是符合这一揲蓍法的。

回过头来看西仁村陶拍筮卦问题，笔者认为，《周易》六十四卦虽然在当时存在一种按照今本卦序排列的情况[2]，但是在成卦原理上更可能源自五十五数（天地之数）的揲蓍法。一直至春秋时期，很可能《周易》还在使用这套揲蓍法。不过由于这套筮法在成卦的演算和阐明吉凶的理论构造上颇为繁难，占筮者遂不得不予以革新和简化，五十数的揲蓍法（即大衍筮法）于是得以产生出来。而这种革新和简化主要体现在两个方面：其一，揲蓍法的简化。这包括：蓍草总数由 55 根减为 50 根（实用 49 根），推演过程由五变简化为三变，以及最终所得占数由六数（六象）减为四数（四象）。其二，筮书（筮法原理、占问原理）的简化。其结构，具体可参看楚简《筮法》篇。在革新和简化之后，整个占筮过程（演算、占变和解释）就变得更为简捷、便利了。

---

① 参见程浩：《〈筮法〉占法与大衍之数》，载《深圳大学学报》（人文社会科学版），2014，31（1），61～63 页。

② 先秦《周易》六十四卦的排列，是从帛书卦序，还是从今本卦序，或两者皆有之？由于清华简《别卦》的卦序与帛书正同，因此这两种卦序在先秦都是存在的。至于其早晚，如果从重视乾、坤二卦的角度而言，今本卦序理当更早，而且这在西仁村陶拍易卦上得到了证实。

总之，在西周至春秋时期，《周易》可能采用的是五十五数的揲蓍法，而这一筮法，楚简《筮法》和秦简《归藏》还在使用。大概在战国早中期，《周易》筮法做了革新和简化，采用了五十数的揲蓍法（参见今本《易·系辞上》）。相应地，前一阶段的《周易》筮卦以六、一（七）为经爻，而在经文中以它们为卦爻画的本体，其例即见于西仁村陶拍的六个筮卦；后一阶段的《周易》筮卦以一（七）、八为经爻，而在经文中同样以它们为卦爻画的本体，楚竹书、帛书和汉简《周易》的卦爻画都处于此一阶段之中，并被抽象化和阴阳化了。从经文来看，《周易》前一阶段的卦爻画为天地性质，而其后一阶段的卦爻画则无疑属于阴阳性质。

第五节　结　论

综上各节所论，张政烺先生不仅提出了数字卦问题，将那些甲金材料上的数字组首先明确地判定为易卦筮卦，而且试图揭明《周易》阴阳爻画的筮数来源，这都是极富学识和学术价值的设想与创举。所谓数字卦，已完全被楚简《筮法》篇所证明，而后者在思路上也是毋庸置疑的。另外，张先生肯定帛书、汉简《周易》俱为阴阳爻画性质，这也是正确的。现在，由于楚竹书的发现，应当肯定在战国中期《周易》经文的卦爻画已为阴阳性质了。不过，在《周易》卦爻画具体由何数构成或源自何数的问题上，大致说来张先生的答案是错误的。他认为《周易》阴阳爻画来源于筮数一、六，并认为出土《周易》的卦爻画即由此两数构成，这都是不对的。实际上出土《周易》的阴阳爻画由“—”“/\”（或“⌋⌊”）构成，前者像“一”字形，后两者像“八”字形。而且，这两种符号在经文和具体筮卦中是应当区别对待的：在经文中，它们应当作为阴阳爻画符号看待；而在筮卦中，它们仍然是表示爻体的数字。另外，张先生将出土殷周易卦与出土西汉《周易》卦画看作高度一致的，这本身在方法论上是缺乏反思的。

楚简《筮法》的整理和出版更带来了一个惊人的发现，在卦例中，爻数“一”实际上表示数字“七”！由此，又最大限度地颠覆了张政烺先生原初的设想，真正揭开了《周易》卦爻画的构成及其来源的秘密。在《筮法》中，易卦以六、一（七）为经爻，为卦爻画的主干；而以四、五、八、九为用爻，为变爻。其三位卦完全是由六、一（七）两爻构成的。这一发现，可以应用于同期及稍后的战国卜筮祭祷简易卦、清华简《别卦》和秦简《归藏》，甚至可以推广于出土殷周易卦，因为后者从概率上来说，也是以六、一（七）两数出现的次数为最多的。从性质来看，楚简《别卦》和秦简《归藏》易卦均为阴阳爻画，它们纯由六、一（七）两爻构成。不过，只有当它们处于阴阳观念之中且以阴指称经爻六、阳指称经爻一（七）的时候，它们才可以称之为阴阳爻画。

《筮法》简的爻数“一”表示数字“七”，完全可以应用于《周易》系统。楚简、帛书和汉简的阳爻画均作“—”；阴爻画，楚简、汉简作“八”，帛书作“⅃L”，均为“八”字形。长期以来，学界普遍认为爻画“—”即由数字“一”抽象化、阴阳化而来，致使对于整个爻画的来源陷入了困境和误区之中，这个误区就是对于阳爻画“—”之数字来源的错认，这个困境就是数字错认之后导致无法由揲蓍法（大衍筮法）来说明其来源。现在，由于“—”（或“一”）在易卦爻画中表示数字“七”的发现，使得《周易》卦爻画之来源的问题变得豁然开朗，且对其回答充满了实证性。在出土三本《周易》中，“—”（或“一”）可以看作数字“七”的省形，而阴阳爻画就是由七、八两数构成的，它们来源于由大衍筮法产生的四象数，另外两个数字九、六则被安排为爻题，在经文中使用。这是一种十分精致且必要的文本构造和安排，但直至今天这一秘密才得以彻底破解。与战国《周易》相对的是，西周至春秋时期的《周易》卦爻画更接近于所谓数字卦，从西仁村陶拍所载易卦来看，其时的卦爻画是以六、一（七）为主体的，这说明《周易》卦爻画的构成及其来源可分为两个大的阶段，在战国早中期经历了一次大的变革。

总之，易卦可分为本卦和用卦，本卦指在三《易》经文中，以经爻表现两种爻画之一般形式的卦画；而用卦即筮卦，是以揲蓍法在具体占筮过程中演算出来的卦画。从用卦来看，“数字卦”的概念可以成立，有其单独命名的当代意义。所有筮卦（包括所谓卦例）均可称为数字卦，不过它们毕竟是本卦在当下的应用，因此不存在完全独立意义上的所谓数字卦。即使在殷周时期，数字卦（用卦）也与其本卦相为表里；而即使在今本《周易》系统中，也存在所谓数字卦，这即是具体的占卦和用卦。在先秦，五十五数的揲蓍法和五十数的揲蓍法占据主导地位，前者可称为天地筮法（天地之数的揲蓍法），后者则称为大衍筮法（大衍之数的揲蓍法）。这两种揲蓍法的不同，就决定了易卦爻画的构成及其来源的不同。前一系的卦爻画以六、一（七）为爻体，这见于商周易卦、楚简《别卦》和秦简《归藏》等；后一系的卦爻画以一（七）、八为爻体，这见于楚简、帛书和汉简《周易》。其中，清华简《筮法》以数字"一"表示数字"七"，对于相关问题的解决起着关键作用。单就《周易》来说，大衍筮法是对于天地筮法的简化，而由于揲蓍法的变革（简化），遂导致其卦爻画的构成及其来源相应地发生了改变：在西周至春秋时期，以六、一（七）为爻体；在战国时期则以一（七）、八为爻体，出土诸本及今本阴阳爻画即由其抽象化和观念化而来。虽然从现象来看，所有的筮卦都可以概称为数字卦，但是在筮卦背后都有其本卦（本体），本卦分为纯由六、一（七）和纯由一（七）、八构成的两系，并体现在经文卦画的书写上。后一系在战国中期阴阳观念化之后被命名为阴阳爻画；至于前者，笔者根据天数、地数的分类法，而认为它们已具有天地性质。而无论命名为阴阳爻画还是天地爻画，都说明它们置身于宇宙论意识之中。一言以蔽之，《周易》在先秦经历了从五十五数揲蓍法到五十数揲蓍法，从爻体六、一（七）到一（七）、八，从天地性质到阴阳性质的巨大转变。

另外，我们还可以推论，不论是《周易》还是夏殷《易》

很可能都是以变爻为占的，而贾公彦所谓“夏殷《易》以七、八不变为占”的说法[①]，其实是不正确的。

① 《周礼·春官·大卜》贾公彦《疏》：“夏殷《易》以七、八不变为占，《周易》以九、六变者为占。”（(清）阮元校刻：《十三经注疏》（清嘉庆刊本），第2册，1733页）孔颖达曾表示怀疑。他说：“《周易》以变为占，占九、六之爻，《传》之诸筮，皆是占变爻也。其《连山》《归藏》以不变为占，占七、八之爻。二《易》并亡，不知实然以否？”（《左传正义·襄公九年》，见（清）阮元校刻：《十三经注疏》（清嘉庆刊本），第4册，4215页）现在看来，孔颖达的怀疑是对的，不但夏殷二《易》不是以七、八不变为占（仍然是以变爻为占），而且在春秋以前，《周易》也不是以九、六，而是以四、五、八、九为占的。

第二章 《说卦》三篇后得问题与汲冢竹书《易》述论

20世纪的最后二三十年，先秦古籍与有关的竹简和帛书纷纷出土，分外引人注意，已引起学术界广泛而热烈的讨论，相信对于先秦学术思想的深入研究和重新评价具有较大的帮助。就出土竹简《易》书或与《易》相关的简书来看，从古至今已经有几次颇为重大的发现，它们都已成为或即将成为学术研究的重要对象与资料来源。

第一节 《说卦》三篇后得问题

“《说卦》三篇后得”问题，事因王充《论衡·正说》篇中的有关叙述而起。《论衡·正说》曰：“说《尚书》者，或以为本百两篇，后遭秦燔《诗》《书》，遗在者二十九篇。夫言秦燔《诗》《书》是也，言本百两篇者妄也。盖《尚书》本百篇，孔子以授也。遭秦李斯之议，燔烧五经。济南伏生，抱百篇藏于山中。孝景皇帝时，始存《尚书》。伏生已出山中，景帝遣晁错往从受《尚书》二十余篇。伏生老死，《书》残不竟。晁错传于倪宽。至孝宣皇帝之时，河内女子发老屋，得逸《易》

《礼》《尚书》各一篇，奏之。宣帝下示博士，然后《易》《礼》《尚书》各益一篇，而《尚书》二十九篇始定矣。”同篇又说："或说《尚书》二十九篇者，法北斗七宿也，四七二十八篇，其一曰斗矣，故二十九。夫《尚书》灭绝于秦，其见在者二十九篇，安得法乎？宣帝之时，得佚《尚书》及《易》、《礼》各一篇，《礼》《易》篇数亦始足，焉得有法?”在此基础上，学者由对这篇逸《易》的追问，产生了“《说卦》三篇后得”的问题。

1. “秦燔《诗》《书》”说与缪（穆）生考

《论衡·正说》篇所言“秦燔《诗》《书》”的说法，多见史载，《史记》《汉书》皆有之。《史记·秦始皇本纪》记李斯之言曰："臣请史官非秦记皆烧之，非博士官所职，天下敢有藏《诗》、《书》、百家语者，悉诣守、尉杂烧之。有敢偶语《诗》、《书》者弃市，以古非今者族，吏见知不举者与同罪。令下三十日不烧，黥为城旦。所不去者，医药、卜筮、种树之书。若欲有学法令，以吏为师。”李斯对秦始皇的这番奏言，主要是针对民间学术和诸儒的妄议而发的，维护的是强秦的既得统治利益。秦所燔《诗》、《书》、百家语，乃民间此类书籍；秦博士所职及皇家所藏，则不在燔烧之列。秦所藏图书殆毁于项羽焚秦之时。不过据《史记》所言秦燔《诗》《书》及“所不去者，医药、卜筮、种树之书”这两点，一般认为《易》因本卜筮之书而得不燔，此说可参《汉书·艺文志》《隋书·经籍志》。《汉书·艺文志》曰："及秦燔书，而《易》为筮卜之事，传者不绝。”《隋书·经籍志》曰："及秦焚书，《周易》独以卜筮得存，唯失《说卦》三篇，后河内女子得之。”而《史记·儒林列传》曰：“乃至秦之季世，焚《诗》《书》，坑术士，六艺从此缺焉。”“六艺”，即《诗》《书》《礼》《乐》《易》《春秋》六者。《汉书·儒林传》亦曰：“及至秦始皇兼天下，燔《诗》《书》，杀术士，六学从此缺矣。”“六学”即“六艺”。“六学从此缺矣”，对此，学者有多种理解，或说《易》因卜筮之书不焚，其他五经皆焚；或说《易经》因卜筮之书不焚，而《易传》及诸说《易》之文章，同其他五经、百家语皆在焚烧之列。① 前一说，在《论衡·正说》篇中可以得到旁证：“或言秦燔《诗》《书》者，燔《诗经》之书也，其经不燔焉。夫《诗经》独燔，其‘《诗》《书》’,五经之总名也……秦始皇下其议丞相府，丞相斯以为越言不可用，因此谓诸生之言，惑乱黔首，乃令史官尽烧五经；有敢藏《诗》、《书》、百家语者刑，唯博士官乃得有之。五经皆燔，非独《诗》家之书也。传者信之，见言《诗》《书》，则独谓《诗经》之书矣。”② 这一段话第一、二句有点费解，可能有误字，不过大意是清楚的。王充云秦“尽烧五经”，联系它文，当指《诗》《书》《礼》《乐》《春秋》，《易》因卜筮之书不焚。而后一说尚有值得商榷的地方。《史记》《汉书》皆言《易传》曾经孔子之手整理或由他亲自创作，经过几百年的传播，《易传》已具有经典的意味。《史

① 李学勤说：“《周易》经文是卜筮之书，而《易经》十翼则是儒学著作，自应属于焚绝的范围。”（李学勤：《帛书〈周易〉的几点研究》，载《文物》，1994（1），48页）

② 这段引文，本书参照黄晖《论衡校释》直接做了校改。参见黄晖：《论衡校释》，第4册，1126～1127页，北京，中华书局，1980。

记》《汉书》中易学的传承线索比较分明，与其他五经的传承显有较大的区别。《史记·仲尼弟子列传》曰："商瞿，鲁人，字子木，少孔子二十九岁。孔子传《易》于瞿，瞿传楚人馯臂子弘，弘传江东人矫子庸疵，疵传燕人周子家竖，竖传淳于人光子乘羽，羽传齐人田子庄何，何传东武人王子中同，同传菑川人杨何。何元朔中以治《易》为汉中大夫。"《汉书·儒林传》曰："自鲁商瞿子木受《易》孔子，以授鲁桥庇子庸，子庸授江东馯臂子弓，子弓授燕周丑子家，子家授东武孙虞子乘，子乘授齐田何子装。"因此，《易传》及说《易》之作是否列入"百家语"的范围而予以烧焚，应当慎重考虑。而只要《易经》不在禁绝之列，则随其传播、应用，传说之学必然兴盛、流衍。马王堆帛书有大量《易》书，这些《易》书当有不少传自先秦，有些亦有可能在秦始皇统治时期被传抄过，因此《易经》及《易传》在传《易》诸学派之间，比较可能是自由传播的，不存在禁绝的问题；即使有禁令，亦当是虽禁而实未禁。马王堆帛书《易传》自身表明的研《易》诸家有孔子、子贡、缪和、昭力、吕昌、吴孟、庄但、张射、李平等人，皆其证。

顺便指出，李学勤先生根据《昭力》《缪和》的题名认为这两篇"很可能是楚人作品"。他说："昭力的昭，如所周知是楚氏，楚同姓昭、屈、景三族之一。缪和的缪，通穆，也可能是楚氏……两篇（《缪和》《昭力》）以缪和、昭力冠首命题，说明它们很可能是楚人作品。"① 在此说的基础上，王葆玹和

---

① 李学勤：《周易经传溯源》，38页，长春，长春出版社，1992。

王博做了发挥。王葆玹认为："帛书中的缪和其人显然即是荀子的再传弟子穆生。"① 王博进一步认为："《缪和》中提到的缪和或即是穆生，而穆生也同时是《缪称训》的作者。"② 不过《史记》《汉书》所记与申公相关的缪（穆）生有二人，一为申公同学，一为申公弟子。《汉书·楚元王传》曰："楚元王交字游，高祖同父少弟也。好书，多材艺。少时尝与鲁穆生、白生、申公俱受《诗》于浮丘伯。伯者，孙卿门人也。及秦焚书，各别去。"此穆生即申公同学，鲁人，年岁可能长于申公，二人俱为荀子再传弟子。鲁穆生善《诗》，习《易》，能以《易》理"见机而作"，以微知彰。《楚元王传》曰："初，元王敬礼申公等。穆生不耆酒，元王每置酒，常为穆生设醴。及王戊即位，常设，后忘设焉。穆生退曰：'可以逝矣！醴酒不设，王之意怠，不去，楚人将钳我于市。'称疾卧。申公、白生强起之曰：'独不念先王之德与？今王一旦失小礼，何足至此！'穆生曰：'《易》称："知几其神乎！几者动之微，吉凶之先见者也。君子见几而作，不俟终日。"先王之所以礼吾三人者，为道之存故也；今而忽之，是忘道也。忘道之人，胡可与久处！岂为区区之礼哉？'遂谢病去。申公、白生独留。"穆生察几微之动而预知吉凶，后楚王戊果然"与吴通谋"，起兵作乱。而穆生离开楚王戊之后是否立即投入淮南王刘安的门下啜食残羹？史书未言。但从穆生的智慧与性格来看，不当刚刚离开狼

---

① 王葆玹：《今古文经学新论》，38页，北京，中国社会科学出版社，1997。

② 王博：《从帛书〈缪和篇〉到〈淮南子·缪称训〉》，见朱伯崑主编：《国际易学研究》，第2辑，277页，北京，华夏出版社，1996。

窝旋即又入虎口。淮南王刘安封于文帝前元十六年（公元前164年），自杀于武帝元狩元年（公元前122年），在位共四十二年。《史记·淮南衡山列传》曰："孝景三年，吴楚七国反。吴使者至淮南，淮南王欲发兵应之。"后一直阴密谋反，"阴结宾客，拊循百姓，为畔逆事"，终致杀身之祸。因此，穆生不太可能托身淮南王刘安门下以寄生糊口。至于刘安门下是否还有其他穆生，或谁作《缪称》篇，因问题不在本章讨论之列，故不议。既然穆生不太可能投入淮南王门下，那么他离开楚王之后，是否远游到了长沙，而作帛书《缪和》篇？衡量时间上的差异（楚王戊继位在文帝前元六年，公元前174年；帛书下葬年代为前元十二年，公元前168年），以及缪和在帛书中自称为弟子这一身份来看，此种可能性是很难成立的。如此，则《缪和》又是不是鲁穆生年轻时的学《易》作品呢？穆生年轻时与白生、申公、楚元王习《诗》于浮丘伯，习《易》的可能性是有的，因古人在精研一经（或一书）的同时常兼读诸书，但谓此鲁穆生即为缪和，恐流于推测、附会而已矣。而帛书《缪和》中的缪和只是六位问《易》的弟子之一，没有可靠证据说明该篇为缪和所作。又，帛书中的缪和是不是《缪称》篇的作者（所谓"缪生"）？衡量证据的多少与可信的程度，实不敢妄断。

《史记》《汉书》所记还有另一缪生，是谓兰陵缪生，乃申公弟子。《史记·儒林列传》曰："弟子为博士者十余人……兰陵缪生至长沙内史……言《诗》虽殊，多本于申公。"《汉书·儒林列传》所叙亦同《史记》。不过，此兰陵缪生并非鲁穆生。

兰陵与鲁地望有别，而“缪”与“穆”两字史载有异。虽然，“缪”可通“穆”，但字音上的相通并非必定姓氏用字上的相同。帛书《缪和》之“缪”正与兰陵缪生之“缪”相同，且兰陵为楚故县，因而即可谓此兰陵缪生作《缪和》篇吗？兰陵缪生当系楚王戊“胥靡申公”，申公耻之而归鲁教授时期的百余名弟子之一。学成，缪生为《诗》博士，后官至长沙内史，与帛书《缪和》的下葬年代已差有年矣。如果《淮南子·缪称》亦为某一缪生所作的话，那么我们可知的就有四位缪（穆）生，帛书《缪和》篇之缪和、申公同学鲁穆生及所谓《淮南子·缪称》的作者缪生，三人皆通习《周易》，而作为申公弟子的兰陵缪生于《易》是否熟习，则难以确知。总之应把四位缪（穆）生分别开来，一为帛书缪生，一为鲁穆生，一为淮南缪生，一为兰陵缪生。当然四位缪（穆）生从其地域看，皆与楚密切相关，但帛书缪生（名和）必定出自荀门么？实难推定。不应把四位缪（穆）生混作一团。

回过头来再论暴秦是否焚《易》的问题，在史书及帛书中有些补证。《汉书·艺文志》易类记有汉初几家《易》书，这些都有助于说明从先秦到两汉的易学传承头绪比较复杂，秦帝或未曾焚烧诸研《易》之书。而从逻辑上推论，设若《易》（《经》）因卜筮之书而不焚，可以任由民间传播、研习，则此间学习者必然甚夥；而既然研《经》不已，则说《易》之作前后衍生、相传，是不可避免的。因此《周易》经传大体皆在未禁之列，这也是易学昌明，到汉代跃居五经之首的原因。帛书

《要》篇曰："《尚书》多於矣，《周易》未失也。"① 而这两句话出自何时，目前尚难断定。如果认为它们出自汉初，那么"《周易》未失"一句正表明《周易》经传的传播未经秦火。

2. "得逸《易》一篇"与"《说卦》三篇后得"问题

《论衡·正说》曰："河内女子发老屋，得逸《易》《礼》《尚书》各一篇，奏之"，"然后《易》《礼》《尚书》各益一篇"。逸《礼》《尚书》各一篇具体指什么，今不在我们的讨论之列；只就《易》来说，所益逸《易》一篇，王充并没有指明。又所谓得逸《易》一篇，并云"《礼》《易》篇数亦始足"，可知未得此逸篇之前，官方《周易》或正统派《周易》所据的传本原当有一个固定的篇数；而得此逸篇之后，则合乎《周易》经传十二篇本或当时易师所云的流行说法。而河内女子所得逸《易》一篇到底是何篇？是《说卦》三篇、《序卦》还是《杂卦》？这是一个有诗进一步探讨的问题。

黄晖《论衡校释》注解《正说》上述一段，引《经义丛抄》徐养原曰："充言'益一篇'，不知所益何篇。以他书考之，《易》则《说卦》，《书》即《大誓》，唯《礼》无闻。"② 所谓以他书考之，但不知考之何书，这是后人"《说卦》三篇后得"说的先导之一。不过，《隋书·经籍志》早已有这种看法，曰："秦焚书，《周易》独以卜筮得存，唯失《说卦》三

---

① "於"，或训"阏"。廖名春认为"於"当通"疏"，"疏"训"失"。"《尚书》多於矣，《周易》未失也"，两句正相对为意。参见廖名春：《帛书〈二三子〉〈要〉校释五则》，见朱伯崑主编：《国际易学研究》，第5辑，42页，北京，华夏出版社，1999。

② 黄晖撰：《论衡校释》，第4册，1124页，北京，中华书局，1990。

篇，后河内女子得之。”《论衡·正说》云孝宣帝时得逸《易》一篇，《隋书·经籍志》则云得《说卦》三篇，不但指明了篇名，也说明了篇数。但这两种说法之间的差距是颇为明显的。于是为了撮合两者，抹平裂痕，故有《说卦》一篇变为三篇的说法，三篇具体指《说卦》《序卦》《杂卦》。① 今观《易传·说卦》以下三篇，大体各有其中心内容和编连方式，而谓此三篇本为一篇，实淤塞不通，不足取论。又，至河内女子得逸《易》一篇之时，《说卦》以下三篇本为一篇的说法如果可以成立，那么根据《淮南子·缪称》引《序卦》文字来推断，《说卦》以下三篇在汉初都存在。如此，何来“得逸《易》一篇”之说？

《史记·孔子世家》曰：“孔子晚而喜《易》，序《彖》《系》《象》《说卦》《文言》。读《易》，韦编三绝。曰：‘假我数年，若是，我于《易》则彬彬矣。’”“序”，今人一般理解为动词，有“叙”“编系”“作”等义。张守节《史记正义》则曰：“序，《易·序卦》也。”② 依此句读，原文可标点为：“孔子晚而喜《易·序》《彖》《系》《象》《说卦》《文言》。读《易》，韦编三绝。”如此，《易》十翼，《史记》所载唯缺《杂卦》一篇。不过，对于这个“序”字，今人一般不作《序卦》看。单凭《史记》的这段话来看，《说卦》在当时是独立存在

① 郭沫若云：“《论衡》所说的‘一篇’，《隋书》说为‘三篇’，好像不相符，其实只是证明《说卦》《序卦》《杂卦》的三种在初本是合成一组，后来分成了三下罢了。”（郭沫若：《周易之制作时代》，见《郭沫若全集》（历史编），第1卷，394页，北京，人民出版社，1982）

② （汉）司马迁：《史记》卷四十七，1937页，北京，中华书局，1959。

的，而《序卦》没有被纳入《史记》的记载中。既然《序卦》没有纳入《史记》的记载，那么何来当初将其合为一篇之说呢?《汉书·艺文志》曰："孔氏为之《彖》《象》《系辞》《文言》《序卦》之属十篇。"这表明《说卦》《序卦》《杂卦》三篇皆是先秦作品，而未见将《说卦》以下三篇合为一篇的痕迹。《淮南子·缪称》曰："动而有益，则损随之。故《易》曰：'剥之不可遂尽也，故受之以复。'"此即引《序卦》所云："剥者，剥也。物不可以终尽，剥穷上反下，故受之以复。"这两段话虽有不同，但语义是相同的，且《缪称》直接称之为"《易》曰"，可知《序卦》必出自于先秦。张岱年先生即有此论。[①] 笔者同意这一观点。这样，加上后得的一篇《杂卦》，《易》十翼其实都传自先秦。

何以见得后得的一篇《易》书即是《杂卦》，而非《说卦》呢？首先，司马迁在《史记·孔子世家》中曾明言先秦有所谓《说卦》一篇，这可间接说明《说卦》在当时似已流行。李镜池认为"《史记》不特没有'《说卦》'二字，连'序《彖》《系》《象》《说卦》《文言》'这一句也是宣帝时京房等插入"[②]的这一看法，除了浮想臆断之外，一无是处。其次，马王堆帛书《易之义》(即《衷》篇)已包含了《说卦》前三章的文字，说明《说卦》的成立已有较早的渊源；而后人直谓《说卦》作于焦京之后，河内女子所发一篇逸《易》即是《说卦》的观点，

---

① 参见张岱年：《论〈易大传〉的著作年代与哲学思想》，见黄寿祺、张善文编：《周易研究论文集》，第1辑，411～422页，北京，北京师范大学出版社，1987。

② 李镜池：《周易探源》，300页，北京，中华书局，1978。

确实失之武断。最后，《说卦》的许多内容已散见于子、史诸书。《说卦》的八卦诸象说，多见于《左传》《国语》《易·彖》《象》《文言》《系辞》，而八卦的时空分布说亦有悠久的渊源。①《说卦》曰：

> 帝出乎震，齐乎巽，相见乎离，致役乎坤，说言乎兑，战乎乾，劳乎坎，成言乎艮。万物出乎震，震，东方也。齐乎巽，巽，东南也。齐也者，言万物之絜齐也。离也者，明也，万物皆相见，南方之卦也。圣人南面而听天下，向明而治，盖取诸此也。坤也者，地也，万物皆致养焉，故曰：致役乎坤。兑，正秋也，万物之所说也，故曰：说言乎兑。战乎乾，乾，西北之卦也，言阴阳相薄也。坎者，水也，正北方之卦也，劳卦也，万物之所归也，故曰：劳乎坎。艮，东北之卦也。万物之所成终，而所成始也，故曰：成言乎艮。

《说卦》“帝出乎震”这段文字的要义，就是以四时八方与八卦相配合，并做易学的解说。实际上这仍然是阴阳家学说与易学的一次结合，也就是阴阳五行学说与八卦的一次配合。②其渊源与《礼记·月令》《吕氏春秋·十二纪》《淮南子·天文》以及邹衍的五德终始思想是难以分开的。

---

① 刘大钧说：“在《周易大传》几篇中，当以《说卦》篇为最早。”（刘大钧：《周易大传我见——关于〈周易大传〉各篇写成的先后及六十四卦顺序编次的探讨》，见黄寿祺、张善文编：《周易研究论文集》，第1辑，484页。该文原载《中国哲学史研究》，1982（2））

② 参见李汉三：《〈周易·说卦传〉著成的时代》，见黄寿祺、张善文编：《周易研究论文集》，第1辑，343～344页。

《汉书·魏相传》曰：

（魏相）又数表采《易阴阳》及《明堂月令》奏之，曰："……天地变化，必繇阴阳，阴阳之分，以日为纪。日冬夏至，则八风之序立，万物之性成，各有常职，不得相干。东方之神太昊，乘震执规司春；南方之神炎帝，乘离执衡司夏；西方之神少昊，乘兑执矩司秋；北方之神颛顼，乘坎执权司冬；中央之神黄帝，乘坤艮执绳司下土。兹五帝所司，各有时也。东方之卦不可以治西方，南方之卦不可以治北方。春兴兑治则饥，秋兴震治则华，冬兴离治则泄，夏兴坎治则雹。……"

魏相，武帝至宣帝时人。上引文乃魏相上奏宣帝之言。《魏相传》云相"少学《易》"，又说"相明《易经》，有师法"，可知魏相的易学颇有渊源和成法。魏相奏文把阴阳五行思想与八风、八卦配属起来，亦当渊源有自，所谓"又数表采《易阴阳》及《明堂月令》奏之"，即是明证。《明堂月令》或谓即《礼记·月令》，郑《三礼目录》云："此于《别录》属《明堂阴阳记》。"① 《月令》属于《明堂阴阳记》的一篇。《月令》是阴阳五行系统的扩展，但是并未纳入八卦方位。司马谈《论六家要指》曰："夫阴阳、四时、八位、十二度、二十四节各有教令，顺之者昌，逆之者不死则亡，未必然也，故曰使人拘而多畏。"其子迁亦曰："《易》著天地阴阳四时五行，故长于

① 参见（汉）郑玄注、（唐）孔颖达疏：《礼记正义》卷十四，见（清）阮元校刻：《十三经注疏》（清嘉庆刊本），第3册，2927页。

变。”[①] 至武帝时，阴阳家早已把阴阳、四时、八位、十二度和二十四节等因素统合起来了，而在此系统中的“八位”一环，也非常容易与八卦配合起来，因此我们不应该武断地否定阴阳五行与八卦方位早已有机结合的那种可能性。[②]

《易阴阳》为何书？顾名思义，以及看魏相所言，可知是易学与阴阳家理论相结合的作品。因此《易阴阳》一书不当缺少八卦与阴阳、四时（甚至五行）相配合的内容。这样看来，《易阴阳》确有同于《易·说卦》“帝出乎震”章的内容，而成为当时的流行内容之一。但《易阴阳》并不就是《说卦》篇，也不等同于《说卦》篇，不然当时的学者即会如此指出。那么，到底《说卦》出自何时？是宣帝时吗？答案恐非如此。细察《说卦》“帝出乎震”一章，文字与思想都比较原始。文中特别强调“震，东方也”“巽，东南也”“离也者……南方之卦也”“乾，西北之卦也”“坎者……正北方之卦也”“艮，东北之卦也”等内容，可见其时八卦尚处于与四时、八节、八方相配合的初创阶段。因此，《说卦》当出于《易阴阳》之前，而为先秦作品。此外，《说卦》在西汉时被引用多次，见于《汉纪》《汉书》二书[③]，因此那种认为《说卦》必定出自汉宣帝之后的看法，实在令人难以置信。

既然《说卦》在汉初仍然流行，那么河内女子发老屋所得

---

① （汉）司马迁：《史记》卷一百三十，《太史公自序》。

② 朱伯崑说：“《说卦》八卦方位说，是受了战国后期阴阳五行学说的影响。”（朱伯崑：《易学哲学史》，第1卷，53页，北京，华夏出版社，1995）

③ 参见杨树达：《周易古义》，116～121页，上海，上海古籍出版社，1991。

逸《易》一篇就只能是《杂卦》了。《杂卦》虽然晚得，但因为是发老屋所得竹简，故其制作很可能在先秦，而有可能匿迹于秦颁禁书令之时。

对于《易传》还需要指明的是：其一，《易》十翼的名称应当是后起的，《汉书·艺文志》才正式有“十篇”之说，而《史记》则只记载六篇。《史记》卷一百三十《太史公自序》及《汉书》卷六十二《司马迁传》俱载司马谈《论六家要指》一文，该文开篇即载“《易大传》”言：“天下一致而百虑，同归而殊涂。”《易大传》很可能不是今本《易传》，二名在《太史公自序》《司马迁传》都同时出现了，不太可能是这两个名称的混用。但裴骃《史记集解》、颜师古《汉书注》引张晏言：《大传》“谓《易·系辞》”①。后人通常沿袭此说，今人信之颇笃。《汉书》卷二十五《郊祀志》刘向对曰：“《易大传》曰：‘诬神者殃及三世。’”但是这一句不见于今本《系辞》和今本《易传》，而且帛书《易传》也没有这一句话。看来，《易大传》可能别为一书，虽然有些语句与《系辞》相同，但终究不是今人所谓《系辞传》。

其二，仔细考察司马迁在不同地方对孔子与《易传》关系的记载，用字都准确一致，然则否定孔子与《易传》的关系是不正确的。《史记》只云“孔子晚而喜《易》，序《彖》《系》《象》《说卦》《文言》”等，而《汉书》更说孔子作《易传》，以帛书《易》观之，否定孔子与《易》有很深关系

---

① （汉）司马迁：《史记》卷一百三十，3289页；（汉）班固：《汉书》卷六十二，2710页，北京，中华书局，1962。

的看法，已经完全错了。

其三，比较《史记·孔子世家》所记《易传》的编排顺序，与今本的距离颇大，但是《汉书·艺文志》所记十篇的顺序则较合于今本。《汉书·艺文志》曰："《易经》十二篇，施、孟、梁丘三家。"又曰："孔氏为之《彖》《象》《系辞》《文言》《序卦》之属十篇。"《汉书·艺文志》所记《易传》篇目顺序不但与今本基本相同，而且篇文的分解亦相同，这表明《易传》经过汉儒的章句解析已经演变成熟和定型了。而《史记》记孔子研《易》或"正《易传》"，似乎暗示《序卦》在当时是存在的，而不同卦序表明了不同的传本（包括经文的编排）及不同的易学传承流派。笔者认为，《史记·仲尼弟子列传》和《儒林列传》所云先秦至汉初的易学传递脉络，乃是孔门传易的正宗嫡传，未尝不可信也！帛书《易经》卦序与今本颇异，更强调八经卦相重的有序性，黄寿祺、张善文说它的组织原则是"上卦为纲，下卦为目"①，这是很有见地的。帛书《周易》经传与楚地易学传承颇有干系。以帛书反证孔门易学的嫡传，可知把《序卦》列为今本诸传之首，从以显与他家的分别及作为自家的标志来看，这是十分必要的。按照孔颖达的说法，今本卦序是按照"二二相耦，非覆即变"② 的原则来组织的，不过卦序的目的着重在于阐明如此组织六十四卦次序的道理，并通过其所蕴含的道理来有效地规范孔门所传《易

① 参见黄寿祺、张善文：《周易译注》，655页，上海，上海古籍出版社，1989。

② （魏）王弼注、（唐）孔颖达疏：《周易正义》卷九，见（清）阮元校刻：《十三经注疏》（清嘉庆刊本），第1册，199页。

经》的卦序。帛书《要》篇说孔子“我观其德义”而“后其祝卜”[①]，在观念上正与此相一致。

总之，从出土材料和传世文献相结合的角度来看，“《说卦》三篇后得”说是不正确的。《说卦》《序卦》《杂卦》皆当出自先秦，其中《杂卦》篇是否必定传自孔门，这有待进一步的考虑；而按《史记》的记载，《说卦》《序卦》两篇则与孔子本人有较大的干系，虽然两篇未必即是孔子亲著。又，“河内女子得逸《易》一篇”，此篇当是《杂卦》，说《杂卦》后得可，但说《杂卦》出自汉初传《易》家之手则不可。而人们把《论衡》的“得逸《易》一篇”一分为三，而云“得逸《易》三篇”，也是错误的。

第二节 汲冢竹书《易》述论

西晋汲冢出土竹书之事，唐修《晋书·武帝纪》、《晋书·律历志》、《晋书·卫瓘传》、《晋书·荀勖传》、《晋书·束晳传》[②]及荀勖《穆天子传序》、杜预《春秋经传集解后序》等皆有记载。《荀勖传》说：“及得汲郡冢中古文竹书，诏勖撰次之，以为《中经》，列在秘书。”《中经》，由魏秘书郎郑默始制，荀勖因之更著《中经新簿》。汲冢竹书即列于《中经新簿》丁部。[③]对于汲冢竹书，相关记述不少，李学勤先生在《周易

---

① 帛书《要》篇曰：“子曰：‘《易》，我后其祝卜矣！我观其德义耳也。’”

② 分见（唐）房玄龄等：《晋书》卷三、十六、三十六、三十九、五十一。

③ 参见（唐）魏徵等：《隋书》卷三十二，《经籍志》，北京，中华书局，1973。

经传溯源》一书中做了述论。本节再议汲冢竹书《易》，即着重参考了李著。

1. 汲冢的下葬年代和墓主

竹简出自何墓？诸书的记载不一。唐修《晋书·武帝纪》、《晋书·律历志》、《晋书·卫瓘传》及荀勖《穆天子传序》、卫恒《四体书势》皆云汲冢为魏襄王墓，王隐《晋书·束皙传》说汲冢为魏安釐王墓，唐修《晋书·束皙传》或说汲冢为魏襄王墓，或说为魏安釐王冢。[①] 均云汲冢为魏王墓，当有所据。杜预《春秋经传集解后序》曰："其《纪年》篇起自夏殷周，皆三代王事，无诸国别也。唯特记晋国，起自殇叔，次文侯、昭侯，以至曲沃庄伯。庄伯之十一年十一月，鲁隐公之元年正月也，皆用夏正建寅之月为岁首，编年相次。晋国灭，独记魏事，下至魏哀王之二十年。盖魏国之史记也。推校哀王二十年太岁在壬戌，是周赧王之十六年，秦昭王之八年，韩襄王之十三年，赵武灵王之二十七年，楚怀王之三十年，燕昭王之十三年，齐湣王之二十五年也。上去孔丘卒百八十一岁，下去今太康三年五百八十一岁。哀王于《史记》，襄王之子，惠王之孙也。惠王三十六年卒而襄王立，立十六年卒而哀王立。古书《纪年》篇惠王三十六年改元，从一年始至十六年而称惠成王

---

① （唐）房玄龄等：《晋书》卷五十一《束皙传》："初太康二年，汲郡人不准盗发魏襄王墓，或言安釐王冢，得竹书数十车。其《纪年》十三篇记夏以来至周幽王为犬戎所灭，以〔晋〕事接之。三家分〔晋〕，仍述魏事至安釐王之二十年。"竹简出自何墓，诸书记载不一。除此之外，汲冢竹书何时出土，也是颇有争议的问题。有太康元年（280 年）说、太康二年（281 年）说和咸宁五年（279 年）说三种。

卒，即惠王也。疑《史记》误分惠成之世以为后王年也。哀王二十三年乃卒，故特不称谥，谓之‘今王’。其著书文意大似《春秋》经，推此足见古者国史策书之常也。”① “魏哀王之二十年”之“哀王”二字，竹简原文当作“今王”，由下文云“哀王二十三年乃卒，故特不称谥，谓之‘今王’”可知。但“今王”真的是指“哀王”吗？竹书《纪年》篇并未如此点明。《史记·魏世家》：“十六年，襄王卒，子哀王立。”裴骃《史记集解》引荀勖曰：“和峤云：‘《纪年》起自黄帝，终于魏之今王。’今王者，魏惠成王子。案《太史公书》，惠成王但言惠王，惠王子曰襄王，襄王子曰哀王。惠王三十六年卒，襄王立十六年卒，并惠、襄为五十二年。今案古文，惠成王立三十六年，改元称一年，改元后十七年卒。《太史公书》为误分惠、成之世，以为二王之年数也。《世本》惠王生襄王而无哀王，然则今王者魏襄王也。”② 和峤所云“《纪年》起自黄帝，终于魏之今王”，与杜预在秘府所见简文原本一致。而裴骃《史记集解》又据《世本》判断《史记》之误，认为“无哀王”，进而断定《纪年》所谓“今王”实即“魏襄王”③，论据是坚实

① （晋）杜预注、（唐）孔颖达疏：《春秋左传正义》卷六十，见（清）阮元校刻：《十三经注疏》（清嘉庆刊本），第4册，4751页。此下，凡引杜预《春秋经传集解后序》，见《十三经注疏》（清嘉庆刊本），第4册，4751～4752页，不再作注。

② （汉）司马迁：《史记》卷四十四，1849页。

③ 朱希祖说：“《史记·魏世家》之‘哀王’为‘襄王’之误，今本《穆天子传》荀勖序之‘令王’为‘今王’之误。”他认为杜预把“今王”当作“哀王”是不正确的，“哀王”实当为“襄王”。参见（清）朱希祖：《汲冢书考·汲冢书来历考第一》附《魏哀王魏令王考》，5～6页，北京，中华书局，1960。

的。不过，司马贞《史记索隐》曰："《系本》(《世本》) 襄王生昭王，无哀王，盖脱一代耳。而《纪年》说惠成王三十六年，又称后元一十七年卒。今此文分惠王之历以为二王之年，又有哀王，凡二十三年，纪事甚明，盖无足疑。而孔衍叙《魏语》亦有哀王。盖《纪年》之作失哀王之代，故分襄王之年为惠王后元，即以襄王之年包哀王之代耳。"①《纪年》出自先秦魏王墓，《世本》传自先秦，魏有无"哀王"一代，当以此为据。而司马贞谓"盖《纪年》之作失哀王之代"，殊不足论。孔颖达《春秋左传正义》亦从《史记》之说，曰："《史记·魏世家》云：'哀王二十三年卒，子昭王立；十九年卒，子安釐王立。'哀王是安釐王之祖，故安釐王之冢藏哀王时之书。"②是不辨竹简《纪年》原文，而直以《史记》裁断出土竹书，误矣。比较诸书记载，杜预最详，而汲冢竹书《纪年》所记事件当终于魏襄王二十年，即公元前 299 年。虽然《纪年》终结的年代并非必定是汲冢下葬的年代，但是墓主葬于公元前 299 年之后，这是可以断定的。这样，汲冢到底是魏襄王墓还是魏安釐王墓呢？比较可靠的推测应当以靠近竹简《纪年》终结的时间为妥。荀勖《穆天子传序》即曰："案所得纪年，盖魏惠成王子、'今王'之冢也，于《世本》盖襄王也。"③ 对于此点，

---

① （汉）司马迁：《史记》卷四十四，1849 页。

② （晋）杜预注、（唐）孔颖达疏：《春秋左传正义》卷六十，见（清）阮元校刻：《十三经注疏》（清嘉庆刊本），第 4 册，4752 页。此下，凡引孔颖达《春秋左传正义》疏解杜预《春秋经传集解后序》的文字，参见《十三经注疏》（清嘉庆刊本），不再作注。

③ 荀勖：《穆天子传序》，见王贻梁、陈建敏：《穆天子传汇校集释》，上海，华东师范大学出版社，1994。

李学勤先生论证道："1975年末，在湖北云梦睡虎地一座小墓中出土了大量竹简，其中有《编年记》一书，记秦昭王元年（公元前306年）至'今'三十年的史事。此'今'指秦始皇，其三十年即公元前217年。墓主名喜，生于秦昭王四十五年，鉴定其骨骼约年四十至四十五岁，可知他应即卒于始皇三十年。这个例子和汲冢的《纪年》相似，从而可以推论，汲冢的墓主很可能死于魏襄二十年（公元前299年）或稍晚一些的时候。假如冢确为王墓，那就只能是襄王的墓，不会是更晚五十多年的安釐王的墓。"① 据此，汲冢即魏襄王墓，很可能是在公元前299年或此后不久入葬的；宽泛说来，即公元前3世纪初年的一座魏墓。这样，可以推定，汲冢竹书皆当是战国中期或此前的著作。

2. 汲冢竹书《易》述论

汲冢竹书非常丰富，种类繁多，唐修《晋书·束皙传》有比较详细的叙述。唐修《晋书·束皙传》曰"得竹书数十车"，又说"大凡七十五篇，七篇简书折坏，不识名题"。唐修《晋书·武帝纪》曰"得竹简小篆古书十余万言，藏于秘府"。卫恒《四体书势》说"得篆书十余万言"。杜预《春秋经传集解后序》曰："余晚得见之，所记大凡七十五卷，多杂碎怪妄，不可训知。"孔颖达《春秋左传正义》曰："大凡七十五卷，《晋书》有其目录，其六十八卷皆有名题，其七卷折简碎杂，不可名题。"据唐修《晋书·束皙传》，其中竹

① 李学勤：《周易经传溯源》，181页。

简《易》书有《易经》两篇，《易繇阴阳卦》两篇，《卦下易经》一篇，《公孙段》两篇，以及《师春》一篇。与《易》或有关系的竹书还有《琐语》《穆天子传》。此外，杜预《春秋经传集解后序》又说："别有《阴阳说》。"《阴阳说》一篇不见于唐修《晋书·束皙传》，可能与束皙所题篇名有异。

《易经》二篇，王隐《晋书·束皙传》称"《周易》上下经二卷"。此《易经》二篇与今本上下经同，杜预《春秋经传集解后序》曰："《周易》上下篇，与今正同。"唐修《晋书·束皙传》也说："其《易经》二篇，与《周易》上下经同。"可见汲冢竹书《易经》与汉晋儒家正统的《易经》本子是相同的，亦与汉中古文《易经》相同。《汉书·艺文志》："及秦燔书，而《易》为筮卜之事，传者不绝。汉兴，田何传之。讫于宣、元，有施、孟、梁丘、京氏列于学官，而民间有费、高二家之说。刘向以中古文《易经》校施、孟、梁丘经，或脱去'无咎''悔亡'，唯费氏经与古文同。"如此，今本《易经》的定本早已流行于战国中期。马王堆帛书《易经》卦爻辞与今本略有不同，差别不大；但是，六十四卦的卦序则是在两种八卦次序的基础上相重的结果，与今本"二二相耦，非覆即变"的卦序原理颇有差别。因此，从汲冢竹书《易经》、刘向所见中古文《易经》到今本《易经》，当属于同一传承系统，其卦序排列相同。而帛书《易经》则属于另一传承系统，或系对前者的变通。

不过，有学者认为帛书《易经》的卦序是在今本卦序的基础上改编的，笔者认为，这恐怕只是一种可能的推测而已。从今本被史书载为孔子所编定的儒家正统本子来看，设想帛书卦序的起源晚于今本，这是比较合理的。今本和帛书《易经》的卦序都非常有规则，这应当反映了两派学者的不同玩《易》标准。今本卦序的组织原见于《序卦传》，正是《序卦传》的存在，才使得从孔子到两汉，儒家正宗的易学传统绵延不绝，且不相扰乱。而帛书卦序的传承，是否可以在秦汉之际认识的基础上再继续向前追溯？笔者认为，不应当轻易否定这种提问的必要。

《易繇阴阳卦》两篇，唐修《晋书·束皙传》曰："《易繇阴阳卦》两篇，与《周易》略同，繇辞则异。"王隐《晋书·束皙传》曰："有《易卦》，似《连山》《归藏》。"王隐所说《易卦》是否即唐修《晋书》所说《易繇阴阳卦》两篇，尚不得而知。唐修《晋书》云《易繇阴阳卦》两篇，而王隐所著《晋书·束皙传》对所谓《易卦》未言篇数，这样看来，它们应当被看作同一种。唐修《晋书·束皙传》说《易繇阴阳卦》两篇与《周易》大体相同，爻辞不同，而汲冢《易经》、汉中古文《易经》、帛书《易经》、今本《易经》和阜阳汉简《易经》的爻辞基本上是相同的[①]，由此可以判断，《易繇阴阳卦》两篇当是另一系统的《易》书。而这一《易》书是否即《连山》或《归藏》的传本？在目前，这是难以回答的问题。《周礼·春官·太卜》有三卜、三《易》之说，而《易繇阴阳卦》两篇"与《周易》略同，繇辞则异"，因此不

① 参见胡平生：《〈阜阳汉简·周易〉概述》，见中国社会科学院简帛研究中心编辑：《简帛研究》，第3辑，南宁，广西教育出版社，1998。

反对它与三《易》之说相关。这样看来，把《易繇阴阳卦》两篇与《连山》《归藏》联系起来，尚不失为一种比较可能的推测。[①] 而王隐《晋书·束皙传》说在汲冢竹书中有一种“似《连山》《归藏》”，这样，《易繇阴阳卦》两篇当与《连山》《归藏》相关，而它较可能即是竹书《易卦》。《易繇阴阳卦》与《易卦》两者，当属异名同谓。

《连山》《归藏》，《汉书·艺文志》未录，《隋书·经籍志》亦无，后儒多疑其为晋隋间的伪作。不过，正如高明所说：“自孔子降而至始皇时，《连山》《归藏》又尚无恙也。”[②]《隋书·经籍志》曰：“《归藏》汉初已亡，案晋《中经》有之，唯载卜筮，不似圣人之旨。”桓谭《新论·正经》说：“《连山》八万言，《归藏》四千三百言。”又说：“《连山》藏于兰台，《归藏》藏于太卜。”《金楼子·立言》引杜子春曰：“今《归藏》先坤后乾，则知是殷明矣。”《礼记·礼运》郑《注》亦曰：“得殷阴阳之书也，其书存者有《归藏》。”[③]“《连山》八万言”的说法，黄宗炎已力驳之。总之，《归藏》至汉时尚存，至三国晋初时损失惨重，至隋朝时尚存其遗。关于《归藏》，《隋书·经籍志》曰：“晋《中经》有之，唯载卜筮，不似圣人之旨。”又说：“以本卦尚存，故取贯于《周易》之首，以备

---

① 参见李学勤：《周易经传溯源》，184 页。

② 高明：《〈连山〉〈归藏〉考》，见黄寿祺、张善文编：《周易研究论文集》，第 1 辑，124 页。另参见（清）马国翰辑：《经编易类·归藏·附诸家论说》，见《玉函山房辑佚书》，第 1 册，40～44 页，扬州，广陵书社，2005。

③ （汉）郑玄注、（唐）孔颖达疏：《礼记正义》卷二十一，见（清）阮元校刻：《十三经注疏》（清嘉庆刊本），第 3 册，3064 页。

《殷易》之缺。”这是指列于易学诸书之首的“《归藏》十三卷（晋太尉参军薛贞注）”。由上述诸引文可知，此十三卷本的《归藏》已掺杂了大量其他资料，与“唯载卜筮，不似圣人之旨”的评论相符合。当今的出土卜筮竹简的情况与此大体一致。晋《中经》，即荀勖所著《中经新簿》。荀勖，汲冢竹简的主要整理者之一。荀勖未言《易繇阴阳卦》（或他篇竹书）似《中经》之《归藏》，则竹书《易》未必合于当时的《归藏》本子。这样，王隐所见《归藏》本子的来源，也是值得怀疑的。郭沫若说：“《易繇阴阳卦》，又有《归藏易》的名称。《隋书·经籍志》上说：‘《归藏》汉初已亡，案晋《中经》有之，唯载卜筮，不似圣人之旨。’但晋的《中经》所著录的都是汲冢的出品。唐修《晋书·荀勖传》上说：‘得汲郡冢中古文竹书，诏勖撰述之，以为《中经》，列在秘书。’据此可以知道所谓《归藏易》不外是由荀勖对于《易繇阴阳卦》所赋予的拟名……荀勖得到了《易繇阴阳卦》，便任意把它拟定为《归藏》罢了。”① 郭氏此说过于奇巧，不可完全相信，但也说明了不应该把竹书《易繇阴阳卦》（或《易卦》）与《归藏》直接等同起来。虽然今本《归藏》有许多地方颇值得怀疑，但是这并不能推翻它有许多材料的来源颇为久远的看法。且唯其如此，才可能发现《归藏》与简帛书《易》有许多相同的地方。总之，有关《归藏》的真伪，是一个颇为复杂的问题，不应该把问题简化为仅根据简帛《易》与今存本《归藏》在文本上有相近或

① 郭沫若：《周易之制作时代》，见《郭沫若全集》（历史编），第1卷，389页。

相一致的地方，即断定《归藏》本身在制作和传统的问题上不伪。

回头看王隐《晋书·束晳传》“有《易卦》，似《连山》《归藏》”之语，可知当时《连山》《归藏》已相混淆，而竹书《易卦》并不即是《连山》或《归藏》。或许，王隐所见《连山》《归藏》是经过多次辑录或由其他卜筮材料编纂而成的。因此此篇竹书当依唐修《晋书·束晳传》的说法，其性质与《周易》大体相同（“与《周易》略同”），不过爻辞比较不同而已。《易繇阴阳卦》当为另一学派的经书，这是战国易学发达、流派纷呈的又一个例证。

关于《卦下易经》，唐修《晋书·束晳传》曰：“《卦下易经》一篇，似《说卦》而异。”李学勤先生指出，《卦下易经》这个题目或当分成两截读：

卦下 易经

《易经》是大题目，《卦下》是小题目。这是古人标题法之一。按照今人的书写习惯，当读为《易经·卦下》。① 依此推论，《易》（或《周易》）在当时已被尊称为“经”了，这与郭店楚简提供的有关信息比较一致。不过，郭店简虽然有《诗》《书》《礼》《乐》《易》《春秋》连用的现象②，但是没有“六经”的正式称呼。进一步，有《卦下》，则当有《卦上》，《卦上》《卦

① 参见李学勤：《周易经传溯源》，185 页。

② 《诗》《书》《礼》《乐》《易》《春秋》连用的现象，见于郭店竹书《六德》篇第 24～25 号简、《语丛一》第 36～43 号简。参见荆门市博物馆编：《郭店楚墓竹简》，188、194～195 页，北京，文物出版社，1998。

下》相配合，就是一篇完整的《说卦》类文章。不过，《卦下易经》只是“似《说卦》而异”，而不是《说卦》的一部分，所以我们虽然可以肯定《卦下易经》与今本《说卦》在性质上相似或相同，但是在具体的文本及卦象论上，两者应有较多的差异。又《说卦》前三章见于帛书《易之义》（《衷》）篇中，于是《说卦》原来的样子也需要论证。今本《说卦》大体可分为三个部分：第一部分为前三章，通论象位结构的义理本原；第二部分为第四章至第十章，综论八卦诸象；末八章为第三部分，分论八卦诸象。其中第一部分与第二、三部分的分别较大，而且它出现于帛书《易之义》中，说明了今本《说卦》的前三章很可能与后面诸章是经过一次文本拼接而组合起来的。《说卦》还有许多象例见之于《左传》《国语》《易·彖》《象》《文言》《系辞》等中[①]，这说明《说卦》可能曾经经过综合前人的象例而成。又《左传·昭公二年》说韩宣子聘于鲁，“观书于大史氏，见《易·象》与《鲁春秋》”，是其时《易·象》已成篇。今《周易》有《象传》，应当可以省称为《易·象》。如此，韩宣子所见《易·象》，要么即今传《周易·象传》，要么与《卦下》《易经》《说卦》三篇的性质相同，但在成书时间上有先后差异。《说卦》不得晚于战国末期成篇。而《说卦》前三章与帛书《易之义》的关系如何呢？审查帛书同于《说卦》前三章的文字，在《易之义》篇中与上下文不相衔接，独立为一大段落，而这正是其提供机会，让人挪动位置的依据。

① 参见戴琏璋：《易传之形成及其思想》，168～170、197～210页，台北，文津出版社，1989。

由此，说明了帛书《易之义》也许是一个被重组了的文本。[①]
杜预《春秋经传集解后序》曰："《周易》上下篇与今本正同，别有《阴阳说》而无《彖》《象》《文言》《系辞》，疑于时仲尼造之于鲁，尚未播之于远国也。"杜预仅云《彖》《象》《文言》《系辞》四篇，当是省文，其实包括《易》十翼各传在内，这种方法古书多见。依此，《阴阳说》与今本《易传》不当相同，这正是杜预说"别有《阴阳说》"的意思。帛书《易之义》开篇即曰："子曰：'《易》之义谁（谇）阴与阳，六画而成章。曲句焉柔，正直焉刚。'六刚无柔，是谓大阳，此天〔之义也〕。"[②] 这是《阴阳说》与《易之义》相关的证据。《易之义》出自长沙马王堆三号汉墓帛书第六幅所载《易传》的第三篇。它紧接着帛书《系辞》另起一行，在首行的顶端有墨块符号；末行有篇题，并记有字数。但在最初的释文中，学者没有找到这一块残片，所以当时只好摘取首句三字暂拟篇题，其实这篇帛书应叫作《衷》。[③] 从内容来看，《易之义》以阴阳、刚柔为核心概念，与杜预说汲冢竹书《阴阳说》一篇在思想主旨上正合。杜预所说《阴阳说》一篇，不见于唐修《晋书・束皙传》。根史载，汲冢竹书有"数十车"之多、"十余万言"之巨，唐

---

① 以上论述是建立在《卦下易经》可分读为《易经・卦下》的基础上的。但是否应如此分读，还有待进一步的考虑。

② 释文，参见陈松长、廖名春：《帛书〈二三子问〉〈易之义〉〈要〉释文》，见陈鼓应主编：《道家文化研究》，第3辑，429页，上海，上海古籍出版社，1993。按，"谁"字误释，原字从言从卒，读作萃。萃，聚也。"《易》之义萃阴与阳"，这句话的意思是说，《易》的大义集中在（汇聚在）阴阳原理上。

③ 廖名春云："所谓《易之义》应称之为《衷》，《衷》才是这一篇佚书的书名。"（廖名春：《〈周易・说卦传〉错简说新考》，载《周易研究》，1997（2））

修《晋书·束皙传》所列竹书很可能并非其全。《阴阳说》具有重大意义，惜其重佚，无法据其展示先秦阴阳思想的内涵及其与《易》的关系。

唐修《晋书·束皙传》曰："《公孙段》二篇，公孙段与邵陟论《易》。""公孙段与邵陟论《易》"，表明二人的关系密切，且二人对《易》有较深的研究。而《公孙段》两篇的性质类似于帛书《缪和》《昭力》《系辞》等篇①，这再次说明了先秦研习《周易》的人物是多样的、复杂的。

《师春》一篇，唐修《晋书·束皙传》曰："书《左传》诸卜筮。'师春'似是造书者姓名也。"《师春》是竹简原有的篇题，此篇题与"书《左传》诸卜筮"并无字面的关系，因此唐修《晋书·束皙传》才有所谓"'师春'似是造书者姓名"的推测。杜预《春秋经传集解后序》亦曰："又别有一卷，纯集疏《左氏传》卜筮事，上下次第及其文意皆与《左传》同，名曰《师春》。师春，似是抄集者人名也。"杜预《春秋经传集解后序》所云，比唐修《晋书·束皙传》更为详细。《春秋经传集解后序》说"纯集疏《左氏传》卜筮事，上下次第及其文意皆与《左传》同"，这表明《师春》一篇是完整有序地照抄照录了《左传》原有的卜筮文字，这包括龟卜与易筮两个方面。不仅如此，《师春》还做了一定的疏解，且文义又同于《左氏传》，由此可以推论，师春如果不是单纯的抄手，那么他可能与左氏（左丘明）有较为密切的关系。进一步，竹书可以证明

① 参见李学勤：《周易经传溯源》，185页。

《左传》为战国早中期的作品。而今人说刘歆把《师春》割裂，编入《左传》书中[①]，这颠倒了古书源流之序，殊不足论。

《师春》，宋代尚存。宋仁宗嘉祐年间（1056—1063），苏洵编定六家谥法，曾采及《师春》。北宋末，黄伯思校雠秘阁所藏《师春》五篇，事见所著《东观余论》卷下《校定〈师春〉书序》。陈振孙《直斋书录解题》称《汲冢师春》一卷。[②]宋人所见《师春》多云“诸国世次”“律吕谥法”“卦变杂事”等内容，与杜预所云有较大差异，这是需要注意的。

竹书《琐语》十一篇，“诸国卜梦妖怪相书也”[③]，看不出与《易》有直接的关系，今不论。不过，这类书籍常常附载筮占结果，在出土楚简中多见其例。

《穆天子传》是汲冢竹书的一篇，其中有一条筮例与《易》有关。其卷五曰：

> 天子筮猎苹泽，其卦遇讼䷅。逢公占之，曰：“《讼》之繇，薮泽苍苍，其中□，宜其正公。戎事则从，祭祀则憙，畋猎则获。”□饮逢公酒，赐之骏马十六，絺纻三十箧。逢公再拜稽首。赐筮史狐□……

穆天子狩猎于苹泽，先以《易》问天意。筮史狐某筮得一卦，遇讼䷅。讼，坎下乾上。逢公占之，《讼》之爻（卦爻辞）

---

① 此为郭沫若说。对于郭说，李镜池已驳之。参见郭沫若：《周易之制作时代》，见《郭沫若全集》（历史编），第1卷，388页；李镜池：《论〈周易〉的著作年代》，见黄寿祺、张善文编：《周易研究论文集》，第1辑，501～503页。

② 参见李学勤：《周易经传溯源》，185～186页。

③ （唐）房玄龄等：《晋书》卷五十一，《束皙传》。

有“薮泽苍苍”之象。此象例不见于今本《说卦》。联系《说卦》和《左传》象例，今勉强解释之：坎，陷也，有水象，所谓“薮泽”也；乾，天也，天之正色苍苍然，所谓“苍苍”也。《讼》九五爻得其中正，又遇天子求筮，所以说：“其中□，宜其正公。”《讼》之爻，“薮泽苍苍”，又“宜其正公”，正是“畋猎则获”之意，所以这次的占筮是大吉大利。这也是穆天子为什么要重赐逢公及筮史的原因。

此筮例，当属于卦占，不属于爻占。卦占比较便于解说，逢公以意逆之，可谓于天人两不偏失。在《周易》，九五爻得其中正，往往吉辞。《讼》九五爻辞曰：“讼，元吉。”可知此爻亦一卦之主，又与天子求筮相合，所以穆天子就很高兴了。由此推论，如果《穆天子传》此筮例用的不是《周易》筮法，那么在当时诸《易》的理论架构应有相一致的地方，如卦象的相近和爻位的相通等。逢公的占辞与《周易》有较大差别，因而此例用的不太可能是《周易》筮法。《左传》筮例，往往先用它《易》，然后才及《周易》，这表明在春秋时期，《周易》尚未占据易筮的主导地位。《周易》属于后起的新兴易学。易筮有一定的规则，一般由筮史来做，但解释的好坏及指向，则往往与释占者有密切的关系。《左传》易筮尤见分晓，而《穆天子传》的此则筮例亦见其端。此外，由于当时卜筮之学甚浓，说《易》者甚众，因此能理解易筮的人不在少数。从此例到《左传》《国语》筮例，可以知其大概。而《易》为卜筮之学，其所由来者远矣。

第二编

第三章　马王堆帛书《易传》的哲学思想

第一节　引　言

帛书《易传》六篇，1973 年 12 月出土于长沙马王堆三号汉墓。这六篇帛书分别为《二三子》《系辞》《衷》《要》《缪和》《昭力》，其中《二三子》篇与帛书《六十四卦》经文同幅[①]，后五篇帛书同幅。这批帛书大约抄写于高祖之后至文帝前元十二年之间（公元前 194—前 168）[②]，当然部分篇目的撰作年代可能会早至战国末季。帛书《周易》经传的释文现在有多种，可参看《张政烺论易丛稿》、廖名春《帛书〈周易〉论

① 将帛书《周易》经文称名为《六十四卦》，乃马王堆汉墓帛书整理小组的意见，实际整理人为张政烺和于豪亮二位。参见马王堆汉墓帛书整理小组：《马王堆帛书〈六十四卦〉释文》，载《文物》，1984（3）；张政烺著，李零等整理：《张政烺论易丛稿》，97 页，北京，中华书局，2011。

② 帛书《周易》经传避汉高祖刘邦讳，但不避汉惠帝刘盈讳。又据同墓出土的一件纪年木牍推断，马王堆三号汉墓下葬于汉文帝前元十二年（公元前 168 年）。参见湖南省博物馆、湖南省文物考古研究所编著：《长沙马王堆二三号汉墓》，第 1 卷，《田野考古发掘报告》，43 页，北京，文物出版社，2004。

集》和拙著《楚竹书与汉帛书〈周易〉校注》等书。①

首先，与帛书《六十四卦》一样，帛书《易传》引起了学者们的极大兴趣，给学界带来了观念上的巨大变化，其中以孔子与《周易》的关系及孔子生前是否作《易传》这两个问题最受关注。这六篇帛书或为释经体，或为问答体，或为此二体之混合，它们大体上以孔子为陈述的中心。文中的孔子引《易》、释《易》，或作“孔子曰”“子曰”“夫子曰”，或作“先生曰”。在《缪和》《昭力》两篇中，答问的一方被称为“子”或“先生”，陈鼓应先生曾认为这二称不是指“孔子”，而是指汉初某位讲《易》的经师。② 在笔者看来，这个意见未必正确，其中的“子”或“先生”仍应指

① 张政烺著，李零等整理：《张政烺论易丛稿》，91～292页；廖名春：《帛书〈周易〉论集》，359～400页，上海，上海古籍出版社，2008；丁四新：《楚竹书与汉帛书〈周易〉校注》，505～542页，上海，上海古籍出版社，2011。本章征引帛书《易传》一般从宽式，并综合了一些学者及笔者的释读成果。参见陈松长：《帛书〈系辞〉释文》，见陈鼓应主编：《道家文化研究》，第3辑，416～423页；陈松长、廖名春：《帛书〈二三子问〉〈易之义〉〈要〉释文》，见陈鼓应主编：《道家文化研究》，第3辑，424～435页；陈松长：《马王堆帛书〈缪和〉〈昭力〉释文》，见陈鼓应主编：《道家文化研究》，第6辑，367～377页，上海，上海古籍出版社，1995；张政烺著，李零等整理：《张政烺论易丛稿》，91～292页；丁四新校点：《马王堆汉墓帛书〈周易〉》，见《儒藏》（精华编），第281册，225～322页，北京，北京大学出版社，2007；丁四新：《〈易传〉类帛书零札九则》，载《周易研究》，2007（2），3～11页；丁四新：《〈易传〉类帛书零札七则》，见《湖南省博物馆馆刊》，第4辑，1～10页，长沙，岳麓书社，2007。

② 陈鼓应说：“翻开这两篇帛书（《缪和》《昭力》——引者注），首先引起我兴趣的是其中出现频率高达近三十次之多的‘子曰’的词字。这里的‘子曰’明确的是指易师之言。”（陈鼓应：《帛书〈缪和〉〈昭力〉中的老学与黄老思想之关系》，见陈鼓应主编：《道家文化研究》，第3辑，216页）又说：“欧阳修称《系辞》中的‘子曰’为‘讲师之言’。这两篇古佚易说的出土为欧阳修之说提供了有力的证据。”（同上书，217页）

“孔子”。[1] 在帛书作者的心目中，孔子无疑是传《易》和解《易》的大师，尽管现在可以设想，一方面这六篇帛书中的“孔子”是作者为了增强其陈述的权威性而假托为之的，但是从另一方面来看，即便如此，我们仍可以看出它们在思想上与孔子保持了高度的一致性。《要》篇曰：“夫子老而好《易》，居则在席，行则在橐。”这与《论语·述而》“（子曰）加（假）我数年，五十以学《易》，可以无大过矣”及《史记·孔子世家》“孔子晚而喜《易》”“（子曰）假我数年，若是，我于《易》则彬彬矣”的说法一致。[2]《孔子世家》并将孔子“晚而喜《易》”的时间置于鲁哀公十一年（公元前 484 年）孔子返鲁之后，其时子贡在鲁，与帛书《要》篇所设置的孔子和子贡相问答的情景相合。由此，韩仲民、李学勤等重新肯定了孔子与《周易》有密切关系。[3] 此外，笔者亦曾撰文补充一证。在帛书《缪和》篇第 51～55 行，有四章文本在叙述方式上与上

---

① 参见丁四新：《帛书〈缪和〉〈昭力〉“子曰”辨》，载《中国哲学史》，2001（3），100～107 页；丁四新：《论帛书〈缪和〉〈昭力〉的内在分别及其成书过程》，载《周易研究》，2002（3），54～57 页。

② “孔子晚而喜《易》”的说法，又见《史记》卷四十六《田敬仲完世家》。“五十以学《易》”的“易”字，《鲁论语》作“亦”，并连下句读作：“五十以学，亦可以无大过矣。”定州汉简《论语》属于《鲁论语》抄本，该字正作“亦”。参见河北省文物研究所、定州汉墓竹简整理小组编：《定州汉墓竹简〈论语〉》，33 页，北京，文物出版社，1997。陆德明《经典释文》“学易”条云：“如字，鲁读‘易’为‘亦’，今从古。”（（唐）陆德明撰、黄焯汇校：《经典释文汇校》卷二十四，702 页，北京，中华书局，2006）陆氏从郑玄《注》，且均从古《论语》读。参见王素编著：《唐写本〈论语〉郑氏注及其研究》，78 页，北京，文物出版社，1991。现在看来，郑玄和陆德明的读法是对的，《鲁论语》的读法是不可取的。

③ 参见韩仲民：《帛书〈系辞〉前说——兼论〈易传〉的编纂》，载《孔子研究》，1988（4），28 页；李学勤：《从帛书〈易传〉看孔子与〈易〉》，载《中原文物》，1989（2），41～42 页；李学勤：《周易溯源》，372～373 页。

下文不同，它们均先以“子曰”述经，随后又以“子曰”释经（涉及《恒》初六、九三、六五和《坤》六二诸爻），这一现象很具体地说明了孔子与《周易》经传确实大有干系。[①] 简言之，孔子生前不但研述《周易》，而且也是今本《易传》的重要来源。欧阳修曾断定《系辞》以下各篇“皆非圣人之作”，且篇中“子曰”均为“讲师之言”[②]，以及后世竞相否定孔子与《周易》之关系的看法，都有疑古太过之失，而未能看到《史记》《汉书》之相关记述的合理成分。

其次，在论述帛书《易传》的哲学思想之前，这六篇帛书的制作时间需要略加说明。上面，笔者虽然肯定孔子与《周易》经传具有很大的关系，今本《易传》即源自孔子，并由商瞿至田何一系加以推衍和维系[③]，但是《易》十翼是否为孔子亲著，则是另外一个问题。实际上，20 世纪的中国学界一直在讨论这一问题。自帛书《周易》经传出土以来，学者们的意见渐趋一致，认为《易》十翼的绝大部分篇章写于战国中期至晚期；而《系辞传》和《文言传》所载“子曰”的部分则比较可能源自孔子本人。关于帛书《易传》的制作时代，可以从今本、帛书《易传》的文本对勘和引证关系，以及其语言的时代

---

① 参见丁四新：《论帛书〈缪和〉〈昭力〉的内在分别及其成书过程》，载《周易研究》，2002（3），56 页。

② 欧阳修《易童子问》卷三：“童子问曰：‘《系辞》非圣人之作乎？’曰：‘何独《系辞》焉？《文言》《说卦》而下，皆非圣人之作，而众说淆乱，亦非一人之言也。’”（《欧阳修全集》卷七十八，1119 页，北京，中华书局，2001）又：“至于何谓‘子曰’者，讲师之言也。《说卦》《杂卦》者，筮人之占书也。”（同上书，1123 页）

③ 参见《史记》卷一百二十一，《儒林列传》；《汉书》卷八十八，《儒林传》。

特征来看。从前者来看，种种迹象表明，是帛书《系辞》和《衷》《要》抄录了今本《系辞》，而不是相反——今本《系辞》乃是对帛书《系辞》之全部和《衷》《要》两篇之部分文本的汇编。另外，《衷》篇还抄录了《说卦》前三章。而帛书《衷》篇第44～45行连续抄录了三段与今本《系辞下》相同的文字，且皆称之为"《易》曰"。对此，廖名春曾指出，今本《系辞》在当时已具备了"相当于'经'"的地位。① 在笔者看来，廖说是恰当的。此外，《衷》篇云"《酆（丰）》之'虚盈'"，"虚盈"只见于《丰·彖传》。《谦·彖传》"天道亏盈而益谦"一段文字，亦见于帛书《二三子》和《缪和》两篇，且皆称为"孔子曰"或"子曰"。从后者——语言的时代性——来看，帛书《二三子》出现了"精白""法物""黄帝四辅"等词句，明显地受到了黄老思潮的严重影响；而《缪和》出现了"黔首"的称谓，这反映了该篇帛书著于秦代或稍后的可能。简言之，帛书《易传》当抄写于今本《系辞》《彖》《说卦》三传之后，而大抵介于战国末季至汉初文帝之间（不迟于公元前168年）。不过，由于帛书《系辞》《衷》《要》大量抄录了今本《系辞》及《说卦》的文本，因此对于帛书《易传》部分篇章的写作时间应当区别对待，《系辞》在整体上应当属于战国中期的文本，而《说卦》前三章可能为战国中期或晚期偏早的文本。

最后，我们来看帛书《易传》的研究现状。帛书《易传》

① 参见廖名春：《帛书〈周易〉论集》，242页。

释文的整理工作，最初由张政烺和于豪亮二位先生担任，并计划在《马王堆汉墓帛书》（贰）中刊印出来。但是自帛书《六十四卦》释文发表之后，这六篇帛书《易传》的释文却迟迟未能发表。现在看来，张、于二位的释文早已做好①，只是没有及时刊印出来而已。20 世纪 90 年代以来，帛书《易传》释文陆续发表出来。② 在最近数年，这些释文已趋于成熟。毫无疑问，这为本书的研究提供了可靠的文本基础。

与此同时，学界对于帛书《易传》哲学思想的研究还显得非常不足。这种不足，主要体现在两个方面。第一，不但在思想研究上有待深化，而且在发表论文的数量上也显得颇为不足。虽然研究帛书《周易》经传的论著很多，但是它们绝大多数属于释文、文字、释读和考据等方面的，而属于思想研究的论著则很少。第二，帛书《易传》的释文长期处于不断提高和改善的过程中，这无疑影响了以前人们对其思想的理解和阐述。因此站在一份成熟的释文上来重新论述帛书《易传》的哲

① 参见张政烺：《马王堆帛书〈周易〉经传校读》，北京，中华书局，2008，共 224 页；于豪亮：《马王堆帛书〈周易〉释文校注》，上海，上海古籍出版社，2013，共 212 页。

② 帛书《易传》释文集中在《道家文化研究》第 3 辑和第 6 辑上，在《国际易学研究》第 1 辑（北京，华夏出版社，1995）上又刊载了全部释文。参见陈松长：《帛书〈系辞〉释文》，陈松长、廖名春：《帛书〈二三子问〉〈易之义〉〈要〉释文》，见陈鼓应主编：《道家文化研究》，第 3 辑，416～423、424～435 页；陈松长：《马王堆帛书〈缪和〉〈昭力〉释文》，见陈鼓应主编：《道家文化研究》，第 6 辑，367～380 页；廖名春：《帛书〈二三子问〉释文》《帛书〈系辞〉释文》《帛书〈易之义〉释文》《帛书〈要〉释文》《帛书〈缪和〉释文》《帛书〈昭力〉释文》，见朱伯崑主编：《国际易学研究》，第 1 辑，7～39 页。《易之义》即《衷》篇，廖名春后来在残帛片中发现了抄手自题的篇题。参见廖名春：《帛书〈周易〉论集》，210 页。

学思想，显然是十分必要的。在笔者看来，帛书《易传》的哲学思想主要体现在三个方面，即解《易》的原则、阴阳哲学和乾坤说三个方面。

第二节　从帛书《易传》看孔子解《易》的原则

众所周知，今本《系辞》和《说卦》前三章被帛书《易传》所抄录。而为了更明晰地梳理战国末季至汉初易学思想的发展，笔者在下面将尽力征引那些不见于今本《易传》的篇章，然后在文章的最后一部分比较今本、帛书《易传》的哲学思想差别，从而彰显帛书《易传》在思想研究上的学术价值。

先看帛书《易传》的解释观念。帛书《易传》的解释观念主要体现在《要》篇中，而《要》篇的解释观念也即是孔子的解释观念。无疑，在这六篇帛书中，《要》篇是最为引人关注的篇目之一，其原因在于它解决或矫正了自欧阳修以来的一大问题，即它证实了《史记》"孔子晚而喜《易》"的说法。在笔者看来，《要》篇的重要性还在于显示了孔子在《周易》解释学上的重大贡献。这一点，有些学者已经注意到了。[①] 在《要》篇中，孔子提出了"以德知《易》"或"以德占《易》"的解释观念。"以德知《易》"的说法，是孔子总结春秋后期以

---

① 林忠军曾梳理了孔子在帛书《要》篇中的易学解释思想。不过在理论重心和层次上，他的概括与笔者不尽一致。参见林忠军：《从帛书〈易传〉看孔子易学解释及其转向》，载《北京大学学报》（哲学社会科学版），2007（3），86～90页。

德解占的思想倾向的结果。重视德行在解占过程中的作用，这可以参看《左传·襄公九年》“穆姜薨于东宫”、《昭公十二年》“南蒯枚筮之”等筮例。[①] 此前，《周易》的主要用途是为了“稽疑”（帮助君王做出决断），是君王在做出决断之前需要谋问和商议的五大因素之一，并且在解占的过程中需要遵守“三人占，则从二人之言”的规则。[②]

孔子提出的“无德，则不能知《易》”（《要》第8行）的解释原则在《要》篇中包含三个要点。《要》篇第12～18行曰：

> 夫子老而好《易》，居则在席，行则在囊。子贡曰：“夫子它日教此弟子曰：‘德行亡者，神灵之趋；知谋远者，卜筮之繁。’赐以此为然矣。以此言取之，赐敏行之为也。夫子何以老而好之乎？”夫子曰：“君子言以矩[③]方也。前祥而至者，弗祥而巧也。察其要者，不诡其福。《尚书》多阏〈阙〉矣，《周易》未失也，且有古之遗言焉。予非安其用也，〔而乐其辞也〕□□尤于

---

① 参见（晋）杜预注、（唐）孔颖达疏：《春秋左传正义》卷三十、四十五，见（清）阮元校刻：《十三经注疏》（清嘉庆刻本），第4册，4215～4216、4480～4481页。

② 参见《尚书·洪范》“稽疑”畴。稽疑的五大因素分别为君王本人的内心、卿士、庶人和卜、筮。参见（汉）孔安国传、（唐）孔颖达疏：《尚书正义》卷十二，见（清）阮元校刻：《十三经注疏》（清嘉庆刻本），第1册，404～405页。

③ 《广雅·释诂一》：“矩，至也。”王念孙《广雅疏证》曰：“《皋陶谟》曰：‘予决九川距四海。’距与矩通。”（王念孙：《广雅疏证》卷一上，7页，南京，江苏古籍出版社，2000）

此乎?”

〔子贡曰〕:“如是,则君子已重过矣。赐闻诸夫子曰:‘循正而行义,则人不惑矣。’夫子今不安其用而乐其辞,则是用倚于人也,而可乎?”子曰:“狡哉,赐!吾告汝,《易》之道□□□□□□□□此百姓之道□□易也。夫《易》,刚者使知惧,柔者使知图;愚人为而不妄,谗人为而去诈;文王仁,不得其志,以成其虑。纣乃无道,文王作,讳而避咎,然后《易》始兴也。予乐其知之□□□之自□□予何□□三事纣乎?”

子贡曰:“夫子亦信其筮乎?”子曰:“吾百占而七十当。虽周梁山之占也,亦必从其多者而已矣。”子曰:“《易》,我后其祝卜矣!我观其德义耳也。幽赞而达乎数,明数而达乎德,有仁〔守〕者而义行之耳。赞而不达于数,则其为之巫;数而不达于德,则其为之史。史巫之筮,乡(向)之而未也,好之而非也。后世之士疑丘者,或以《易》乎?吾求其德而已,吾与史巫同途而殊归者也。君子德行焉求福,故祭祀而寡也;仁义焉求吉,故卜筮而希也。祝巫、卜筮其后乎!”①

孔子玩《易》、解《易》的特点,在这三段对话中充分表现出来了。从第一段对话来看,孔子晚年对于《周易》在态度上有一次重大的转变:从前,因其为卜筮之书而鄙弃之,至晚年却“好《易》”,乃至于“居则在席,行则在橐”,所以子贡

① 上引《要》篇文本,多处采用了李学勤的释读。参见李学勤:《周易溯源》,373~375页。

才有“夫子何以老而好之乎”的疑问。由此，在孔子与子贡之间展开了一场对话。孔子晚年重视经典研读和教育。对于《周易》，他的第一个观点是“予非安其用也，〔而乐其辞也〕”。所谓“用”，指卜筮之用；所谓“辞”，指卦爻辞。孔子晚年好《易》的重点，乃在于玩味和推阐卦爻辞所包含的道理，以及占者之主体性（主体性的构成以道德性为主）与吉凶的关系。所谓“夫《易》，刚者使知惧，柔者使知图；愚人为而不妄，谗人为而去诈；文王仁，不得其志，以成其虑”，即是孔子非常重视《周易》对于主体德行修养作用的表现。需要指出，所谓“不安其用”，并不是说舍弃其占筮的功能而不用，而是要在占筮之用的基础上将其提升到“德义”的层次，不过在解释路径上，孔子是通过“乐其辞”来进入的。这一点，似乎与宋儒程伊川有相通之处。伊川在《易传·序》中说：“予所传者辞也。”① 不过，程颐解《易》几乎不言占——这后来招致了朱熹的反复批评②，而孔子则为《周易》建立了“占/巫—数/史—德/君子”三个解释的层次和系统，与伊川舍占而传辞的做法迥然不同。

孔子看待《周易》的第二个观点是：“我后其祝卜矣！我观其德义耳也。”在春秋后期，卜筮文化十分浓厚和流行，在当时的历史条件下，孔子是不可能直接否定占筮的功能的。他说“吾百占而七十当”，这是肯定了占筮具有预知吉凶的作用。

---

① （宋）程颐：《伊川易传·序》，见《文渊阁四库全书》，第9册，157页。

② 参见（宋）黎靖德编：《朱子语类》卷六十七，1649～1654页，北京，中华书局，1994。对于此点，笔者曾有论述，参见拙文《出土早期易学材料与〈周易〉经学的哲学解释》，载《社会科学战线》，2012（12），4页。

不过，孔子并不迷信，而是更加重视对吉凶之占象的主观性解释，正如《要》篇所说“亦必从其多者而已矣”，将对卦爻象之吉凶的判断放在多重解占主体的解释中来做综合处理和裁断，这与《尚书·洪范》所云“三人占，则从二人之言”一致。毫无疑问，孔子虽然没有舍弃祝卜的具体方法，但是更为重视对于《周易》“德义”的领会。他将时人对于《周易》的运用分为三个高低的层次，即“巫—史—君子”，或者“占—数—德”，将目标指向对《周易》作“德义”的阅读，并进而培养君子的人格。

巫能幽赞神明而断之以吉凶，史能通达兴衰之道（“数”者，术也，道也），而君子则“观其德义”“达乎德”“求其德”。所谓“德义”，即“德行”“仁义”之省语。所谓“求其德义”，即探求《周易》所包含的德行和仁义的内涵。① 在《要》篇中，孔子将传统的吉凶判断之术（筮占）转变为也与个人的道德修养密切相关。俱是趋吉避凶，然而孔子与史巫使用《周易》的目的不同，“吾与史巫同途而殊归”。这也即是说，孔子主张吉福源于个人的德行或道德性的修养，所谓“君子德行焉求福”“仁义焉求吉”。这样一来，主体的德行或道德性也就成为理解《周易》的基础；反之，《周易》文本不但应当从德行或道德性的角度来做解释，而且玩研

---

① 对于帛书《要》篇的“德义”概念，陈来曾说包括卦德卦义和德性两种含义，后来认为它专指“道德、德性”，或者说“仁义德性”。他的后一说法比较符合帛书原文及《左传》文义。参见陈来：《马王堆帛书易传与孔门易学》，见《国学研究》，第2卷，66页，北京，北京大学出版社，1994；陈来：《帛书易传与先秦儒家易学之分派》，载《周易研究》，1999（4），8页。

《周易》也有助于个人的道德性反省和德行的修养。总之，孔子晚年虽然在一定程度上回归和肯定了《周易》的卜筮之用，但是他无疑是以“德义”为先，以“祝卜”为后的。“我观其德义耳”，这个观点是孔子对《周易》解释学做出的重大贡献。①

最后，孔子主张以德占《易》。帛书《衷》篇也有相近的说法：一曰“无德而占，则《易》亦不当”（第42行），这与《要》篇“无德，则不能知《易》”，以及孔子在《论语·子路》中所说“不占而已矣”，而将“恒德”看作占筮的基础，是完全一致的。② 二曰“拟德占之，则《易》可用矣”（第44行）。“拟”，准拟。后者主要是从考虑占者德行的角度而言的，正如《左传·襄公九年》所载，虽然史官为其筮得《随》卦，并说只要随从而出，可应“无咎”的断占之辞，然而在穆姜看来，元、亨、利、贞四德乃是随而“无咎”的前提：有此

---

① 对《周易》做道德性的理解和应用，不始于孔子，但是孔子就此方向做了特别的提升和发展，贡献甚大，在当时确实无人能与之相匹。

② 《论语·子路》曰：“子曰：‘南人有言曰：“人而无恒，不可以作巫医。”善夫！“不恒其德，或承之羞。”’子曰：‘不占而已矣！’”“子曰南人”至“善夫”一节，亦见于今本《礼记·缁衣》，不过词句小异。“南人”，当作“宋人”，“南”为“宋”字之讹，郭店楚简本及上博楚简本《缁衣》均作“宋人”。“不占而已矣”，何晏《论语集解》引郑玄曰：“《易》所以占吉凶，无恒之人，《易》所不占。”“不占而已矣”一句，是孔子接着“不恒其德，或承之羞”而下的判断。其意是说，若有人三二其德，那么其吉凶的结果可想而知（“或承之羞”），而不必求助于《易》筮以占问吉凶。参见马承源主编：《上海博物馆藏战国楚竹书》（一），198页，上海，上海古籍出版社，2001；荆门市博物馆编：《郭店楚墓竹简》，131页；（魏）何晏集解、（宋）邢昺疏：《论语注疏》卷十三，见（清）阮元校刻：《十三经注疏》（清嘉庆刊本），第5册，5449页。

四德，则随而无咎；无此四德，则虽随而无益。① 孔子及其后学不因人而废言，将穆姜的精彩解说编入了《乾·文言传》中。但是我们也应当注意到，孔子提出拟德而占、以德解占、以德知《易》和“求其德义”的一系列观点，乃是在思想上的总结和提高，十分鲜明地突出了占问者和解占者的主体性（在孔子当时以“德行”为重）与断占、解占之间的密切关系。应当说，孔子所提出的这一主体性原则对于易学的发展来说是至关重要的，从此《易》十翼及其他易说才可以接连不断地产生出来。

第三节　《易》之义萃阴与阳

1.《易》之义萃阴与阳

阴阳观念起源很早。据《国语·周语上》“虢文公论阴阳分布”一段文本，大概在周宣王（公元前 827—前 782 年在位）时已经产生了“阳气”的概念，它作为谷物之所以生长的力量而得到肯定。在《国语·周语上》“伯阳父论地震”（公元

---

① 《左传·襄公九年》：“穆姜薨于东宫。始往而筮之，遇艮之八䷳。史曰：‘是谓艮之随䷐。随，其出也。君必速出！’姜曰：‘亡！是于《周易》曰：“随，元、亨、利、贞，无咎。”元，体之长也。亨，嘉之会也。利，义之和也。贞，事之干也。体仁足以长人，嘉德足以合礼，利物足以和义，贞固足以干事。然，故不可诬也，是以随而无咎。今我妇人，而与于乱，固在下位，而有不仁，不可谓元。不靖国家，不可谓亨。作而害身，不可谓利。弃位而姣，不可谓贞。有四德者，随而无咎。我皆无之，岂随也哉？我则取恶，能无咎乎？必死于此，弗得出矣。’”（（晋）杜预注、（唐）孔颖达疏：《春秋左传正义》卷三十，见（清）阮元校刻：《十三经注疏》（清嘉庆刊本），第 4 册，4215～4216 页）

前780年）一段文本中，阴阳之气被说成为“天地之气”，从而成为天地间的两种基本力量，并且二气具有确定的运动规则：阳气自下而向上运动，阴气自上而向下运动。在《国语·周语下》“伶州鸠谏铸大钟”（公元前522年）一段文本中，上述各个要点得到了进一步的反映。今本《老子》第四十二章曰：“万物负阴而抱阳，冲气以为和。”十分正式地将阴阳二气看作寓于万物中的普遍性的存在，并且以二气的和谐、平衡状态作为万物存在的基础，这种阴阳观念显然超越了伯阳父和伶州鸠之说。由此可以断定，具有广泛的宇宙生成论意义的阴阳概念应当在春秋末期已经产生出来了。但是由于楚简并无《老子》此章①，因此它是在何时写作出来的也就存在一定的疑问。不管怎样，至迟在战国中期，具有宇宙生化论意义的阴阳观念得到了广泛的应用，《庄子》、《管子》、今本《易传》及出土楚竹书等即有许多相关论述。

帛书《易传》六篇亦不例外，它们受到阴阳观念的严重影响，这是毫无疑问的。帛书《衷》篇第1～2行即曰：

> 子曰：“《易》之义萃阴与阳，六画而成章。曲句焉柔，正直焉刚。”六刚无柔，是谓大阳，此天〔之义也〕。□□□□□□见台而□□□方。六柔无刚，【是谓大阴，】此地之义也。天地相率，气味相取，阴阳流形，刚柔成〔体〕，万物莫不欲长生而恶死。会三者而始作《易》，和之至也。

---

① 郭店楚简本《老子》分为三组，三组文字合计，约相当于今本的三分之一。参见荆门市博物馆编：《郭店楚墓竹简》，111～122页。

萃者，聚也。“《易》之义萃阴与阳”，在《衷》篇的作者看来，《周易》的大义集中在阴阳观念上面。据此，可以说阴阳观念正是理解《周易》文本的基本原理。这一命题的重要性，首先体现在对《周易》卦爻画的理解上。众所周知，卦爻画在《周易》文本中是最为突出和十分关键的构成部件，每一卦均由六画构成。帛书《衷》篇曰：“曲句焉柔，正直焉刚。”所谓“曲句”“正直”，正是就爻形来说的，爻画之状曲句即为柔爻，正直即为刚爻。“六刚无柔”，这是《乾》卦之象，《衷》篇并曰“是谓大阳”；“六柔无刚”，这是《坤》卦之象，《衷》篇并曰“是谓大阴”。这说明《衷》篇作者将《乾》《坤》二卦看作纯阳极阳、纯阴极阴之卦，由此可以推知，所谓刚柔二爻也可以称名为阳爻和阴爻。《衷》篇下文又曰：“观变于阴阳而立卦也，发挥于〔刚〕柔而〔生爻也〕。”再曰：“是故立天之道曰阴与阳，立地之道曰柔与刚，立人之道曰仁与义。兼三才【而】两之，六画而成卦。分阴分阳，〔迭用柔刚，故〕《易》六画而为章也。”这两段文字又见于今本《说卦》。它们十分清楚地阐明了易卦六画具有宇宙论的来源，而这种宇宙论的来源又表现为天、地、人三才的结构。简言之，在《衷》篇（乃至帛书《易传》六篇）的作者看来，《周易》六十四卦的两种基本爻画既来源于刚柔、阴阳观念，也是对这两种观念的直接表达。毫无疑问，易卦的刚柔化和阴阳化极大地深化了《周易》文本的哲学内涵，实现了文本性质的根本转化，为此后学者对《周易》文本作哲学的阐释提供了基本前提。由此也可知，帛书六十四卦的意涵已经完全超越了所谓数字卦的概念。①

其次，“《易》之义萃阴与阳”这一命题的深刻内涵，还表现在天地生化之道上。所谓天地生化之道，是以易卦所含具的刚柔和阴阳原理为基础的。《衷》篇云：“天地相率，气味相取，阴阳流形，刚柔成〔体〕，万物莫不欲长生而恶死。”“率”，循也。万物的生成及其存在，无非是天地率循、阴阳流形和刚柔成体的结果，属于典型的宇宙生成论，与楚简《凡物流形》“流形成体”的观念相贯通。② 反过来看，《键（乾）》“六刚无柔”之“太阳”和《川（坤）》“六柔无刚”之“太阴”，即分别体现了“天之义”和“地之义”。这两个方面均为“《易》之义萃阴与阳”的内涵。

最后，“《易》之义萃阴与阳”这一命题的含义还表现在一卦之中，而一卦所含之阴阳和刚柔的多少则是有差别的。《键

① “数字卦”的概念，大家认为是由张政烺提出来的。这个概念的提出，对于早期易卦的来源及其表现形式都具有积极的意义。参见张政烺：《试释周初青铜器铭文中的易卦》，原载《考古学报》，1980（4），403～415页；收入张政烺著，李零等整理：《张政烺论易丛稿》，6～29页。笔者认为，数字卦的表现形式一直到战国晚期，甚至在秦汉的易卜习俗中还存在着，但是不能由此否定刚柔化或阴阳化的卦爻概念在战国中期甚至在更早的时候就已经产生出来的看法。不过，两种性质的易卦并存一段较长的时期，也是完全可能的。在儒门传《易》或知识精英传《易》的层面，《周易》文本（包括卦爻画）很早就被阴阳化了。李零、韩自强等认为帛书和汉简《周易》的卦画仍然处于所谓数字卦阶段，这与张政烺的意见不同，后者认为帛书和汉简《周易》的卦画已经阴阳化了。现在，根据楚简《周易》已有“初九”“初六”等爻题，我们完全可以断定在战国中期已经实现了卦爻画的阴阳化。参见李零：《中国方术考》（修订本），260～271页；韩自强：《阜阳汉简〈周易〉研究》，87～95页；张政烺：《帛书〈六十四卦〉跋》，载《文物》，1984（3），12页。

② 参见曹锦炎：《〈凡物流形〉释文注释》，见马承源主编：《上海博物馆藏战国楚竹书》（七），223、226、228页，上海，上海古籍出版社，2007。

(乾)》《川(坤)》二卦的爻画纯一无杂，故《衷》篇只说“得之阳也”“得之阴也”(第3行)。至于《衷》篇云“《柰(泰)》者，上下交矣”“《妇(否)》者，阴阳奸矣，下多阴而否闭也”“《大牀(壮)》以卑阴也”等(第4～9行)，则直接反映了易卦在阴阳分量上的差别。而《衷》篇云《键(乾)》“亢龙”等五爻辞为“刚之失”及《川(坤)》“牝马”等五爻辞为“柔之失”(第16～17行)，则体现了易爻在刚柔力量上的差失。

2. 刚柔、动静、文武之义

“《易》之义萃阴与阳”这一命题，又包含了刚柔和文武相配、相救之义。这一点有些学者已经注意到了①，但论述还不够深入。帛书《衷》篇第16～19行云：

> 子曰：“万物之义，不刚则不能动，不动则无功，恒动而弗终则〔亡，此刚〕之失也。不柔则不静，不静则不安，久静不动则沈，此柔之失也。是故《键(乾)》之‘亢龙’，《壮》之‘触藩’，《句(姤)》之‘离角’，《鼎》之‘折足’，《酆(丰)》之‘虚盈’，五爻者，刚之失也，动而不能静者也。《川(坤)》之‘牝马’，《小蓄(畜)》之‘密云’，《句(姤)》之‘〔蹢〕躅’，《渐》之‘孕妇’，《肫(屯)》之‘泣血’，五爻者，阴之失也，静而不能动者也。是故天之义，刚健动发而不息，其吉保功也；无柔救之，不死必亡。动阳者亡，故火不吉也。地之义，柔

① 就帛书《衷》篇的刚柔、文武之义，王莹较早做了论述。参见王莹：《帛书〈易之义〉键川、阴阳、刚柔、文武思想合论》，载《周易研究》，2007(3)，17～21页。

> 弱、沈静、不动，其吉〔保安也；无〕刚文之，则穷贱遗亡。重阴者沈，故水不吉也。故武之义，保功而恒死；文之义，保安而恒穷。是故柔而不耎，然后文而能胜也；刚而不折，然后武而能安也。《易》曰：‘直方大，不〔习，吉〕。’□□□□□于文武也。”

“刚柔”既是万事万物的两种对立的质性，也是存在于事物之中的两种宇宙力量。阴阳就生化流形而言，刚柔就已生成之事物的质性而言。[①] 《周易》的爻画被称之为刚爻和柔爻，这是与处于动静、变化之中的事物相应的。而刚柔与动静，则呈现为体用关系。从宇宙论来看，《衷》篇认为它们来源于天地。通过天地之象，它们都可以包含在乾坤的内涵之中。就其本然来看，刚柔在事物中是自然地和谐的，但是在人化的世界中，则存在刚失和柔失的两种情况。《衷》篇云：“万物之义，不刚则不能动，不动则无功，恒动而弗终则〔亡，此刚〕之失也。不柔则不静，不静则不安，久静不动则沈，此柔之失也。”这即是说，事物只有保持刚柔和动静的相对平衡，才能够起到相应的功效和维护自身的存在，所谓“不动则无功”“不静则不安”是也，但是恒动、恒静就会导致自我的沉沦和灭亡。正因为如此，所以刚柔必须互助互救。《衷》篇云：“是故天之义，刚健动发而不息，其吉保功也；无柔救之，不死必亡。动阳者亡，故火不吉也。地之义，柔弱、沈静、不动，其吉〔保

---

① 徐强曾对“刚柔”观念做了仔细的梳理，但是他没有区别“阴阳”与“刚柔”这两对概念的关系。参见徐强：《今、帛本〈易传〉“刚柔”解〈易〉的诠释学考察》，载《周易研究》，2009（1），27～32、38页。

安也；无〕刚文之，则穷贱遗亡。重阴者沈，故水不吉也。”天地、刚柔各有其功，但是它们必须互相配合和救助，才能保持双方的相对平衡和共存。这种刚柔相救之义，符合《系辞》“一阴一阳之谓道”的原理，而孤阴、孤阳，或极阴、极阳，则违反了此一原理。

在刚柔相救之义的基础上，《衷》篇还论述了人道的文武之义。“文”“武”是为政和任事的两种品质，与刚柔分别对应。文者性柔，法地之义；武者性刚，法天之义。文能保安，而武能保功。但是它们都有偏失，只有刚柔相救，“柔而不耎，然后文而能胜也；刚而不折，然后武而能安也”。需要注意，这种文武之义，与帛书《经法·君正》等篇所说的文武之义不同。①

此外，在帛书《衷》《昭力》两篇中还可见一些有关文武之义的文本。如《衷》篇曰“武夫昌虑，文人缘序”（第31行）、“〔武夫〕有拂，文人有辅”（第32行），《昭力》篇曰“文人为令，武夫用图”（第6行）。所谓“武夫”和“文人”，分别指在政治活动中其气性程度不同（即柔刚程度不同）的两

---

① 帛书《经法·君正》曰：“因天之生也以养生，谓之文；因天之杀也以伐死，谓之武；〔文〕武并行，则天下从矣。”《经法·六分》曰：“文德厩（究）于轻细，〔武〕刃于〔当罪〕，王之本也。”《经法·四度》曰：“动静参于天地谓之文，诛〔禁〕时当谓之武。静则安，正〔则〕治，文〔则〕明，武则强。”又曰：“因天时，伐天毁，谓之武。武刃而以文随其后，则有成功矣，用二文一武者王。”《经法·论约》曰：“始于文而卒于武，天地之道也。四时有度，天地之李（理）也。日月星辰有数，天地之纪也。三时成功，一时刑杀，天地之道也。”帛书《经法》诸篇的“文”“武”概念都是从统治手段的角度来说的，分别为德惠和刑杀之义，属于阴阳刑德理论的范畴，与帛书《衷》《昭力》两篇的文武概念不同。

种人。

3. 卦气说与《损》《益》之道

卦气说是西汉易学阴阳说的重要内容之一。所谓卦气说，即以易卦来表示一年四时阴阳消息（具体表现为节气）的变化。成熟形态的卦气说即将二十四节气纳入其中：一方面它特别注重天道在时空中的运行，阐明四时、八节、十二月或七十二候在一年的递变循环；另一方面它在结构上变得非常复杂，即将卦爻与律吕、干支、四时十二月七十二候三百六十五日、四象二十八宿等有组织地搭配起来，形成一个多元而开放的系统。在笔者看来，今本《说卦传》"帝出乎震"章即包含着八卦的卦气说，属于卦气说的早期形态。清华楚简《筮法》释文公布后，人们发现其中的《卦位图》所载的八卦方位及其与时节的搭配，与《说卦传》"帝出乎震"章大体一致。① 因此将八卦卦气说溯源至战国中期，便毫无疑义了。

帛书《衷》《二三子》《要》三篇的卦气说亦属于其早期形态，而包含了两种形式。先看《衷》和《二三子》的卦气说。

---

① 参见李学勤释文注解：《〈筮法〉释文注释》，见《清华大学藏战国楚简》（肆），111～113页。《卦位图》与《说卦传》不同的地方，在于前者劳卦（即坎卦）居南而罗（离）卦居北，后者坎卦居北而离卦居南。这即是说，在《卦位图》中，南北的方位未变，但是劳、罗二卦所居之位对换了。为什么会出现此种不同？笔者认为，这可能与楚简《筮法》为楚国抄本有关。上博楚书《容成氏》第20～21号简曰："东方之旗以日，西方之旗以月，南方之旗以蛇，中正之旗以熊，北方之旗以鸟。"这是以蛇、鸟分别为南方和北方之象。《礼记·曲礼上》云："前朱鸟而后玄武，左青龙而右白虎。"据传统注疏，《曲礼》所谓前后，分别指南方和北方。所谓"前朱鸟而后玄武"，即是说南方之象为朱鸟，而北方之象为玄武。楚简《容成氏》为楚人的抄本，它在方位取向上很可能发生了改变，即以背南面北为朝向，这与中原地区的方位取向恰相反对。楚简《筮法·卦位图》将劳、罗二卦所居处的北南位置对换，与楚简《容成氏》篇的相关文字是一致的。

《衷》篇第31～32行曰：

> 《易》曰："履霜，坚冰至。"子曰："逊从之谓也。岁之义，始于东北，成于西南。君子见始弗逆，顺而保谷。"

针对《坤》六二爻，帛书《二三子》第18行亦曰：

> 孔子曰："此言天时渐，戒保常也。岁〔始于东北，成于〕西南；温始〔于东北〕，寒始于〔西南〕。"

"逊"者，顺也。从《坤》六二"履霜，坚冰至"，《衷》篇阐释出"逊从"，而《二三子》篇拈出"渐"之义。所谓"逊从"或"渐"，即指从"履霜"到"坚冰至"的时节顺序及寒凉程度而言。而此一顺序所显示的"岁之义"，被《衷》《二三子》两篇说为"始于东北，成于西南"，并且《二三子》篇进一步指明了一年之寒温在空间方位上的变迁。在此，虽然这一解释是针对《坤》六二来说的，但是从上述引文来看，两篇帛书的作者似乎熟知一岁之寒温变化与八时、八方相搭配的理论。廖名春认为这是以八卦的卦气说来解释《坤》六二爻辞①，这个看法是值得肯定的。帛书《要》篇说"有四时之变焉，不可以万物尽称也，故为之以八卦"，这也证明了帛书很可能具备了八卦卦气说的思想。而梁韦弦不同意廖说，并做了批评。② 不过在笔者看来，梁氏的批评未必正确。

---

① 参见廖名春：《周易经传与易学史新论》，12～42页，济南，齐鲁书社，2001。

② 参见梁韦弦：《关于帛书〈易之义〉解说坤卦卦爻辞之文义的辨析》，载《周易研究》，2005（3），40～43页。

再看帛书《要》篇的卦气说。该篇的卦气说以《损》《益》二卦为说。《要》篇第19～24行曰：

> 孔子籀《易》，至于《损》《益》二卦，未尚（尝）不废书而叹，戒门弟子曰："二三子！夫《损》《益》之道，不可不审察也，吉凶之〔门〕也。《益》之为卦也，春以授夏之时也，万物之所出也，长日之所至也，产之室也，故曰《益》。《损》者，秋以授冬之时也，万物之所老衰也，长〔夕〕之所至也。故曰产道穷焉，而产道〔产〕焉。《益》之始也吉，其终也凶。《损》之始【也】凶，其终也吉。《损》《益》之道，足以观天地之变，而君者之事已。是以察于《损》《益》之变者，不可动以忧喜。故明君不时不宿，不日不月，不卜不筮，而知吉与凶，顺于天地之心，此谓《易》道。故《易》有天道焉，而不可以日、月、星、辰尽称也，故为之以阴阳；有地道焉，不可以水、火、金、土、木尽称也，故律之以柔刚；有人道焉，不可以父子、君臣、夫妇、先后尽称也，故要之以上下；有四时之变焉，不可以万物尽称也，故为之以八卦。故《易》之为书也，一类不足以亟（极）之，变以备其情者也，故谓之《易》。有君道焉，五官六府不足尽称之，五正（政）之事不足以产之，而《诗》《书》《礼》《乐》不〔读〕百篇，难以致之。不问于古法，不可顺以辞令，不可求以志善。能者由一求之，所谓得一而君毕者，此之谓也。《损》《益》之道，足以观得失矣。"

这段引文中的卦气说包括两种形式，其一为八卦的卦气说，其二为《损》《益》二卦的卦气说。《要》篇曰："有四时之变焉，不可以万物尽称也，故为之以八卦。"其中，八卦与四时（春夏秋冬）八节的搭配，很可能采用了《说卦传》"帝出乎震"章的方式。由此可知帛书《要》篇也包含了八卦的卦气说。

关于《损》《益》二卦的卦气说，帛书《要》篇借助孔子之口而认为《损》《益》二卦之道乃"吉凶之门"。而所谓"吉凶之门"，帛书是从"观天地之变"和"观得失"两个角度来说的，前者即明确地展现为卦气说的内容。在《要》篇中，《益》卦代表从春到夏的一节，《损》卦代表从秋到冬的一节，这两卦可以表示一年之天时和物象的变化。毫无疑问，这即是汉人通常所指的卦气说，只不过它将一岁分为二节四时而已。进一步，作者认为"《损》《益》之道，足以观天地之变"，这就将《损》《益》二卦放在宇宙论下来做解释了，而所谓吉凶也就是指阴阳消息罢了。既然如此，那么祭祀和卜筮在此都可以不用，所谓"故明君不时不宿，不日不月，不卜不筮，而知吉与凶，顺于天地之心，此谓《易》道"是也。顺便指出，《淮南子・人间》和《说苑・敬慎》都有关于孔子读《易》，至于《损》《益》二卦喟然而叹的记载，但是义理各不相同。

总之，帛书《易传》的卦气说包括八卦的卦气说和《损》《益》二卦的卦气说，这两种卦气说均是其阴阳说的组成部分。另外，需要指出的是，对于帛书《易传》的卦气说，我们需要以发展的观念来看待之。与西汉中后期成熟的卦气说相较，它们尚处于初级阶段，胡治洪等曾指出此点[①]，这是正确的。梁韦弦则说《要》篇论《损》《益》二卦“与汉易的六日七分图相合”[②]。不过，这个看法未必恰当，因为晚出的六日七分卦气说也很可能将此前的诸种卦气说作为构成因素而安排于其中了。另外，梁氏认为只有二十四气完整地与易卦相配合，才叫作所谓卦气说[③]，而看不到卦气说本身存在一个发展和演变的过程，这恐怕是不正确的。

第四节　乾坤说与龙德说

1.《乾》《坤》“三说”与“详说”

在今本《周易》系统中，《乾》为纯阳纯刚、《坤》为纯阴纯柔之卦，其象分别为天地，其德为健顺，因此它们在易学上的重要性是不言而喻的，即使在六十四卦系统中也占据着十分重要的地位。在帛书《易传》中亦复如是，《二三子》《系辞》《衷》三篇都有一些关于此二卦的重要论述，特别是后两篇提出了一些重要的命题。今且不论帛书《系辞》，单就《衷》篇来说，其一，曰：“《键（乾）》者，得〔之阳也；《川（坤）》者〕，得之阴也。”其二，曰：“（子曰）《易》之要，可得而知矣。《键

① 参见胡治洪：《帛书〈易传〉四篇天人道德观析论》，载《周易研究》，2001（2），26页。

② 梁韦弦：《帛书易传〈要〉篇透露出的卦气知识及其成书年代》，载《齐鲁学刊》，2005（3），36页。

③ 参见梁韦弦：《帛书易传〈要〉篇透露出的卦气知识及其成书年代》，载《齐鲁学刊》，2005（3），36～37页。

（乾）》《川（坤）》也者，《易》之门户也。《键（乾）》，阳物也；《川（坤）》，阴物也。阴阳合德而刚柔有体，以体天地之化。”（亦见今本《系辞》。）其三，《乾》《坤》在《衷》篇既有所谓“三说”，亦有所谓“详说”。前二点说明了《乾》《坤》二卦因其为纯阳和纯阴之卦，所以可作为把握《周易》的关键和门户，它们是理解万事万物生化及其存在的根本原则。

至于所谓“三说”，见于《衷》篇第19～23行：

> （子曰）《键（乾）》六刚能方，汤武之德也。“潜龙勿用”者，匿也。“见龙在田”也者，德也。“君子终日乾乾”，用也。“夕愓若，厉，无咎”，息也。“或跃在渊”，隐〔而〕能静也。“飞龙〔在天〕”，□而上也。“亢龙有悔”，高而争也。“群龙无首”，文而圣也。《川（坤）》六柔相从顺，文之至也。“君子先迷，后得主”，学人之谓也。“东北丧朋，西南得朋”，求贤也。“履霜，坚冰至”，豫□□也。“直方大，〔不习〕”，□□□□〔也〕。“含章可贞”，言美情也。“括囊，无咎”，语无声也。“黄常，元吉”，有而弗发也。“龙战于野”，文而能达也。“或从王事，无成有终”，学而能发也。《易》曰“何校”，刚而折也。“鸣谦”也者，柔而□〔也。《遯》之〕“黄牛”，文而知胜矣。《涣》之彖辞，武而知安矣。《川（坤）》之至德，柔而反于方。《键（乾）》之至德，刚而能让。此《键（乾）》《川（坤）》之三说也。

所谓“《乾》《坤》之三说”，从“《键（乾）》六刚能方”至“‘群龙无首’，文而圣也”，为第一说；从“《川（坤）》六柔相从顺”至“‘或从王事，无成有终’，学而能发也”，为第二说；从“《易》曰‘何校’”至“《键（乾）》之至德，刚而能让”，为第三说。第一说先总说《乾》卦之义，然后再分说卦辞及六爻、用爻之义。第二说亦先总说《坤》卦之义，然后再分说卦辞和六爻之义。第三说在前二说的基础上又做了合说，指明《坤》之至德“柔而反于方”，《乾》之至德“刚而能让”。这即是说，《乾》《坤》之至德不仅具有刚柔对待的特性，即所谓“六刚能方”和“六柔相从顺”，而且也是在其相互转化中获得规定的。此外，这段文本还指出《乾》刚为武，《坤》柔为文，而所谓“文而知胜”“武而知安”，即是说在文柔中已包含了一定程度的武刚力量，在武刚中又包含了一定程度的文柔力量。这既是在讲文柔与武刚具有互摄的关系，也是在辩证地思考相关问题。

所谓“详说”，在第 23～34 行，《衷》篇分别就《乾》《坤》的卦爻辞做了非常深入和细致的解说，特别是做了道德性的解说。这是值得注意的。

2. 龙德说

帛书《易传》的乾坤说还包括一个重要的内容，这就是龙德说。所谓“龙德”，指龙本身在华夏文化中的特点及其寓意。《二三子》第 1～4 行曰：

> 二三子问曰：“《易》屡称于龙，龙之德何如?”孔子曰：“龙大矣！龙形迁遐，宾于帝，见神圣之德也。高尚（上），齐乎星辰日月而不晀，能阳也；下沦，穷【乎】深渊之渊而不昧，能阴也。上则风雨奉之，下沦则有天□□□。穷乎深渊，则鱼蛟先后之，水流之物莫不随从；

陵处，则雷神养之，风雨避乡，鸟兽弗干。”曰：“龙大矣！龙既能云变，又能蛇变，又能鱼变。蜚（飞）鸟正（征）虫（蟲）[1]，唯所欲化，而不失本形，神能之至也。唯□□□□□□□□□□□焉，又弗能察也。智者不能察其变，辩者不能察其美，至巧不能象其文，明目弗能察视也。□□焉，化官（蛟）虫（蛲），神贵之容也，天下之贵物也。”曰：“龙大矣！〔龙〕之驯（顺）德也曰利见〔大人〕□易□□□，爵之曰君子。戒事敬命，精白柔和而不讳贤，爵之曰夫〈天〉子。或大或小，其方一也，至周□也，而名之曰君子。兼（谦），‘黄常（裳）’近之矣。尊威、精白、坚强，行之不可挠（桡）也，‘不习’近之矣。’”

“龙”是中华文化的图腾或象征符号，在古人的想象中，龙既十分神奇而又非常神圣，其文化内涵非常丰富，影响深远。结合帛书《易传》，张克宾曾广征古典文献，对“龙”象的文化内涵做了比较详细的分析。[2]《周易》六十四卦的“龙”字，仅出现在《乾》《坤》二卦中，前者五次，后者一次。仅就这二卦来说，“龙”字的出现频率当然是很高的，而因此，乾坤说也就天然地包含了龙德说。《二三子》非常推崇“龙德”，连用三个“龙大矣”来表示感叹！在第一个“龙大矣”的感叹中，龙象展现出“神圣之德”，这包括“龙形迁遐，宾

---

① “正虫”读作“征蟲”，及下“官虫”读作“蛟蛲”。参见拙文《马王堆帛书〈二三子〉疑难字句释读》，载《周易研究》，2013（4），9页。

② 参见张克宾：《龙德与易道》，载《社会科学战线》，2012（8），13～16页。

于帝”、能阴能阳及具有较大的主宰性三个方面。在第二个“龙大矣”的感叹中，龙象展现出能变化的特性，包括“飞鸟征蟲，唯所欲化，而不失本形”的“神能之至”及其超越于智、辩、巧、视之外的“神贵之容”两个方面。在第三个“龙大矣”的感叹中，龙象展现出谦顺与尊威相统一的特性。前者为君子人格的内涵，而后者乃天子人格的规定。

除此通说之外，帛书《二三子》和《衷》两篇还就《乾》《坤》二卦的具体爻辞来阐明所谓龙德。而此所谓龙德，一般从人道而言。《二三子》第4～7行对《乾》卦初九、上九和《坤》卦上六三爻，第15～18行对九二、九三、九五、用九四爻做了解释。例如，对《坤》上六爻，《二三子》云：“(孔子曰）此言大人之广德而施教于民也。夫文之理，采物毕存者，其唯龙乎！德义广大，法物备具者，〔其唯〕圣人乎！‘龙战于野’者，言大人之广德而下接民也。‘其血玄黄’者，见文也。圣人出法教以导民，亦犹龙之文也，可谓‘玄黄’矣，故曰‘龙’。见龙而称莫大焉。”在《坤》上六爻中，龙具有文象、文德，《二三子》篇由此阐发出“此言大人之广德而施教于民”的大义。《衷》篇第19～20行和第24～29行对《乾》卦七爻做了解释，第36～37行对《坤》卦上六爻做了解释。例如，对《乾》卦用九“见群龙无首”的爻辞，《衷》篇阐发出“让善”之德，云：“(子曰）让善之谓也。君子群居，莫敢首，善而治，何疾其和也？龙不待光而动，无阶而登，〔圣〕人与龙相似，何〔不〕吉之有？”又如，对《坤》上六爻“龙战于野，其血玄黄”，《衷》篇阐释出“文信”之德，云：“(子曰）圣人信哉！隐文且静，必见之谓也。龙七十变而不能去其文，则文其信欤!”相对于《二三子》而言，《衷》篇对本爻的阐释强调了“文之信”的一面。总之，帛书《二三子》和《衷》对于《乾》《坤》二卦含“龙”各爻的解释属于分别为说，与《二三子》首章（第1～4行）之作通说，差别较大。

在今本《乾・文言》中，“龙德”的提法出现了二次，即首章对初九、九二爻的解释。连同对九三至上九爻的解释，《文言传》都是从德位相兼的角度来阐释的①，具有浓厚的道德主义色彩，与《二三子》首章所阐释的“龙德”概念差别较大。《二三子》的“龙德”概念非常强调神能的一面，以此作为圣人是否能够莅政的主体性依据。

第五节　余　论

从内容来看，今本、帛书《易传》具有很强的继承性，这

① 《乾・文言》：“初九曰‘潜龙勿用’，何谓也？子曰：‘龙德而隐者也。不易乎世，不成乎名，遯世无闷，不见是而无闷，乐则行之，忧则违之，确乎其不可拔，潜龙也。’九二曰‘见龙在田，利见大人’，何谓也？子曰：‘龙德而正中者也。庸言之信，庸行之谨，闲邪存其诚，善世而不伐，德博而化。《易》曰“见龙在田，利见大人”，君德也。’九三曰‘君子终日乾乾，夕惕若，厉，无咎’，何谓也？子曰：‘君子进德修业。忠信，所以进德也；修辞立其诚，所以居业也。知至至之，可与几也。知终终之，可与存义也。是故居上位而不骄，在下位而不忧。故乾乾，因其时而惕，虽危无咎矣。’九四曰‘或跃在渊，无咎’，何谓也？子曰：‘上下无常，非为邪也。进退无恒，非离群也。君子进德修业，欲及时也，故无咎。’九五曰‘飞龙在天，利见大人’，何谓也？子曰：‘同声相应，同气相求，水流湿，火就燥，云从龙，风从虎，圣人作而万物睹。本乎天者亲上，本乎地者亲下，则各从其类也。’上九曰‘亢龙有悔’，何谓也？子曰：‘贵而无位，高而无民，贤人在下位而无辅，是以动而有悔也。’”

是毫无疑问的。帛书《系辞》《衷》《要》三篇几乎将今本《系辞》全部抄录完毕，另外《衷》篇还抄录了《说卦传》前三章的文本。这种非常突出的文本抄录现象，无疑直接反映了今本、帛书《易传》在思想上存在着巨大的共同性。且由于《系辞》及《说卦》前三章的文本十分重要，因此如果有人断定它们构成了帛书《易传》的思想主干，那么这一判断也不算特别过分。不过，回过头来看，今本、帛书《易传》无论在文本上还是在思想上仍然存在着一些重要的差别。在文本上，今本《易传》的大部分篇章不见于帛书，而帛书《二三子》《缪和》《昭力》三篇的全部也几乎不见于今本《易传》。至于今本与帛书《易传》在思想上的差异，在笔者看来，大致体现在以下三个方面。

首先，帛书《易传》除抄录了今本《系辞》“一阴一阳之谓道”等重要命题外，《衷》篇又提出了“《易》之义萃阴与阳”的命题。这两个命题虽然都是阴阳观念在战国中晚期深入影响易学之思想内涵的结果①，但是前一命题强调阴阳对待之义，而后一命题则从宇宙论的层面将《易》义概括为阴阳对立

① 阴阳观念对《周易》产生最为深刻的思想影响，乃是在文本理解上其卦爻画的阴阳化。而这一情况大概发生在战国中期。唐修《晋书·束皙传》云：“《易繇阴阳卦》二篇，与《周易》略同，繇辞则异。”杜预《春秋经传集解后序》：“《周易》上下篇与今正同，别有《阴阳说》而无《彖》《象》《文言》《系辞》，疑于时仲尼造之于鲁，尚未播之于远国也。”（（晋）杜预注、（唐）孔颖达疏：《春秋左传正义》卷六十，见（清）阮元校刻：《十三经注疏》（清嘉庆刊本），第4册，4751页）另外清华藏楚简《筮法·得》第13～14号简曰：“作于阳，入于阴。”（《清华大学藏战国竹简》（肆），83页）所谓阳阴，从竹简卦画来看，分别指纯阳卦《乾》和纯阴卦《坤》。这说明在战国中期，《周易》文本已完成了卦画和爻画的阴阳化，与汲冢竹书是非常一致的。

的双方，其间存在一定的差别。现在看来，后一命题更加符合战国末至汉初人们对于《易》义的概括。《庄子·天下》云“《易》以道阴阳”，《礼记·祭义》曰“昔者，圣人建阴阳天地之情，立以为《易》”，皆与其相应。此外，《说卦》曰：“立天之道曰阴与阳，立地之道曰柔与刚，立人之道曰仁与义。”这三句话亦见于帛书《衷》篇，不过《要》篇对它们有非常具体的解释，云：“故《易》有天道焉，而不可以日、月、星、辰尽称也，故为之以阴阳；有地道焉，不可以水、火、金、土、木尽称也，故律之以柔刚；有人道焉，不可以父子、君臣、夫妇、先后尽称也，故要之以上下；有四时之变焉，不可以万物尽称也，故为之以八卦。”可见相对于今本，帛书《易传》在思想上确有更进一步的推展。更为重要的是，帛书《二三子》《衷》《要》三篇又都提出了“五行”的概念，正式将水、火、金、土、木五者纳入了“天道”的内涵之中，从而深化了阴阳观念，而今本《易传》则根本上不存在此一概念。司马迁将“五行”加入《易》义之中，《史记·太史公自序》云“《易》著天地阴阳四时五行，故长于变”，这是对汉初易学思想框架的很好概括。

不仅如此，帛书《易传》又以刚柔、文武深化了当时的阴阳观念，进一步强化了天地、阴阳、刚柔、文武的相匹和相救之义。在帛书《衷》《要》《昭力》三篇中，刚柔被当作两种基本的宇宙力量，同时也体现在事物的质性之中，不但万事万物而且卦爻本身也有刚柔之分。而文武概念又是在刚柔的基础上衍生出来，用以描述两种质性的政治人格的。由此，《衷》篇提出了所谓“文人”“武夫”的划分。

此外，帛书不但暗含了八卦的卦气说，而且在《要》篇中还有《损》《益》二卦的卦气说。需要指出的是，《说卦》的八卦卦气说与帛书《易传》有所不同，前者对八卦与八方、八节相配之原理做了一般性的陈述，而后者则是对前者的具体应用，是为了具体解释《坤》六二爻而在暗中加以使用的。

其次，今本、帛书《易传》都非常重视乾坤之义，不过后者除了抄录前者之《系辞》和《说卦》二传，包括了“乾坤其《易》之蕴”“乾坤其《易》之门”等重要命题，我们还看到对这二卦有更为详细的论述。其一，《衷》开篇一大段文字十分明确地将天地、阴阳、刚柔、动静、文武与乾坤二卦直接关联起来，从而构成了一个有序的观念系统。其二，《衷》还做了反复、细致的说解，形成了所谓“《乾》《坤》三说”和“详说”。在形式上，帛书《衷》的相关论说与《文言传》比较相似，但在具体内容上并不相同。其三，《二三子》和《衷》对乾坤二卦所包含的“龙象”和“龙德”做了反复的阐释，且与此二概念的关涉甚为密切，而《文言传》对此二卦的阐释，第一在文字表述上呈现出直白、简洁的特征，第二在阐释的内容上相差较大，第三对“龙象”和“龙德”概念本身远远不及对帛书关切程度之深，而大抵属于引申性的阐述。

最后，在阴阳宇宙论的哲学背景下，相对而言，帛书《易传》更为注重政治思想的阐发，这体现在《二三子》《缪和》《昭力》三篇中；而今本《易传》则更为关注道德性思想的阐发，这体现在《象传》和《文言传》中。另外，《系辞》包含了一些重要的道德哲学命题，但由于它两见于今本和帛书，因此不足以据其衡量两种《易传》的思想差别。

总之，今本与帛书《易传》在思想上具有非常重要的共通之处，甚至后者直接抄录了《系辞》全文及《说卦》前三章，但是我们更应该看到帛书《易传》与今本的不同。而且也只有如此，我们才能更好地把握汉初易学的思想特质。

第四章　论马王堆帛书《要》篇“观其德义”的易学内涵

马王堆汉墓帛书《易传》的出土，为今人重新审视《周易》一书儒家化的历程和探究孔子的易学思想提供了材料基础。帛书《易传》包括《二三子》《系辞》《衷》《要》《缪和》《昭力》六篇[①]，本章的论述以《要》篇为中心。从《要》篇来看，孔子力图将《周易》由“卜筮之书”转变为“德义”之书[②]，即在如何看待和理解《周易》的问题上，孔子说要“观其德义”。“观其德义”无疑是孔子《周易》解释学的一个核心观点，在易学史上具有重要的意义。此前学界对此虽然多有论述，但是一般流于对《要》篇之文义和思想要点的单纯梳理和概括。目前，对于这一命题还有深入论述的必要。

---

① 本章所引帛书《易传》六篇文，均据丁四新《楚竹书与汉帛书〈周易〉校注》一书第508～542页附载的释文。所引帛书《易传》文，一般从宽式；具体释读由丁四新裁断，并已参考了学者们的意见。特此说明。此外，马王堆帛书《易传》释文还可参见张政烺著，李零等整理：《张政烺论易丛稿》，91～292页；廖名春：《帛书〈周易〉论集》，359～400页。

② “《易》本卜筮之书”，语出朱子。类似的论述，参见（宋）黎靖德编：《朱子语类》卷六十六，1620～1633页。

本章拟从以下三个大的方面对孔子的“观其德义”论做深入的研讨：在第一节，辨析了史巫之筮与君子之《易》的不同，指出“观其德义”的前提在于《周易》卦爻的体系化，而这种体系化又与阴阳观念的渗入具有密切的关系；在第二节，对“观”的对象（特别是“辞”）和“德”“义”的差异做了深入的分析和探讨；在第三节，以《要》篇为基础，联系帛书《衷》《二三子》《缪和》等篇，将“观其德义”的内容归纳为成德和施教两个方面，重点探讨了“名之君子”和“谦以处盈”两点内容。希望这些论述有拾遗补阙之功，拓展和加深人们对于帛书《要》篇“观其德义”命题之易学内涵的理解。

第一节　从“史巫之筮”到“君子之《易》”的转变

帛书《要》篇是一篇重要的出土文献，它的公布，解决了孔子与《周易》之关系的重大问题，再次证明了孔子“晚而喜《易》”的传统说法。[①] 本章对帛书《要》展开研究的目的与此不同，乃是为了探讨孔子易学的一个重要内涵，即他在《周易》解释学上的贡献所在。

先看帛书《要》篇第17～18行：

---

① 帛书《要》篇第12行云：“夫子老而好《易》，居则在席，行则在橐。”这三句，可与《史记》卷四十六《田敬仲完世家》、卷四十七《孔子世家》“孔子晚而喜《易》”及《论语·述而》“加（假）我数年，五十以学《易》”的记述相印证。

> 子曰："《易》，我后其祝卜矣！我观其德义耳也。幽赞而达乎数，明数而达乎德，有仁〔守〕者而义行之耳。赞而不达于数，则其为之巫；数而不达于德，则其为之史。史巫之筮，乡（向）之而未也，好之而非也。后世之士疑丘者，或以《易》乎？吾求其德而已，吾与史巫同途而殊归者也。君子德行焉求福，故祭祀而寡也；仁义焉求吉，故卜筮而希也。祝巫、卜筮其后乎！"

这里所谓的"同途而殊归"，是说面对相同的文本（即"同途"），诠释主体的不同（即"君子"与"史巫"的不同）造成了义旨上的"殊归"。巫之《易》主于"幽赞"，史之《易》主于"明数"，君子之《易》主于"达德"。

所谓"幽赞"，是指巫处于一种非理性的神秘的氛围之下，将所遇之卦具象化，具象化后的事物或情境与当下存在无可置疑的关联，预示出人事的吉凶。荣格曾用"同时性原理"对"幽赞"的方式进行了分析："同时性原理却认为事件在时空中的契合，并不只是机率而已，它蕴含更多的意义，一言以蔽之，也就是客观的诸事件彼此之间，以及它们与观察者主观的心理状态之间，有一特殊的互相依存的关系。"① 巫认为在心灵中和现实中所遇见的各种事物之间不是偶然的、散落的，而是有神意将之连贯的，通过足够的知识储备和强大的综合能力，就可以将此神意宣表出来。一言以蔽之，"幽赞"即是

① ［德］荣格：《东洋冥想的心理学：从〈易经〉到禅》，杨儒宾译，209页，北京，社会科学文献出版社，2000。

“不知所以然而然，与神道为一”。①

所谓“明数”，是指史通过大衍筮法、模拟天运而成卦，所成之六爻卦有内外贞悔，取象设境，察形势，考事情，则可以辨明吉凶。一言以蔽之，“明数”即是“用数求象”。② 史官解《易》“虽然能够明晓《周易》中所蕴涵的事物变化的数理，但却不能省察其中蕴涵的人文德性精神”③，人文德性精神的核心体现在人如何获得主体性的问题上，解决这一问题不能依靠经验性的归纳思维，而是需要一种哲学性的突破思维。由象占转到数占，是人类对事物的认识不断发展的必然产物，杜预称之为“象数相因而生”。《左传·僖公十五年》曰：“龟，象也；筮，数也。物生而后有象，象而后有滋，滋而后有数。”杜预注曰：“言龟以象示，筮以数告，象数相因而生，然后有占，占所以知吉凶。”④ “幽赞而达乎数”，正是孔子对象占转为数占这一历史进程的概括。当然，孔子认为这一历史进程并未终结，其最终完成于君子之《易》的出现。

---

① 《说卦》“幽赞于神明而生蓍”（“生蓍”，《衷》作“生占”），韩康伯《注》：“蓍受命如响，不知所以然而然也。”孔颖达《周易正义》：“蓍则受人命令，告人吉凶，应人如响，亦不知所以然而然，与神道为一。”（（魏）王弼注、（唐）孔颖达疏：《周易正义》卷九，见（清）阮元校刻：《十三经注疏》（清嘉庆刻本），第1册，195页）《说卦》本义在说明用蓍之法是圣人深于神明之道的产物，“不知所以然而然，与神道为一”一语确乎可以说明“幽赞于神明”的内涵。

② 孔颖达《周易正义》曰：“数从象生，故可用数求象，于是幽赞于神明而生蓍，用蓍之法求取卦爻以定吉凶。”（（魏）王弼注、（唐）孔颖达疏：《周易正义》卷九，见（清）阮元校刻：《十三经注疏》（清嘉庆刻本），第1册，195页）

③ 张克宾：《由占筮到德义的创造性诠释——帛书〈要〉篇“夫子老而好〈易〉”章发微》，载《社会科学战线》，2008（3），49页。

④ （汉）郑玄注、（唐）孔颖达疏：《春秋左传正义》卷十四，见（清）阮元校刻：《十三经注疏》（清嘉庆刻本），第4册，3923页。

“君子《易》”区别于史巫之筮的关键在于将阴阳观念引入《周易》之中，使得《周易》固有的卦爻象占被注入了新的内涵。就卦爻而言，刚柔观念只是对在既定的爻位上所表现出来的动或静的运动予以解释，其目的是解决占筮中的象如何表意的问题。刚柔观念下的《周易》六十四卦三百八十四爻还不能构成一个独立而完整的体系，更遑论借《周易》的卦爻体系以合宇宙天地了。徐复观就曾指出，刚柔观念的缺陷在于不能建立起物与物之间的“内在关联”，以至不能将《周易》变成一个有机的体系以象征宇宙人生：“因为刚柔只不过是各物的共有属性，并非构成各物的共同元素。各物之间若没有构成的共同元素，则各卦、各爻所象征的实物与实物之间，找不出内在的关连，便不能演进而成为有机性的宇宙构造，以满足想通过《周易》以把宇宙人生连结为一体的愿望。”①而阴阳作为性质相反且有流行变化特征的二气，具备构成万物的共同元素的资格，将之引入《周易》之中，卦爻之间的动静变化可以反映出整个宇宙气化流行、变化不已的现实，《周易》六十四卦三百八十四爻联络为一个大体系，成为整个宇宙的象征。所谓“《易》之义萃阴与阳”② “阴阳合德而刚柔有体，以体天地之化”③ 等，均是以阴阳的观念来看待《易》，将《易》之卦爻体系化并引以合宇宙天地之大体系的表述。

以“阴阳”观念看待《周易》卦爻，使得乾、坤二卦的地

---

① 徐复观：《中国思想史论集续编》，45页，上海，上海书店出版社，2004。

② 帛书《衷》第1行。

③ 帛书《衷》篇第34行，今本《系辞下》作“阴阳合德而刚柔有体，以体天地之撰”。

位变得重要起来。据帛书《衷》篇，乾卦六刚无柔，是“阳物”之大者，可以成为天的象征；坤卦六柔无刚，是“阴物”之大者，可以成为地的象征。以乾、坤二卦象天地，意味着《周易》的卦爻体系可以与阴阳气化的宇宙体系相合，天地间一切事物的生住异灭均可以被包括在《周易》之中。

就象占而言，《周易》固有的由象到占的设计是通过观卦爻（即“象”）而示人以吉凶（即“占”）。对于君子而言，观象而占即是将“象”中所蕴具的义理开显并落实为人间的常则，从而达到进德修业的目的。君子观象，不仅仅只是分析辨察，更有一种灵妙的心思作用于其间：所有的卦爻之象与卦爻之辞均指向一个美好而崇高的德性世界。所有象占都为着此一目的而存在。《周易》的预测性和必然性转变成为人对于自身前景的谋划和人类必将达至理想世界的自信。君子之《易》的这一象占设计，在帛书《衷》篇中被表述为“赞以德而占以义”（第38行），在《要》篇中则被表述为“观其德义”。

阴阳观念下的宇宙万物都属于一定的“类”。“类”是阴阳观念建构下的产物。正是基于“类”的设定，万物遂可以各正其性命，实现《文言》所谓的“本乎天者亲乎上，本乎地者亲乎下，各从其类也”。万物“各从其类”是一种生机畅达，万物和谐共处、各遂其生的大同图景。正是因为获得了“类”，万物才得以使自己的存在呈现出最本真的样态。这种样态有别于此前无所归依的样态，是从潜藏到彰显的转化。《文言》“圣人作而万物睹”，正体现出对于万物来说，“类”不是存在层面的隶属，而是价值层面的归属。一切事物只有在“类”的约束下，才可以称之为“象”。君子之《易》对“象”进行了价值层面的认定，这决定了“象”既不是巫视角下以自然样态存在的事物，也不是史视角下以数为存在之根底的事物，而是君子视角下由阴阳两者交合而成、具备了仁义之性的事物。在易象的世界里，最大的象即是天与地，君子观察天地之象，进而顺推至人伦之则，这就是三才之道。帛书《衷》曰：“〔昔者，圣人之作《易》也，将以顺生（性)〕命〔之〕理也。是故立天之道曰阴与阳，立地之道曰柔与刚，立人之道曰仁与义。”（第14～15行）此段文字亦见于今本《说卦》。韩康伯《注》曰：“变化始于气象而后成形。”① 孔颖达《周易正义》曰：“本意将此《易》卦，以顺从天地生成万物性命之理也。”又曰：“天地既立，人生其间，立人之道，有二种之性，曰：爱惠之仁与断割之义也。”② 天、地、人三才的本质是用天地意识来思考人之为人的根本特性，而人一旦把握了这种根本特性，就可以获得主体性，成为“君子”或“大人”。始于天道、地道，终于人道，这是宇宙之中气化流行生生不灭的历史进程。这一生生不灭的进程是有其历史目的的，它最终指向人的仁义之性。

孔子“晚而好《易》”这一事实背后，体现出对天地的思考，对人的主体性的关注。换言之，从德性主体的君子的视域来审视《周易》一书，《周易》的卦爻象占就都获得了新的内涵，这不仅是哲学思想的阐发，更是文化传统的更新；这不仅

①② （魏）王弼注、（唐）孔颖达疏：《周易正义》卷九，见（清）阮元校刻：《十三经注疏》（清嘉庆刻本），第1册，196页。

意味着儒家形上价值体系的建立，更意味着这套价值体系可以下落成为人间的法则（即“《易》本隐之以显”）。

第二节　观其象辞与由德生义

经过孔子晚年的研玩，《周易》从卜筮之书转变为德义之书，亦即从史巫之《易》转变为君子之《易》，而实现此一转变的关键在于“观其德义”的提出。“观其德义”主要包括两个方面的含义：第一，“观”的对象是卦爻之象与卦爻之辞，但尤为注重“观其辞”。以言者尚其辞，帛书《衷》曰：“子曰：‘智者观其彖辞，而说过半矣。’”（第 44 行）而尚其辞的原因则有二，一是“辞”乃“古之遗言”（《要》第 14 行）、“圣人之言”（《二三子》第 14 行），玩辞可以进德，故而《周易》的性质是德义之书。二是通过“文王作而《易》始兴”的叙述，肯定了《周易》与文王之间的关系（即《周易》的卦爻辞由文王所系），从而为《易传》德义化和哲理化的诠释路向进行了合法性的奠基。第二，德行的成就是践行仁义的基础。“观其德义”的“德”与“义”在语义上有别，“德”即德行、成德之义；“义”即仁义之约言，主要是就仁义的践行而言的。

“观其德义”，即是观《周易》卦爻的所示之象与所系之辞，切己修省，磨砻己性，使人脱离无理、无体、无力的生命状态，转而成为一德性的存在。观《周易》“所示之象”，义同于今本《系辞上》之“所居而安者，《易》之序也”。韩康伯

《注》曰："序，即易象之次序。"① 孔颖达《周易正义》曰："吉凶显其得失，变化明其进退，以此之故，君子观象知其所处。"② 卦爻所示之象，可以被归纳为失得、忧虞、进退、昼夜四类。这四类物象最与君子辨出处、明进退、审时知几、了性达命攸关。观《周易》"所系之辞"，义同于今本《系辞上》之"所乐而玩者，爻之辞也"。孔颖达《周易正义》曰："卦之与爻，皆有其辞，但爻有变化，取象既多，以知失得。故君子尤所爱乐，所以特云'爻之辞'也。"③

观《周易》所系之辞是"观其德义"中极为重要的一部分。对"辞"的格外重视发端于孔子。在子贡对夫子"老而好《易》"（《要》第12行）的行为表示怀疑时，孔子说，对待《周易》有"乐其辞"和"安其用"两种态度，史巫之《易》是"安其用"，而他本人则是"乐其辞"。孔子之所以如此看重"辞"，其实有两方面的考虑。

第一，就"辞"的内容而言，"辞"乃"古之遗言""圣人之言"。所谓"古之遗言"，其含义与《大畜·象》所谓"多识前言往行"中的"前言"一致，正如邓立光所说："不是指一般的古代文献，而是特指自古流传下来的嘉言懿行。"④"古之遗言"能够发挥道德训诫的作用，变化人之习性，如"刚者使知惧""柔者使知图""愚人为而不妄""谗人为而去诈"（第15行）等等。研习《周易》之人如果善于玩味这些"古之遗

①②③ （魏）王弼注、（唐）孔颖达疏：《周易正义》卷七，见（清）阮元校刻：《十三经注疏》（清嘉庆刊本），第1册，159页。

④ 邓立光：《从帛书〈易传〉析述孔子晚年的学术思想》，载《周易研究》，2000（3），14页。

言”，以嘉言懿行实心，就必然能在德性修养上日趋圆满。除了“古之遗言”，还有“圣人之言”。帛书《二三子》曰：“圣人之言也，德之首也。圣人之有口也，犹地之有川谷也，财用所由出也；犹山林陵泽也，衣食庶物〔所〕由生也。圣人一言，万世用之。”（第14～15行）孔子认为人在物质性的生命之外，还拥有道德性的生命。人的物质性的生命需要出自川谷的衣食财用的供养，而人的道德性的生命也需要出自圣人之口的“圣人之言”的滋养。圣人之言，是将人间建立成德性世界的始基，故而称之为“德之首”。

第二，就“辞”的来历而言，“辞”乃文王所系，蕴藏了文王的心意。儒家极为看重《易》与文王之间的关联，帛书《要》篇曰：“文王仁，不得其志，以成其虑。纣乃无道，文王作，讳而避咎，然后《易》始兴也。”（第15～16行）《衷》篇曰：“〔《易》之〕兴也，于中古乎？作《易》者，其有患忧欤？”（第38行）“文王作而《易》始兴”的叙述，说明了满载“古之遗言”“圣人之言”的《周易》是文王系辞的结果。① 所以，《易》作为德义之书的性质是与生俱来的，是文王所认可的，而将《易》视为卜筮之书则是后人对《易》之本质的歪曲，是对《易》之品性的矮化。对《易》为德义之书进行肯定，其实就是肯定了德义化和哲理化的路向为解《易》之正宗

① 李学勤将“遗言”理解为“前世圣人的遗教”，林忠军进一步将“文王之教”解释为“文王以仁为核心的德性”。参见李学勤：《周易经传溯源》，226页；林忠军：《从帛书〈易传〉看孔子易学解释及其转向》，载《北京大学学报》（哲学社会科学版），2007（3），86页。

法门，而“幽赞”与“明数”的解释路向则被归为异端末流。① 孔子看重《周易》之辞，正是因为《周易》之辞是文王所系，其中蕴含着前圣的心意。玩味《周易》之辞固然可以有涵养德性的功用，但“玩辞”这一行为本身，则有溯寻文王之心、继承文王之志的意味。“文王作而《易》始兴”，并非是在“发思古之幽情”心态作用下的情绪性追念②，更是一种可以为当下解决合法性需求的道统论叙事。为了抑斥史巫之《易》，使君子之《易》获得正统性，孔子以“文王作而《易》始兴”的历史叙事为依据，判定《易》之中寄寓有文王之心意，《周易》获得了文王所赋予的德义之书的品性，而以德义化路向来解释《周易》的儒家君子之《易》自然就居于正宗的地位了。《周易》的经典品性和《易传》的德义解释因之具有了一体化的基础。一言以蔽之，“文王作而《易》始兴”的历史叙事和德义化的解《易》路向，是《周易》经传体系得以建立的基

---

① 王博注意到了卦爻辞在解释活动中的弹性，《易传》对卦爻辞德义化和哲理化的解释正是这种弹性的体现。但在说明卦爻辞的这种“弹性”之外，还要看到这种“弹性”的展开必须有一个“合法性”作为前提。在“合法性”的判定之下，君子之《易》德义化和哲理化的解释是合情合理的，当然属于“正宗”；而史巫之筮对卦爻辞的解释则是穿凿附会的，自然归于“末流”。参见王博：《卦爻辞的弹性——以〈易传〉的解释为中心》，载《中国哲学史》，2008（3），89～93页。

② 例如《左传·昭公二年》，韩宣子适鲁，观书于太史氏，“见《易象》与《鲁春秋》，曰：‘周礼尽在鲁矣！吾乃今知周公之德与周之所以王。’”关于《易象》，杜预《注》认为即是《易》“上下经六十四卦”。《易象》的内容，除了六十四卦及卦爻辞，应该还附录了历代的占筮记录以及史官对卦爻辞的解说。《易象》可能是史官为了达到格君心之非的目的，反复称引周公之言行与周人开国的历史经验来解说卦爻辞的筮例汇编。韩宣子将《易》与“周公之德与周之所以王”联系起来，正是有感于周王朝的昔盛今衰而发出的感慨。

础，也是《汉书·艺文志》所说“人更三圣，世历三古”的易学统系得以建立的基础。① 因此《周易》的儒家化与经学化是同一个进程，均始自孔子，正如笔者此前所指出的：“《周易》等六经正式称名为‘经’，虽始见于《庄子·天运》《天下》篇，但笔者认为实质意义上的《周易》‘经学’应始自孔子。”②

回过头来再看君子“观其德义”中的“德义”，不是浑言，而是析言。“德义”应从三个方面来讲，一个是从德行的角度，即从内在的成德和外在的践形的角度来说；再一个是从卦爻之体用的角度来说；最后一个是从《周易》应当如何做解释的角度来说。当然这三个方面，在今本、帛书《易传》中经常是混起来讲的。所谓“德”，是关涉君子德性修养的一个核心概念；所谓“义”，则是君子之德性在具体实践中的发用。帛书《要》篇有“仁守”“义行”之说（第 17 行），前者即属于这里所谓“德”，而后者即属于所谓“义”的方面。“‘德’是卦义的本体，‘义’从作用的角度对卦义作了更进一步的推衍。”③ 成德而行义，故“德”“义”可以判定为体用关系。“德”侧重于指示人们的内在而根本的层面，它可以成为区别君子之《易》与史巫之《易》的衡准。我们看到，《要》篇所谓“达乎德”“求其德”“〔无〕德，则不能知

① 潘雨廷在《周易表解·自序》（上海，上海社会科学院出版社，2004）中认为《汉书·艺文志》提供了一条后世学者读《易》的主导思想，即“经过三圣三古固定的经学易”。

② 丁四新：《早期〈老子〉〈周易〉“文本”的演变及其与“思想”之相互作用》，载《中国社会科学》，2013（2），122 页。

③ 丁四新：《玄圃畜艾——丁四新学术论文选集》，223 页。

《易》"，《衷》篇所谓"无德而占，则《易》亦不当"，都是从这个意义上来讲的。并且，这里的"无德"一语不能作"无德义"来讲，由此足见"德"在帛书《易传》中是一个内在性的概念。

"德""义"的体用关系，包含着"义"由"德"生的命题。而这包括两种类型。第一种类型，是由卦之德而生卦之义。例如在《衷》篇"三陈九卦"的部分（亦见今本《系辞下》），第一陈皆是就卦之"德"而言，第二陈、第三陈均是就卦之"义"而言。以《谦》卦为例：第一陈之"《谦》也者，德之柄也"，道出了"以谦为用"的理念。第二陈之"《谦》，尊而光"，说明君子虽然在体貌上谦卑屈己，但在德性上却日益尊高而光明盛美。"《谦》，尊而光"体现出对德性原则的推崇，对世俗所奉行的力量原则的拨无，因为在尚力的世俗观念中，谦德是无所施用的。第三陈之"《谦》以制礼也"，说明君子有谦顺之德，则可以裁定礼仪节文，这是直接将谦德之用落实为"制礼"。不难看出，第二陈、第三陈都是对第一陈所提出的理念加以发挥，加以落实，使之更切于实用。第二种类型，则是在"《易》之义，赞（原）始要终以为质，六爻相杂，唯侍（待）物也"（《衷》第42行，亦见于今本《系辞下》）的观念之下，视一卦之义为"德"（宗旨），而视六爻之义为"义"（方案），由卦之德而生爻之义。例如《衷》篇孔子曰："《键（乾）》六刚能方，汤武之德也。'潜龙勿用'者，匿也。'见龙在田'也者，德也。'君子终日乾乾'，用也。'夕惕若，厉，无咎'，息也。'或跃在渊'，隐〔而〕能静也。'飞龙〔在天〕’，□而上也。‘亢龙有悔’，高而争也。‘群龙无首’，文而圣也。”（第19～20行）刚而能随方应变，是总言《乾》卦之德；而匿、德、用、息、隐而静、□而上、高而争、文而圣等，则是根据六爻所提供的具体情境而制定出的应对方案，出处进退，无非求得时宜。

第三节 成德施教：以“名之君子”和“谦以处盈”为中心

人除了物质性的生命，还有道德性的生命，而这种道德性的生命才是生命存在的本真样貌，此即“挺立德性之主体”；依托于内在德性力量的发挥，可以造成一人文化成的天下，此即“开辟德性之天下”。通过“观其德义”为纲领建立起来的君子之《易》就是要开辟出一个人文化成的世界，这个世界自然也就包括成德于己和施教于民两个方面的内容。就成德于己而言，人应当以“名之君子”作为理想人格；就施教于民而言，君子施行政教当谨守谦德，以谦德致天下之人而有之，从而达到经纶天下的目的。

帛书《二三子》认为有“爵之君子”，又有“名之君子”：“〔龙〕之驯（顺）德也曰利见〔大人〕□易□□□，爵之曰君子。戒事敬命，精白柔和而不讳贤，爵之曰夫〈天〉子。或大或小，其方一也，至周□也，而名之曰君子。兼（谦），‘黄常（裳）’近之矣。尊威、精白、坚强，行之不可挠（桡）也，‘不习’近之矣。”（第3～4行）“爵之君子”，根据《礼记·乡饮酒义》郑玄《注》，“君子”乃就“位”而言，指卿、大夫和士。[1] 相对于“爵之君子”与“爵之天子”，“名之君子”具有一种不与世俗为偶的格调。当然，这种格调背后有一个较“爵之君子”与“爵之天子”更为深远广阔的精神世界作支撑。正是以这个精神世界为基础，“名之君子”才能够洞烛此世间的万物，将纷繁复杂的万事万物加以齐一，故曰“或大或小，其方一也”。

“君子”有“爵之君子”与“名之君子”的划分，这说明判定“君子”的标准发生了改变——从前者向后者转变。“君子”的名号不再与所处的“位”关联在一起，君子所看重的也不再是干禄仕进以荣身取名，君子应当将内藏于己身的德性生命（即《二三子》之“其内大美”、《衷》之“内其华”）予以涵养，予以显发。帛书《二三子》曰：“涣，大美也；肝，言其内。其内大美，其外必有大声闻。”（第36行）孔子引《坤》六五爻辞“黄常（裳）”、六二爻辞“不习”来称述“名之君子”所具有的“谦”“尊威、精白、坚强，行之不可挠（桡）”等德容，也正是要对“名之君子”内必有大美的事实加以肯定。所谓“尊威”，即《论语·学而》“君子不重则不威”之意，强调君子需要检摄威仪，调治血气，以矜庄自持，不轻佻狂妄，从而使人见到之后肃然起敬。所谓“坚强”，即“确乎其不可拔”之意，是说君子心志坚定，不易被外物影响而发生动摇。所谓“精白”，如《二三子》之“精白柔和”“精白敬

---

① 《礼记·乡饮酒义》曰：“乡人、士、君子，尊于房中之间，宾主共之也。”郑玄《注》曰：“君子谓卿、大夫、士也。”（（汉）郑玄注、（唐）孔颖达疏：《礼记正义》卷六十一，见（清）阮元校刻：《十三经注疏》（清嘉庆刊本），第3册，3652页）

宫”等，均强调应在心地上下功夫，排除一己之私智私欲。“‘精’谓精纯、精粹，‘白’谓洁白、素朴，它们都是相对于私智私欲而言。”① “精白”一语必须放在政治哲学的语境之中加以考虑，将“精白”系于“爵之天子”之下，是说天子在政治活动中务必保持公平而无私心掺杂作用，体现出君主个人的公私观念会对现实政治的好坏产生影响；将“精白”系于“名之君子”之下，是说以精白修心能够成就大公至正的君子人格，而这种君子人格体现于政治中，即是理想的执政者——圣人。圣人认识到世间各种是非得以产生的根本原因在于人对天的疏离，而要对抗此疏离，齐同差异，使生民归于大同之域，这就是圣人调治世间之道。在传统伦理关系中君臣、父子的伦理非常重要，而圣人的出现，则是在此两种政治关系之外，建立一个圣人与生民的政治关系（实际上重构了君与臣、父与子的政治关系）。《二三子》曰：“能精能白，必为上客；能白能精，必为古世。以精白长众者，难得也。”（第 33 行）在孔子看来，“上客”和“古世”分别指称“圣人”和“圣人为政的理想时代”。就“爵之天子”而言，“精白”可以保证天子在政治运作之中心无偏私，从而保证政治的良性运作；就“名之君子”而言，“精白”可以养成德性君子，进而在天地之间建立起圣人与生民的关系，这就为开辟人文化成的世界提供了基础。

孔子分别“爵之君子”与“名之君子”是有其特定的时代

---

① 丁四新、汪奇超：《马王堆帛书〈三三子〉疑难字句释读》，载《周易研究》，2013（4），16 页。

背景的。“爵之君子”“爵之天子”对于社会人生的看法只是从特定的位（即“爵”）出发，譬如戒人事、敬天命、精白柔和、登庸贤人等等，只是针对“爵之天子”的政治职责和道德要求。与这种“思不出其位”的旧观念相比，“名之君子”则“思出其位”，要对天人宇宙进行一个总的把握（即《论语》“士志于道”之“志道”、“朝闻道，夕死可矣”之“闻道”）。龙能“乘风云而上天”①，龙能上下升腾于天地之间，表现出“神圣之德”②。对“龙”的赞美，寄托了孔子超越人间世的束缚，自由探察乃至把握天地间之至理的强烈渴望。

原始的天道观是一种“盈必毁”或“盈而荡”之类的回还反复，人事的吉凶祸福往往可以从这类回还反复之中推出，原始的天道被假定为“盈而荡”（《左传·庄公四年》）或“盈必毁”（《左传·哀公十一年》），而人间的一切吉凶祸福均可由此引申推导出来。“盈而荡”或“盈必毁”的观念显然是从长期的历史观察中得出的“洞见”。根据《二三子》《缪和》《衷》等篇的记录，孔子对君子在“盛盈”之地（即政治上的高位）何以自处是极为关心的。孔子认为君子以谦处盈，则可处盛盈之地而不亏败。也就是说，盈而未必毁，盈而未必荡，这实际上是对《左传》“盈而荡”“盈必毁”等观念的反思。

在《二三子》中，孔子认为人君的“处盛”之道在于“畏

① 《史记·老子韩非列传》曰：“至于龙，吾不知其乘风云而上天。”

② 帛书《二三子》第1行：“龙形迁遐，宾于帝，见神圣之德也。高尚（上），齐乎星辰日月而不眺，能阳也；下沦，穷【乎】深渊之渊而不昧，能阴也。”

下”，在于“用贤”。在解释乾卦上九“亢龙有悔”时，孔子说：“此言为上而骄下，骄下而不殆者，未〔之〕有也。圣人之莅政也，若循木，愈高愈畏下。故曰：‘亢龙有悔。’”（第5～6行）在解释丰卦卦辞“亨，王假之；勿忧，宜日中”时，孔子说：“〔此言盛〕也，勿忧，用贤弗害也。日中而盛，用贤弗害，其亨亦宜矣。黄帝四辅，尧立三卿，帝王者之处盛也，故曰：‘宜日中。’”（第35行）

而在帛书《缪和》中，孔子将“处盛”之道从“畏下”“用贤”进一步完善为“谦以处盈”。《缪和》曰：“张射问先生曰：‘自古至今，天下皆贵盛盈。今《周易》曰：“谦，亨，君子有终。”敢问君子何亨于此乎？’子曰：‘善！〔尔〕问是也。夫先君作〔礼〕，设列爵位之尊，明厚赏庆之名，此先君之所以劝其力也宜矣。彼其贵之也，此非圣君之所贵也。夫圣君卑体屈貌以徐逊，以下其人，能至（致）天下之人而有之。〔盛盈在上，非圣君，其〕孰能以此终？’”（第36～38行）张射认为先君作礼，设列爵位，明厚赏庆，就是为了致民之死力，礼制仅仅是在上位者控制民众的工具而已。孔子并没有否认礼具有劝民之力的作用，但反对从政治功利主义的角度看待礼，以礼致民之力并不是礼的真义，礼的真义体现于其道德感化作用，“卑体屈貌以徐逊，以下其人”必将会取得“至（致）天下之人而有之”的伟大境界。这与《论语》中孔子“礼云礼云，玉帛云乎哉？乐云乐云，钟鼓云乎哉”的看法其实是一致的。“礼崩乐坏”是因为“礼”逐渐流于形式而缺乏感化人心的力量，作为生活规范的“礼”丧失了“敬”的内涵，而作为国家政制的“礼”则丧失了“谦”的内涵。人君骄傲奢侈，却通过高爵厚赏使天下英雄入其彀中，隳民志，斫民气，从而达到控制人民的目的，逐渐养成一片上骄下愚、好利轻义的局面。钱大昕《履卦说》曰：“阳健于上，阴说乎下，有将顺而无匡救，孔子所谓‘予无乐乎为君，唯其言而莫予违也’。若是者，虽正亦危，况未必皆正乎！”① “阳健于上”，是说在上的执政者骄傲奢侈，胡作非为；“阴说乎下”，是说在下的民众因随着此种骄傲怠惰的风气，也变得恣睢邪僻，一味地追逐利益，在利益驱使下盲目地顺从上层的意旨，还晏然自乐。即使体制还在正常运转，但是如果听任这种上骄下愚的情势发展下去，那么会有危险来临。《论语》的“草上之风，必偃”就形象地说明了社会顶层对底层的影响，处于盈满之地的在上者必须保持最基本的“谦”德，要能“裒多益寡，称物平施”，要能“下其人，能至（致）天下之人而有之”。

---

① 钱大昕：《潜揅堂集》，41页，上海，上海古籍出版社，2009。

第五章　帛书《缪和》《昭力》“子曰”辨

关于帛书《缪和》《昭力》“子曰”之“子”为谁的问题，学术界几乎固执一辞。廖名春先生在评论《缪和》一处“子曰”时指出：“这里的‘子曰’，应即‘先生曰’，是欧阳修所谓的‘讲师之言’。这位先生讲谦德，可以说糅合了儒家思想和道家思想。”① 陈鼓应先生说：“翻开这两篇帛书（指《缪和》《昭力》——引者注），首先引起我兴趣的是其中出现频率高达近三十次之多的‘子曰’的词字。这里的‘子曰’明确地是指易师之言。例如《缪和》开篇便是‘缪和问于先生曰’，继之以‘吕昌问先生曰’‘吴孟问先生曰’‘李平问先生曰’‘张射问先生曰’，然后便是‘先生曰’的回答。在这样的师生问答中，频频出现的‘子曰’以称呼易师之言。《昭力》的形式也是如此。这种高频率出现‘子曰’的情况在《系辞》中同样可以看到。欧阳修称《系辞》中的‘子曰’为‘讲师之言’。这两篇古佚易说的出土为欧阳修之说提供了有力的佐证。”②

---

① 廖名春：《帛书〈缪和〉〈昭力〉简说》，见陈鼓应主编：《道家文化研究》，第3辑，211页。

② 陈鼓应：《帛书〈缪和〉〈昭力〉中的老学与黄老思想之关系》，见陈鼓应主编：《道家文化研究》，第3辑，216～217页。

同时李学勤、王葆玹、王博三位先生著文推测或论证缪和等人是汉初人物，特别是将缪和与鲁穆生、淮南缪生联系起来考察[①]，表明他们也是赞同陈、廖之说的。然而，他们的观点果真是正确的吗？在此，有必要受到严格的学术检讨与怀疑，然后定其是非然否。

第一节　从师徒问答的方式论《缪和》的“子曰”为“孔子曰”

依照陈松长、廖名春先生的释文及拟定篇名，帛书《易传》共有六篇，分别是《二三子问》《系辞》《易之义》《要》《缪和》《昭力》。[②]《缪和》紧接于《要》篇之后，另起一行，顶端涂有墨块标记；篇尾有篇题，但未记字数。《昭力》则另起一行，而顶端并无墨块标志；篇尾有篇题，并记字数六千。“六千”之数，实包括《缪和》和《昭力》两篇而言之。另外这两篇在行文方式及内容上是相一致的。因此学者们据此认为：“《缪和》《昭力》两篇实为一种帛书，篇分为二，字数六千。”[③] 这说明这两篇帛书实有较大的关联。六篇《易》书皆有大量的“子曰”“孔子曰”“夫子曰”，前四篇的“子曰”，学界无异议，但后两篇的“子曰”是否为欧阳修所谓的“讲

---

① 参见李学勤：《周易经传溯源》，233 页；王葆玹：《今古文经学新论》，38 页；王博：《〈从帛书缪和篇〉到〈淮南子·缪称训〉》，见朱伯崑主编：《国际易学研究》，第 2 辑，277 页。

② 参见《道家文化研究》第 3 辑、第 6 辑所载陈松长和廖名春的释文，以及朱伯崑主编《国际易学研究》第 1 辑所载廖名春的释文。其中《易之义》，即《衷》篇。“衷”是帛书原有的篇题。

③ 邢文：《帛书周易研究》，33 页，北京，人民出版社，1997。

师之言”[1]，是可以深加讨论的。

《缪和》从形式上来看，实由三部分组成。第一部分从“缪和问于先生曰”至“孔子曰……善乎！胃（谓）□无所利也”为止，第二部分从“子曰：君人者，有大德于臣，而不求其报”到“子曰……故曰：直方大，不习，无不利”为止，第三部分从“汤出巡守，东北有火”到“观国之光，明达矣”为止。它们的区别在结构特征上颇为明显，不必做更进一步的论证。[2] 第一部分是采取师徒问答的形式，其中的“子曰”之“子”应该与文中的“先生”同一，而且不论是缪和、吕昌、吴孟、庄但、张射、李羊还是昭力，其师应指同一个人。而照此看来，这位易师可以称得上门庭兴旺，算得上一代宗师了。且唯其因为具有如此的身份，这些师徒问答的文字被连抄在一起，而答问之“先生”被设想为同一人，才是合理的。但是这位先生到底是谁呢？“子曰”提供了可以推测的答案。在传统的儒家经子诸书中，“子曰”一般指“孔子曰”，具有专称的特性，在今本《易传》中亦不例外。因此根据《缪和》《昭力》中众多的“子曰”，可以初步猜测缪和、昭力等的“先生”可能就是“孔子”。而这个推测能否成立，并得到证实，关键在于提供有效的证据和论证。

在《缪和》篇第一部分文字中，师徒相问答的方式大致有

---

① 欧阳修认为《系辞》的“子曰”乃“讲师之言也”。参见（宋）欧阳修：《欧阳文忠全集·易童子问》卷三，《四部丛刊》本。

② 帛书《缪和》第一部分是师生问答的内容，第二部分是纯辑录“子曰”以解《易》的内容，第三部分是辑录战国初期以前的故事以发明《易》理的内容。这三部分内容，在形式上颇异，笔者疑心它们是被后人拼合起来的。

三种，今列之如下：

方式Ⅰ	方式Ⅱ	方式Ⅲ
缪和问于先生曰	吕昌问先生曰	庄但问于先生曰
子曰	子曰	子曰
缪和曰		子曰
子曰		……

在上述三种对话方式中，不论是哪种问话方式，都是以“子曰”作答的，“子曰”本身作为固定的答问者具有一般形式的特征。这一点颇为重要，解决问题的答案就蕴藏在这个一般性结构之中。在李羊与先生的一段问答中，个中信息就透露出来：“李羊问先生曰……/子曰……/孔子曰……”在此“孔子曰”与“子曰”被平等列出，表明两者可以推断为具有同等的地位与功能，因而李羊与先生的答问具有上述方式Ⅲ所具有的一切特征。而这一点是解决问题的又一关键。如果它得到证明，那么可以通过“孔子曰”的这个偶出现象来揭明“子曰”之“子”的真实身份，证明“子曰”就是“孔子曰”。因为在“孔子曰”中多出的这一“孔”字，通过方式Ⅲ的内在规定，而肯定了它与作为答问一般形式的“子曰”具有完全的同一性。设若不把问题设想得更为复杂的话，那么可以推断“子曰”即是“孔子曰”。

但是必须先证明上述李羊师生的问答必定是属于方式Ⅲ的。从方式Ⅰ的角度来看，李羊师生的问答方式显然与它无关，但有可能属于第二种问答方式，如果“孔子曰”被证明是附属于“子曰”且被它涵盖的话。这即是说，“孔子曰”有可能是被套在“子曰”句群之中的，或者说“孔子曰”是通过引用关系介入的。在这种情况下，“子曰”就不是“孔子曰”，而缪和、昭力等人的先生也就与孔子无关。实际上，目前绝大部分学者正是如此考虑的。然而事实是不是如此呢？笔者认为，恐非如此。《缪和》第一部分又可分为两层，第一层乃缪和、吕昌、吴孟与先生的问答，第二层乃庄但、张射、李羊与先生的问答。第一层的问答采取方式Ⅰ和方式Ⅱ展开，其特点是一问一答，具有极强的针对性与连续性的特征；且方式Ⅱ实质上是从属于方式Ⅰ的，不过是方式Ⅱ的特例。第二层则是采取方式Ⅲ来做问答的，其特点是一问多答，回答问题的多个“子曰”虽然或多或少与提问相关，但只有第一个“子曰”与之相关紧密，其他则比较疏远，而且诸“子曰”之间并无问答的连续性，因而是比较独立地并列在一起的。考察李羊与先生问答的这部分文字，正处在问答方式Ⅲ所构成的第二层文字之中。按照方式Ⅰ、方式Ⅱ只处在第一层，方式Ⅲ只处在第二层的一般现象，可以推断李羊师生的问答应属于具有一问多答特征的方式Ⅲ的。因此对于李羊的提问必定是多个“子曰”并列地作答，同时可以推断原文中的“孔子曰”本应抄作“子曰”。再考察“子曰”与“孔子曰”的关系，其所曰的文字内容完全满足方式Ⅲ的特点，两者之间的关系较为松散，并无明显的连续性特征，是较为独立地并列在一起的。对此，笔者有两条证据可供补充。第一条，“孔子曰”句以“无血而封之”解释“士封羊无血”，似与前文“子曰”的相关解释并非全同。第二条，在《缪和》篇的答问“子曰”中，凡引经文者一般都标志着这段文字的结束，而在答李羊问的“子曰”之末、“孔子曰”之前，正引《易》曰“女承筐无实，士刲羊无血，无攸利”以作结，足证“孔子曰”与“子曰”当是并列作答的关系。而那种认为“孔子曰”是由“子曰”引用介入的观点，则显然是错误的。又，《缪和》第二部分文字纯由众多“子曰”语句构成，每一章都有自己的主题，但“子曰”之间一般仍是较为间接的并联关系。因此这部分文字当是辑合先生异时异地之语，略加分编、组合而抄录在一起的。考察第一部分文字中方式Ⅲ的各个“子曰”，正具有此等特征，因此在方式Ⅲ中从第二个“子曰”开始以后的“子曰”，皆较可能是帛书作者缀辑“先生”之语，似非当场即时回答之文。如此，可以断定《缪和》篇是由后辈弟子编撰而成的。而回到我们要讨论的“子曰”问题上，可以看出，从第一部分的问答方式Ⅰ、方式Ⅱ到方式Ⅲ，再到第二部分文字，其中的“子曰”具有这样的特征：先是一问一答，继之以一问多答，最后是无问无答的众多“子曰”的辑录。这一特点，除了说明帛书的编撰者是有序地组织文章之外，同时也指明了第一部分文字中的方式Ⅲ部分，具有介于前后两者之间的过渡性特征。正是这一过渡性特征表明了方式Ⅲ的存在是必然的，而非偶然的；同时说明了第一部分第二层的所有文字都应该采取方式Ⅲ的问答方式。因此按照这一惯例，处在相应层位的李羊师徒问答也应该采取方式Ⅲ来进行，这样“孔子曰”与“子曰”必定是并列作答的关系，而答李羊问的“孔子曰”本应抄作“子曰”，这是可以肯定的。而“孔”字的多出，当由于是抄手（或作者）疏忽所致。但是这种疏忽是肯定性的认定，表明“子曰”就是“孔子曰”呢，还是一种单纯的讹误呢？如果是前者，“子曰”即是“孔子曰”，无须再做证明了；如果是后者，则需要我们做出更进一步的证明。

第二节　从文献和思想论《缪和》《昭力》的“子曰”为“孔子曰”

通过上述文本结构的分析，我们证明，答李羊问的“孔子曰”在地位与功能上与“子曰”相当；按照“子曰”为一般答问形式来看，“孔子曰”其实本应抄作“子曰”。而在更进一步判定“子曰”即为“孔子曰”之前，尚存一层疑问，即“孔子曰”有可能完全为“子曰”的讹误，这样，“子曰”是否即为“孔子曰”，就仍然无法得到完全肯定的回答。而为了消解这一疑问，我们将继续紧扣帛书文本来做论证。

> (1)（缪和曰……）子曰：“涣者，散也。贲（奔）阶（机），几也，时也。古之君子，时福至则进取，时亡则以让。夫福至而能既焉，散走其时，唯恐失之，故当其时而弗能用也。至于其失之也，唯欲为人用，岂可得也哉！……故《易》曰‘涣贲（奔）其阶（机），悔亡’，则□言于能贲（奔）其时，悔之亡也。”

上引文训“涣”为“散”，与《序卦》《杂卦》同。《序卦》曰：“涣者，离也。”《杂卦》曰：“涣，离也。”在答吕昌问的一段文字中，亦有“涣”字义训，参见后文。文中“贲”，读“奔”，“阶”训“几”训“时”，与今本《涣》九二爻辞云“涣奔其机”同。“机”“读”为“几”。对于“几”“时”的强调，正是今本《易传》及孔子思想的重要特点，其例颇多，无须举证。

(2)（缪和问……）子曰："此圣人之所重言也，曰'有言不信'。凡天之道，壹阴壹阳，壹短壹长，壹晦壹明，夫人道仇之。是故汤□□王，文王拘于羑里，〔秦缪公困〕于〔殽，齐桓公〕辱于长勺，越王句践困于〔会稽〕，晋文君困〔于〕骊氏，古（故）古至今，伯王之君未尝忧困而能□□□□□□□也。夫困之为达也，亦犹□□□□□□其□□□□□□□□□□□□□。故《易》曰：'困：亨。贞，大人吉，无〔咎。有言不信。'此〕之谓也。"

对言语之道的重视，是孔门思想的一个特点。今本《系辞》载"子曰"："君子居其室，出其言善，则千里之外应之，况其迩者乎？居其室，出其言不善，则千里之外违之，况其迩者乎?""凡天之道，壹阴壹阳"，即《系辞》"一阴一阳之谓道"。上引"子曰"所言霸王故事，多见他书，而与《说苑·杂言》所记尤近。①《说苑·杂言》孔子曰："吾闻人君不困不成王，列士不困不成行。昔者汤困于吕，文王困于羑里，秦穆公困于殽，齐桓困于长勺，句践困于会稽，晋文困于骊氏。夫困之为道，从寒之及暖，暖之及寒也，唯贤者独知而难言之也。《易》曰：'困：亨。贞，大人吉，无咎。有言不信。'圣

① 参见廖名春：《帛书〈缪和〉〈昭力〉简说》，见陈鼓应主编：《道家文化研究》，第3辑，209页。

人所与人难言，信也。”“圣人所与人难言，信也”，与帛书“此圣人之所重言也，曰‘有言不信’”相应合，不过《杂言》的思想表露得更清晰一些。而由于这两段文字相近，且《杂言》由“孔子曰”引出，可证帛书“子曰”当即是“孔子曰”。

(3)（缪和问……）子曰：“何……《书》《春秋》《诗》……禹之取天〔下者〕，当此卦也。禹〔劳〕其四肢，苦其思虑，至于手足胼胝，颜色〔黧黑〕……果□□下名号圣君，亦可谓终矣，吉孰大焉？故曰‘劳谦君子，有终，吉’，不亦宜乎？今有土之君，及至布衣□□□□□□□其妻奴粉白黑（墨）涅[①]……非能省而有功名于天下者，殆无有矣。故曰：‘劳谦君〔子，有〕终，吉。’此之谓也。”

《书》《春秋》《诗》《易》等，儒家以之为经为业，相传皆曾由孔子编订而成。《缪和》篇“子曰”引《诗》云：“女弄不敝衣裳，士弄不敝车轮。”又云：“故《诗》曰：‘惠彼小星，三五在东。萧萧宵征，蚤夜在公。是命不同。’”前者不见于今本《毛诗》，后者则见《诗·召南·小星》。引《诗》以证《易》理，当与儒家解《易》传统有关。而与上述引文相似，《庄子·天下》对于禹的叙述更详，墨子学派以禹为崇拜对象。不过，孔子也曾说：“禹，吾无间然矣！菲饮食，而致孝乎鬼

① 《广雅·释器》：“涅，黑也。”《淮南子·说山》：“流言雪污，譬犹以涅拭素也。”高诱《注》：“涅，黑也。”

神；恶衣服，而致美乎黻冕；卑宫室，而尽力乎沟洫。禹，吾无间然矣！”① 《缪和》篇对禹的论述，其目的同于《谦》卦。《谦》九三爻《象传》曰：“‘劳谦君子’，万民服也。”而《论语·泰伯》所记孔子之言，其意亦有与《象传》一致之处。《系辞》曰：“‘劳谦，君子有终，吉。’子曰：‘劳而不伐，有功而不德，厚之至也。语以其功下人者也。德言盛，礼言恭。谦也者，致恭以存其位者也。’”这一段话与帛书所云尤为吻合。总之，无论是所引《系辞》《象传》《泰伯》，还是《缪和》本文，其意颇相一致，由此足证《缪和》篇此处的“子曰”，即是“孔子曰”。

(4)（吕昌问……）子曰：“异哉！天下之士所贵。夫涣者，散；元者，善之始也；吉者，百福之长也。夫群党朋疾□□□□□□□□比〔周〕相誉，以夺君明，此古亡国败家之法也，明君之所行罚也，将何元吉之有矣？”

（吕昌又曰……）子曰：“明王、〔明君〕□□□□□然，立为刑辟，以散其群党；设为赏庆爵列，以劝其下群臣、黔首、男女，夫人竭力尽知归心于上，莫敢朋党侍君，而主将何求于人矣？其曰‘涣其群，元吉’，不亦宜乎？故《诗》曰：‘惠彼小星，三五在东。萧萧宵征，蚤夜在公。是命不同。’彼此之谓也。”

推敲上面的引文，可知帛书“涣”训“散”，有离散、散布两义。《序卦》：“巽者，入也。入而后说（悦）之，故受之

① 《论语·泰伯》。

以兑。兑者，说（悦）而后散之，故受之以涣。涣者，离也。物不可以终离，故受之以节。”依此，《序卦》训“涣”亦有散布、离散两义，是在解《兑》《节》两卦之名而展示出来的。《象传》云：“‘涣其群，元吉’，光大也。”乃着重取“散布”之义。史书云《易》十翼为孔子所作，而《缪和》训《涣》卦名，与《象传》《序卦》《杂卦》不相违，这至少可证《缪和》篇仍承孔子易学。

又《吕氏春秋·恃君览·召类》曰：“赵简子将袭卫，使史默往睹之，期以一月，六月而后反。赵简子曰：‘何其久也?’史默曰：‘谋利而得害，犹弗察也？今蘧伯玉为相，史鳝佐焉，孔子为客，子贡使令于君前，甚听。《易》曰：“涣其群，元吉。”涣者，贤也；群者，众也；元者，吉之始也；“涣其群，元吉”者，其佐多贤也。’赵简子按兵而不动。”解“涣”为“贤”，“群”为“众”，属于象训。虽然与《序卦》《缪和》训解不同，但亦不相背离。有趣的是，《缪和》篇末的一则故事与上引《吕氏春秋》同，亦见《说苑·奉使》篇。而“孔子”一名的再次出现，是否表明此篇帛书与孔子后学相关呢？至少我们是可以如此做猜测的。与后两书相较，《缪和》多出“子路为浦”一句。陈松长读“浦”为“辅”①，廖名春读为“蒲”，并说：“《仲尼弟子列传》又说‘子路为蒲大夫’。”② 蒲属卫，当以廖说为是。《缪和》篇在叙事议论之

---

① 参见陈松长：《马王堆帛书〈缪和〉〈昭力〉释文》，见陈鼓应主编：《道家文化研究》，第6辑，375页。

② 廖名春：《帛书〈缪和〉〈昭力〉简说》，见陈鼓应主编：《道家文化研究》，第3辑，214页。

后，相继引《观》六四、《咸》九四、《复》上六、《鼎》九三、《明夷》上六、《泰》上六爻辞[1]以阐明卫国不可伐的原因，与《吕氏春秋》引《涣》六四爻辞的用意一致。这即是说，诸篇引《易》皆有尊贤、重贤之义，《缪和》篇尤为明显。孔子的思想亦颇尊贤、重贤，可见《缪和》此文亦得孔子之意。因此这段“子曰”可能与孔子相关。

(5)（吕昌问……）子曰：“□□□也，而有不然者。夫内之不咎，外之不逆，漠漠然能立志于天下，若此者，成人也。成人也者，世无一夫，岂可强及欤哉？故言曰：‘古之马及古之鹿，今之马，今之鹿。’夫任人〔之〕过，亦君子〔也〕。”

（吕昌曰……）子曰：“……‘再三渎，渎则不吉’者，反复问之而渎，渎，弗敬，故曰‘不吉’。弗知而好学，身之赖也，故曰‘利〔贞〕’。君子于仁义之道也，虽弗身能，岂能已哉？日夜不休，终身不倦，日日载载，必成而后止。故《易》曰：‘蒙，亨。非我求童蒙，童蒙求我。初筮吉，再三渎，渎则不吉。利贞。’此之谓也。”

“成人”，《论语·宪问》：“子路问成人。子曰：‘若臧武仲之知，公绰之不欲，卞庄子之勇，冉求之艺，文之以礼乐，亦可以为成人矣！’曰：‘今之成人者何必然？见利思义，见危授

---

① 参见赵建伟：《出土简帛〈周易〉疏证》，307页，台北，万卷楼图书有限公司，2000。

命，久要不忘平生之言，亦可以为成人矣！’”帛书《缪和》篇的“成人”，显然与《论语》所说的“成人”同义。下文“子曰”对“敬”的强调，对“好学”的强调，对“仁义之道”的强调，正是孔子的精神，证据参见《论语》一书即可。又《礼记·表记》子曰：“无辞不相接也，无礼不相见也，欲民之毋相亵也。《易》曰：‘初筮吉，再三渎，渎则不吉。’”“渎”训“亵”，即是“弗敬”之义。两相比较，《表记》与帛书文义吻合。如此，《缪和》篇的“子曰”当是“孔子曰”矣。

(6)（庄但问……）子曰：“聪明睿智守以愚，博闻强识守以贱，尊〔爵〕贵官守以卑。若此故能君人，非舜，其孰能当之？”

相近的论述，见于《荀子·宥坐》、《韩诗外传》卷三和卷八、《淮南子·道应》、《说苑·敬慎》等篇①，并大都与《损》《益》二卦联系起来了。《韩诗外传》卷八亦有类似之语，而与《谦》卦相关，其义与《缪和》最为相近。不过，无论是从《荀子·宥坐》还是到《韩诗外传》卷八，与上引《缪和》文相近或相同的语句皆被记为“孔子曰”，可见帛书此处的“子曰”正是指“孔子曰”。

---

① 如《韩诗外传》卷三：“（孔子曰）德行宽裕者，守之以恭；土地广大者，守之以俭；禄位尊盛者，守之以卑；人众兵强者，守之以畏；聪明睿智者，守之以愚；博闻强记者，守之以浅。夫是之谓抑而损之。……（周公曰）吾闻德行宽裕，守之以恭者荣；土地广大，守之以俭者安；禄位尊盛，守之以卑者贵；人众兵强，守之以畏者胜；聪明睿智，守之以愚者善；博闻强记，守之以浅者智。夫此六者，皆谦德也。夫贵为天子，富有四海，由此德也。不谦而失天下，亡其身者，桀纣是也，可不慎欤！……”

(7)(张射问……)子曰:“天道毁盈而益谦,地道销〔盈而〕流谦,〔鬼神害盈而福谦,〕人道恶盈而好谦。谦者,一物而四益者也;盈者,一物而四损者也。故圣君以为丰茬①。是以盛盈,使祭服刎,屋成加错,宫成刊隅。② 谦之为道也,君子贵之。故曰:‘谦,亨,君〔子有终〕。’〔此谓〕盛盈者处下,非君子,其孰当之?”

这段话,与之相近者见《说苑·敬慎》、《韩诗外传》卷三和卷八、《象传》,帛书《二三子问》亦有之。《韩诗外传》卷三与帛书尤为相近,不过记为周公之言。这表明“天道亏盈而益谦”四句当是儒家传统,故推宗于周公之言,其用意显豁。《说苑·敬慎》其中一则引文同于《韩诗外传》卷三,记为孔子之言,而另一则引文则将“天道亏盈而益谦”等四句称之为“《易》曰”,并由晋国末年的叔向引出,可见在《敬慎》篇的作者看来,这四句论谦德的语句出现得很早。由此,《象传》为孔子所作的看法不应当被完全否定。权衡各种因素,上引帛书文中的“子曰”,当以判定为“孔子曰”为宜。而廖名春说《缪和》篇此处的“子曰”,是欧阳修所谓的“讲师之言”,当是不正确的。又,此段话的“子曰”为“孔子曰”,有帛书

① 《说文·艸部》:“茬,艸皃。”《玉篇·艸部》:“茬,艸盛皃。”

② 如《说苑·敬慎》:“(孔子曰)是以衣成则缺衽,宫成则缺隅,屋成则加错,示不成者,天道然也。”《韩诗外传》卷三周公曰:“故《易》有一道,大足以守天下,中足以守其国家,小足以守其身,谦之谓也。夫天道亏盈而益谦,地道变盈而流谦,鬼神害盈而福谦,人道恶盈而好谦。是以衣成则必缺衽,宫成则必缺隅,屋成则必加措,示不成者,天道然也。《易》曰:‘谦,亨,君子有终,吉。’”

《二三子问》为证：

> 卦曰：“谦，亨，君子有终，吉。”孔子曰：“〔此言〕□□□□〔已。其卦〕上坤而下艮，坤，【顺】也，艮，静质也，君子之行也。□□□□□□□□四吉焉。吉，谦也；凶，骄也。天乱骄而成谦，地彻①骄而实谦，鬼神祸【骄而】福谦，人恶骄而好〔谦〕。”

《二三子问》“天乱骄而成谦”四句，与《缪和》“天道毁盈而益谦”四句的句式一致，文字相近，思想实质相同，证明《缪和》之语亦是孔子所云，所谓“子曰”即是“孔子曰”。另外，可以设想两篇“子曰”或“孔子曰”，同为弟子所记，但《二三子问》的文字较为古朴，而《缪和》所记同于《彖传》等书，表明后两者可能皆曾受到后儒的修饰和整理；同时也说明了《二三子问》的制作较早，而《缪和》篇的最终编撰则相对较晚。

> (8)（李羊问……）子曰：“……夫贤君之为列设爵位也与实俱，群臣荣其列，乐其实，夫人尽忠于上……夫明君之畜其臣也不虚，忠臣之事其君也有实，上下通实，此所以长有令名于天下也。夫忠言情爱而实弗随，此鬼神之所疑也，而况人乎？将何所利？〔故《易》〕曰：‘女承〔筐无〕实，士刲羊无血，无攸利。’此之谓也。”

《礼记·表记》：“子曰：‘君子不以口誉人，则民作忠。故

---

① 彻，毁坏。《广雅·释诂一》：“彻，坏也。”《诗·小雅·十月之交》：“彻我墙屋。”

君子问人之寒则衣之，问人之饥则食之，称人之美则爵之。……’子曰：‘口惠而实不至，怨菑（灾）及其身。是故君子与其有诺责也，宁有已怨。……’”金春峰先生在引《表记》文以证《缪和》文义之后，指出：“爻辞（《归妹》上六爻辞）正是讲的这一道理。”① 这说明《表记》与上引帛书文字关系较密切。又《礼记·表记》“子曰”引《大畜》上九、《蛊》上九两爻辞，其用意亦同于帛书。可见，此处的帛书“子曰”当是指“孔子曰”。

> (9) 子曰：“《恒》之九三曰：‘不恒其德，或承之羞，贞〔吝〕。’”子曰：“‘不恒其【德】’者，言其德行之无恒也。德行无道，则亲疏无辨；亲疏无辨，〔则〕必将□□□□□，〔如〕何不吝？故曰：‘不恒其德，或〔承之羞，贞吝〕。’”
>
> 〔子曰：“《恒》〕之六五曰：‘恒其德，贞，妇人吉，夫子凶。’”【子曰：】“妇德一人之为，〔不〕可以有它。有它矣，凶〔必〕产焉。故曰：‘恒其德，贞，妇人吉。’其男德不□□□□□□有弱德必立，而好比于人。贤、不肖人得其宜□，则吉；自恒也，则凶。故曰：‘恒其德，贞，妇人吉，夫子凶。’”

上引“子曰”居于《缪和》篇第二部分的位置，且三者先后相接。比较《论语·子路》《礼记·缁衣》的相关文字，笔

① 金春峰：《〈缪和〉〈昭力〉反映的思想、文化与时代》，见朱伯崑主编：《国际易学研究》，第5辑，28页。

者颇疑心它们与上引《缪和》“子曰”文本之间似有因果联系。《论语·子路》曰：“子曰：‘南人有言曰：“人而无恒，不可以作巫医。”善夫！“不恒其德，或承之羞。”’子曰：‘不占而已矣！’”《论语》此处所记孔子之言，其后半部分较为减省、含蓄。“不占而已矣”，当即发挥《恒》卦九三爻辞“贞吝”之语。由此推之，孔子确曾引用并反复玩味过此一爻辞。而《缪和》篇将《恒》卦九三爻辞单独列出，且标明为“子曰”，其用意较为耐人寻味，可能表明此处的“子曰”已具有圣言的资格与地位。权衡其与《论语·子路》篇的关系及儒家在先秦的学派统系，“子曰”之“子”，只有孔子才足以当之矣。今本《缁衣》云：“子曰：‘南人有言曰：“人而无恒，不可以为卜筮。”古之遗言与？龟筮犹不能知也，而况于人乎？……《易》曰：‘不恒其德，或承之羞。’‘恒其德，贞，妇人吉，夫子凶。’”“南人有言”，郭店楚简《缁衣》作“宋人有言”[①]，孔颖达《疏》说“南人”为“殷掌卜之人”[②]，其实得之，但原文当作“宋人”，“宋”“南”二字形近易讹。《缁衣》引《易》未做解释，《缪和》则做了较为详细的说解，这表明两者之间可能有相关之处。又《缁衣》《表记》相传皆出自《子思子》[③]，而《缪和》解《易》的文字有与之相关者，这说明此篇帛书的编撰者可能与子思学派有关，或许曾受其影响。由

① 荆门市博物馆编：《郭店楚墓竹简》，131页。

② （清）阮元校刻：《十三经注疏》下册，1651页。

③ 沈约说：“《月令》取《吕氏春秋》，《中庸》《表记》《坊记》《缁衣》皆取《子思子》，《乐记》取《公孙尼子》，《檀弓》残杂，又非方幅典诰之书也。”（（唐）魏徵等：《隋书》卷十三，《音乐志》，288页）

此，上引《缪和》之“子曰”也较可能是“孔子曰”。

第三节　余证与小结

从时间上看，“《缪和》所记的史事最晚也为战国初期之事。而且，它往往比《吕氏春秋》《韩非子》所载更为详实”①。金春峰先生说《缪和》《昭力》的另一个特点就是“强调儒家德治的思想”②，并将它们与《二三子问》做了比较，指出：“《二三子问》等篇将卦分为圣人、大人、小人之卦，《缪和》《昭力》则进一步发展为‘卿大、夫之义’（卦）、‘国君之义’（卦）、士之义、商夫之义，以及邑途之义、戎夫之义、处女之义等。汉代孟、京区分卦为君、侯、大夫等等，可能受其影响。在《二三子问》等篇中，论述涉及的主要对象是圣人、君子、小人、大人、文人、武夫。《缪和》《昭力》又有圣君、君、士、士君子，其中‘士’占有突出地位。”③《二三子问》与《缪和》《昭力》的相关性颇为明显，皆重儒家对人道的理解。这些皆可旁证《缪和》《昭力》之“子曰”当为“孔子曰”。

总之，笔者认为帛书答李羊问中的“孔子曰”之“孔”字虽系误笔，但这个误笔不是否定性的，而是具有积极的参考价

---

① 廖名春：《帛书〈缪和〉〈昭力〉简说》，见陈鼓应主编：《道家文化研究》，第3辑，214页。

② 金春峰：《〈缪和〉〈昭力〉反映的思想、文化与时代》，见朱伯崑主编：《国际易学研究》，第5辑，26页。

③ 同上书，25页。

值，从功能与地位来看，具有证明“子曰”即是“孔子曰”的效力。联系其他众多的坚实证据，我们可以断定，《缪和》《昭力》的“子曰”当即是“孔子曰”，“子”指“孔子”，与其他四篇帛书《易传》的“子曰”“孔子曰”“夫子曰”相同，而非欧阳修所谓“讲师之言”。由此推及缪和、吕昌、吴孟、庄但、张射、李羊、昭力七人，皆当为孔子晚年弟子，他们俱性好研《易》。《缪和》所云“缪和问于先生曰：吾年岁犹少”是其证。而当今学者说缪和为汉初人物，这看法实在不可轻信。[1] 其时，孔子好《易》、喜《易》，得青年入室弟子而授之，自与对子贡这些老牌弟子的态度不同。参阅帛书《要》篇，这一点颇为明晰。而《二三子问》以“二三子”笼统言之，这些“二三子”也多是指像缪和这样的孔子晚年弟子。而战国至汉初众多《易传》的流传[2]，可能与这些佚名弟子及其后学多有关涉。另外，由帛书《易传》每篇皆以孔子为宗主来看，大概战国至汉初的诸种《易传》也当无不推宗孔子，它们当为儒家学者所作。其他各家虽参研《周易》，引《易》言，然而作《易传》的可能性很小。如此，《易传》为儒家著作殆无疑义矣。

需要再做说明的是，虽然笔者论证了帛书《缪和》《昭力》的“子曰”为“孔子曰”，而且在思想上、文献上可以看到它

---

① 我曾对将缪和与汉初人物鲁穆生、淮南缪生相联系的看法做出批评，但当时尚未意识到缪和很可能即是孔子之弟子的问题。参见拙文《从出土竹书综论〈周易〉诸问题》，载《周易研究》，2000（4），10～11页。

② 司马谈《论六家要指》说“六艺经传以千万数”，其中《易传》当为数甚夥。

们与孔子本人的关联，但它们是否为孔子本人亲口所言，这仍然是一个问题。进一步，即使这些“子曰”之“子”可以确定为“孔子”，但是否能由此证明帛书《缪和》《昭力》两篇就是孔子及其弟子的著作，并反映那个时代的易学观点？这在方法论上是需要我们注意的问题。①

① 本章所引帛书《易传》释文，大部分根据新释文做了更换。

第六章　论帛书《缪和》《昭力》的内在分别及其成书过程

第一节　提出问题：追问《缪和》《昭力》的分合关系

帛书《周易》一直是学界议论的焦点，尤其是《易传》的部分有大量的佚文或异文出现，更是引人关注。作为佚文出土的《易》著《缪和》《昭力》两篇，自然也不例外。目前已有好几位先生根据帛书照片及释文显示的内容，对《缪和》《昭力》两篇的关系、学派性质和“子曰”之“子”为谁的问题，做出了初步的或引申的判断。

廖名春在《帛书〈缪和〉释文》前的说明文字中说：“《缪和》是长沙马王堆三号汉墓出土的六篇帛书《易传》中的第五篇。它紧接于《要》之后，另起一行，首行顶端涂有墨丁标志。篇尾有篇题，但未记字数。”① 在《帛书〈昭力〉释文》前的说明文字中说：“《昭力》是六篇帛书《易传》中的最后一

① 廖名春：《帛书〈缪和〉释文》，见朱伯崑主编：《国际易学研究》，第1辑，30页。

篇。它紧接《缪和》，另起一行，但首行顶端无分篇标志的墨丁，篇尾有篇题，并记字数六千。于亮豪先生说，此篇甚短，所记字数应包括《缪和》在内，良是。”① 所谓篇首墨丁标志，其实应当叫作墨块符号，廖名春画作“■■”，池田知久画作“■”②。此墨记符号具有分篇的功能。依照廖说，可知六篇帛书《易传》只有《昭力》一篇前没有此分篇符号，如此就产生了《缪和》与《昭力》两篇的分合问题，也就是说它们到底是一篇还是两篇，是一种还是两种的问题。一方面，它们是相互区别的，《缪和》篇末有“缪和”的篇题，《昭力》篇末有“昭力”的篇题；《缪和》篇中的提问者有缪和、吕昌、吴孟、庄但、张射和李羊③，他们跟先生的问答文字，在文本结构上与昭力师徒的问答文字中间相隔了较大的空间距离；前者与后者在问答方式上并非相同，在问答内容的性质上其差别也是明显的。因此可以断定，《缪和》与《昭力》应该分作两篇。但是，与此同时也可能产生这样的问题：昭力与缪和等人的老师是否为同一位“先生”。另一方面，《缪和》与《昭力》的相关性也是比较明显的：首先，这两篇帛书抄连在一起，属于帛书《易传》的末两篇；其次，《昭力》篇前并无分篇的墨块标志，篇

---

① 廖名春：《帛书〈昭力〉释文》，见朱伯崑主编：《国际易学研究》，第1辑，38页。

② 池田知久的分篇符号的画法，见朱伯崑主编：《国际易学研究》，第1辑，41页。

③ “李羊”，释文从陈松长，廖名春作“李平”。分别参见陈松长：《马王堆帛书〈缪和〉〈昭力〉释文》，见陈鼓应主编：《道家文化研究》，第6辑，372页；廖名春：《帛书〈缪和〉释文》，见朱伯崑主编：《国际易学研究》，第1辑，34页。

尾所计字数“六千”之文，实包括《缪和》《昭力》两篇而言；最后，虽然在问答方式和问答内容上两者是互相区别的，但它们之间毕竟仍有相近的地方。所以帛书学者坚持相信它们应该以某种形式联结在一起，构成一个相互支持、相互贯通和相互理解的整体。邢文在《帛书周易研究》中的观点代表了这一看法。他说：“《缪和》《昭力》两篇实为一种帛书，篇分为二，字数六千。”① 这即是说，《缪和》与《昭力》是一种帛书，而不是两种帛书；是两篇帛书，而不是一篇帛书。于是根据这种默认的整体性相关联特征，学者也同样坚信缪和等人与昭力的“先生”是同一的。目前看来，这种折中的看法只是部分有效的。笔者认为，我们不能不看到这一默认判断所具有的内在缺陷和疑问。而这可能是问题的关键所在。

首先，在六篇帛书《易传》中有五篇篇首前涂有分篇的墨块符号“■■”，只有一篇（即《昭力》）篇首前没有涂上此种符号。另外，《昭力》篇末总计了两篇的字数。显然，这些现象都是编者或抄手有意造成的。如是，我们有必要追问：如果《缪和》与《昭力》是两篇帛书，那么为什么帛书的编者或抄手不在《昭力》篇前涂上分篇的墨块标记？又为什么要把两篇的字数最后总计在一起呢？如果《缪和》与《昭力》是一种帛书，那么为什么帛书的编者在结构上要把两者隔开，并在各自的文本后面加上篇题呢？而帛书的编者如此地抄写和分割两篇的文本，是不是包含着更深刻的用意或难言的学术背景？因

① 邢文：《帛书周易研究》，33页。

此，“一种帛书”的概念是不是在一定程度上掩盖了问题之所在？为了求证“一种帛书”的可靠性，邢文举出了马王堆帛书《老子》乙本卷前古佚书的例证予以说明。[①] 但是相对于帛书《易传》来说，这仍然只算是旁证；而且相对于《老子》乙本卷前古佚书来说，他的说明并非确切而完善的。就帛书《易传》自身来说，除了《昭力》的归属问题以外，其他几篇的分篇问题自身是非常清晰和明白的，不存在以“种”代“篇”来衡量“传”文的问题。因而，为什么一定要把《缪和》与《昭力》用“一种帛书”的概念将两者捆绑在一起呢？[②] 这样，我们颇有必要重新探讨这两篇帛书的分合问题，尤其是发现其中所包含的意义世界，不管是主观的，还是客观的。

表面看来，“一种帛书”和“两篇帛书”的联姻判断似乎把一切问题都解决了，但实际上，通过笔者在上面的分析和追问，所有的问题才刚刚露出水面，在“一种帛书”和“两篇帛书”的判断之间还有更多的疑问需要我们去开掘、去回答。

第二节 《缪和》篇文本的内在分别

为了弄清《缪和》《昭力》的文本关系及其中包含的意义，我们需要对两篇帛书展开内在的分析。

先看《缪和》篇。现有释文或注释对《缪和》《昭力》的结构认识大都是建立在帛书文本以小圆点分章的基础之上的。

---

① 参见邢文：《帛书周易研究》，33页。

② “种”这一概念，是由今天的简帛学者给予的，不是自古即有的。

比如邓球柏就直接把这两篇分别再分为二十章和三章，并以类似“第一章”这样的形式标明章序；赵建伟《昭力》篇的分章与邓球柏相同，《缪和》分为二十二章，并以类似“原文(一)”这样的形式称呼之。两者所不同的是，赵氏的分章严格遵行了帛书原有的分章标记，而邓氏则略有拼合，将原本分开的第十二、十三章，第十四、十五章，根据语意上的相关性而将它们合并为第十二章和第十三章。顺便指出，邓氏合并文本的做法也正是古人编书的通例，不应过分责难。古人之所以将两处或两章文本合并在一起，是因为它们在思想或语境上具有较强的相关性和同一性。[①] 虽然邓氏的分章与赵氏的略有不同，但还是以帛书划定的文本结构为基础的。

在分章的基础上，赵建伟的认识又推进了一步，他认识到《缪和》的文本结构存在内在的区别。他是这样说的：“本章及第十三章、十四章、十五章、十六章论述形式有变化，即变为‘子曰……《易》曰’的非问答形式。”[②] 又说：“本章论《比》卦九五。自此至结尾论述形式有两个变化，一个是以历史故事说《易》，另一个是以‘《易》卦其义曰’的形式引证《易》的卦爻辞，这与《二三子》引《易》或作‘《易》曰’或作‘卦

---

① 通过对简帛及通行本《老子》文本的考察，我发现导致古典文本变化的原因有如下几条：第一是文本思想的同一性或变异性，第二是中国语言在自我表现上的内在特性和它所要求的修辞方法的运用，第三是时代精神的变化，第四是整理者或抄手有意识的修正作用。其中第一、二条最为重要，在整理、校订、解释和评价出土文献时应予以充分的注意。参见拙著《郭店楚墓竹简思想研究》，40～68页，北京，东方出版社，2000。

② 赵建伟：《出土简帛〈周易〉疏证》，297页。引文中所谓“本章”指帛书第12章。

曰’可能有联系。”[①] 赵氏虽然意识到《缪和》文本存在的这些差别，但是他并没有把此篇清晰、明白地区分为三个部分，也没有据此差别深入地开掘和阐明其中蕴含的意义世界。后来，我在一篇论文中明确地指出了《缪和》一文其实应该分成三个部分。文章是这样说的：

> 《缪和》一篇从形式来看，实由三部分组成。第一部分从“缪和问于先生曰”至“孔子曰……善乎！胃（谓）□无所利也”为止，第二部分从“子曰：君人者，有大德于臣，而不求其报”到“子曰……故曰：直方大，不习，无不利”为止，第三部分从“汤出巡守，东北有火”到“观国之光，明达矣”为止。它们的区别在结构特征上颇为明显，不必作更进一步的论证。[②]

并对这段话加了注释：“《缪和》篇第一部分是师徒问答的内容，第二部分是纯辑‘子曰’以解《易》的内容，第三部分是辑录战国初期以前的故事以发《易》理的内容。这三部分内容在形式上颇异，我颇疑心它们是被后人拼合起来的。”[③] 这些观点，现在看来仍然是有效的。从形式上来看，各部分的行文方式颇不一样。第一部分是师徒问答的方式，第二部分纯为以“子曰”领叙的方式，第三部分是史事的叙述方式，末附以“《易》卦其义曰”的引文。其中第一部分的师徒问答方式，又

---

① 赵建伟：《出土简帛〈周易〉疏证》，301 页。引文中所谓“本章”指帛书第 17 章。

②③ 丁四新：《帛书〈缪和〉〈昭力〉“子曰”辨》，载《中国哲学史》，2001 (3)，101 页。

可以区分为二种，但是无论哪种问答方式，都是围绕如何理解《易经》的内容或义理展开的。而且必须指出的是，从问答方式上来看，第一部分可以分解为两层。第一层为前八章，包含缪和、吕昌、吴孟与其师对话的内容。第二层从第 9 章开始至第 11 章结束，包含庄但、张射、李羊与其师的对话内容。第一层的师生对话形式，是一问接一答，具有连续性的特征。第二层则是一问接多答，除第一答（即第一个“子曰”）与提问具有直接作答的特征外，其他“子曰”与提问虽然相关，但较为疏离，且作答的各个“子曰”之间只有并列的关系。因此第二层并列作答的多个“子曰”，当是这位先生异时异地的话语，其真正的情景还需要细加区别。

笔者认为，第二层每一组师生问答文本的第二个“子曰”之后的“子曰”，很可能并非其先生针对他们的提问的实时回答之语，有可能是被抄录、附记在此的，但在答问内容上却是密切相关的。根据帛书可知，针对庄但的同一个提问，有三个“子曰”作答；针对张射的同一个提问，有四个“子曰”作答；针对李羊的同一个提问，有二个“子曰”作答。① 设想它们都是针对同一个问题的同时回答，显然不太可能。但是它们应该与庄、张、李三人有某种关系，不然为什么这些答问要附在他

---

① 李羊师生的问答在帛书文本中是这样的：“李羊问先生曰……/子曰……/孔子曰……”郭沂曾著文指出，“子曰”和“孔子曰”是并列关系，后者不是由前者引入的，但是他没有意识到“孔子曰”其实是“子曰”的误抄，“孔”字当为衍文。参见郭沂：《从早期〈易传〉到孔子易说》，见朱伯崑主编：《国际易学研究》，第 3 辑，156 页，北京，华夏出版社，1997；丁四新：《帛书〈缪和〉〈昭力〉“子曰”辨》，载《中国哲学史》，2001（3），102 页。

们的提问下呢？针对庄但的提问，第二、三个“子曰”在思想内容上与第一个“子曰”是一致的。第一个“子曰”云：“夫务尊显者，其心有不足者也。君子不然，畛焉不〔自〕明也，不自尊〔也〕，□□高世□。”又说：“圣人不敢有位也，以有智为无智也，以有能为无能也，以有见为无见也，憧（童）焉无敢设也。”这与第三个“子曰”所云何其相似：“聪明睿智守以愚，博闻强识守以贱，尊〔爵〕贵官守以卑。若此故能君人，非舜，其孰能当之？”而与第二个“子曰”的“能下人若此，其吉也，不亦宜乎”也是完全吻合的。同时，第二个“子曰”的“舜取天下也，当此卦也”与第三个“子曰”的“若此故能君人，非舜，其孰能当之”的话，如出一口。针对张射的提问，第二、三、四个“子曰”的回答不但自身在思想和文本上关系密切，有些文句近同，而且与第一个“子曰”也是非常一致的。值得注意的是，无论回答庄但还是张射提问的“子曰”，都是针对《谦》卦卦爻辞阐发出来的，其思想实质虽然一致，某些语句也相近，但是在表述方式和思想深度上，却各自具有不同的特点。这说明两段师徒问答的文本，仍然是互相区别的。因此，我倾向于认为《缪和》第二部分第二层回答庄但、张射和李羊的“子曰”，分别是内在地相互关联的，在思想、文本上各自成为一个独立的系统，这些“子曰”可能分别由庄、张、李三人所记或整理。不管怎样，依据以上情况，此一层文字当是经过一定的编纂和归类。又考虑到从第一部分的第一层到第二层，再到第二部分的叙述方式——先是一问一答，继之以一问多答，接之以无问无答的多个“子曰”的自语自释，再接上关系更为疏远的第三部分文字，其文章安排，何其有序也哉！足证《缪和》帛书文本是经过作者或编者精心安排和编纂的结果。

又，考虑这三部分文字的关系，可以发现第一部分的文字最为亲密，但其中的两个层次之间仍然有所差别、有所间隔，尤其是第二层的文字还有一些疑问有待解决。而第二部分文字与第一部分文字，总体看来关系也比较亲近。这可以通过“先生”或“子曰”的身份关联起来。第一部分可以被设想为师生之间的课堂或课余的《易经》问答，第二部分的文字则可以被设想为老师的《易经》讲座。但是这两部分文字在形式上的差别也是明显的，它们之间的间隔也是比较大的。如果说第一、二部分文本通过师生的关系发生较强的关联的话，那么第三部分文本无论是从内容上还是从言说方式、引《易》形式上来说皆不相同，所以它与前面两部分的文本可以说并没有什么必然的关联。尤其第三部分是由 6 个故事组成的，且都以“《易》卦其义曰”的形式引经结尾，这与前面两个部分就颇为不同。试比较如下：

第一部分第一层叙述方式为：

［甲 A］缪和问于先生曰……/子曰……/缪和曰……/子曰……

引《易》方式为：

（甲 a）请问《易·涣》之九二曰/今《易·丰》之九四曰/《易·屯》之九五曰/今《周易》曰/今《易》曰/其曰/故《易》曰/故曰

第二层的叙述方式为：

［甲 B］庄但问先生曰……/子曰……/子曰……/子曰……

引《易》方式为：

（甲 b）《易·中孚》之九二其辞曰/今《易·谦》之初六其辞曰/今《周易》曰/《易·归妹》之上六曰/故《易》曰/故曰

第二部分的叙述方式为：

［乙］子曰……/子曰……/子曰……

引《易》方式为：

（乙）故其在《易》也，《复》之六二曰/《恒》之初六曰/故曰

第三部分的叙述方式为：

［丙］汤出巡守……/西人举兵侵魏野……/吴王夫差攻当夏……/越王勾践既已克吴……/荆王欲伐陈……/赵简子欲伐卫……

引《易》方式为：

（丙）《易》卦其义曰/《易》曰

从叙述方式和引《易》方式来看，这三部分的区别是非常明显的。第一部分的两层之间虽然略有差别，但基本上还是一致的。它们的差别，相对于第二、三部分的差别来说几乎是微

不足道的。因此，可以断言第一部分的两层文本基本上是在同一时期写成并被编连在一起，也可以说它们从一开始起几乎就是同一篇作品。第一部分的叙述方式是师生问答，引《易》方式繁多，主要有“今《易·丰》之九四曰”“今《周易》曰”“故《易》曰”等几种；第二部分的叙述方式与第一部分不同，引《易》方式只有三种，且只有“故曰”一种方式与第一部分完全相同；第三部分的叙述方式与前两部分又显然相异，在引《易》方式上只有两种，实际上是以六个“《易》卦其义曰”为显著特征的。比较它们的差别，并考虑它们内部各自的统一性，显然是各成体例，各具规矩的。其中第三部分区别于整体的特征尤为明显。因此，可以得出这样的结论：帛书《缪和》的三部分文本原本各自独立，并非共为一篇的。笔者猜测，《缪和》最初很可能只有第一部分的内容，随后第二部分被编连进来，最后第三部分也被编入其中。

现在需要进一步追问的是，后两部分文字是根据什么理由而被编入《缪和》篇的呢？第一部分的文字可以说是“问经”和回答的内容，第二部分的文字是“讲经”的内容，或许这就是文本的编者把前两部分编连在一起的一个原因。另外，我猜测第二部分文本有可能是缪和等人的听讲笔记，所以才把两者编连在一起的。这一点可以增强前面的判断。至于第三部分为什么被编入《缪和》篇中，其内在的根据实在不易寻绎。所讲历史故事，“汤出巡守”一则主要宣扬汤之仁德，关键句为“汤之德及禽兽鱼矣”；“西人举兵侵魏野”一则的主旨是尊贤和重德义，关键句有“才不如德，地不如义”“今也文侯尊贤”

等；“吴王夫差攻当夏”一则，讲的是夫差“注冰江中上流，与士人饮”的故事；“越王勾践既已克吴”一则，讲的是楚王采纳左史倚相的意见而祛祸分地于吴的故事；“荆庄王欲伐陈”一则，讲的是庄王听从沈尹树的分析而伐陈克之的故事；“赵简子欲伐卫”一则，讲的是史黑睹卫而向简子分析不可伐卫的道理。这六则故事在内容上拥有一个共同的特点，即从天子、诸侯的立场来谈论人君之道、人君之德的，以及如何克敌制胜的道理。其中第三、四、五则的主旨没有直接点明或者不太清晰，但是从整个叙事和引《易》方式来看，我们完全有理由认为它们属于同一个整体，因而这个整体也应该有它的思想主旨。笔者认为第三部分的思想主旨是属于儒家的，其观点表现得最为明白、彻底的地方就是第六则故事的议论部分，现引述如下：

> 赵简子欲伐卫，使史黑往睹之，期以三十日，六十日焉反。简子大怒，以为有外志也。史黑曰：“吾君殆乎大过矣。卫使蘧伯玉相，子路为浦（蒲），孔子客焉，史子突焉①，子赣出入于朝而莫之留也。此五人也，一治天下者也，而皆在卫□□□□□□□□有是心者，况□□而伐之乎？《易》卦其义曰：‘观国之光，利用宾于王。’《易》曰‘童童往来’，仁不达也；‘不克征’，义不达也；‘其行塞’，道不达也；‘不明晦’，明不达也。□□□□□□□□□ □□□□善（?），义达矣；‘自邑告命’，道达

① “史子突焉”，《吕氏春秋·恃君览·召类》《说苑·奉使》作“史鳝佐焉”。史鳝字子鱼。《论语·卫灵公》曰：“直哉，史鱼!”鱼、鳝、突音通。帛书原文“突”字后当漏抄“佐”字。

矣；'观国之光'，明达矣。"

这段文字不但深入地阐明了其中蕴含的道理，把《易经》与儒家宣扬的仁、义、道（圣）、明（智）紧密地联系起来[①]，而且孔子师徒在此段文本中占有重要的地位，说明此段文字的后半部分从《易经》阐发出的儒家思想与孔子师徒相关，并直接证明它是儒家的作品。实际上第三部分文本的主旨，也集中地表现在此段文本中。此外，按照其他五则故事的文本惯例，即以"《易》卦其义曰"的引经方式作为结尾句式来看，笔者还推测此段文本的"《易》曰：'童童往来'……'观国之光'，明达矣"句，可能是被后人特意添加、阐发出来的，或者就是在它被编入《缪和》的时候由编者特意添加的。比较这段文字与《吕氏春秋·恃君览·召类》《说苑·奉使》的区别，其思想主旨和编辑意图就更为明晰。《吕氏春秋·恃君览·召类》云：

> 赵简子将袭卫，使史默往睹之，期以一月，六月而后反。赵简子曰："何其久也？"史默曰："谋利而得害，犹弗察也？今蘧伯玉为相，史鳝佐焉，孔子为客，子贡使令于君前，甚听。《易》曰：'涣其群，元吉。'涣者，贤也；群者，众也；元者，吉之始也；'涣其群，元吉'者，其佐多贤也。"赵简子按兵而不动。凡谋者，疑也。疑则从义断事，多义断事则谋不亏，谋不亏则名实从之。贤主之举也，岂必旗偾将毙而乃知胜败哉？察其理而得失荣辱定

---

① 圣与道、智与明的相关性，郭简和马王堆帛书《五行》都有明确的文字证明，所以我怀疑此处的文本可能也与仁、义、圣、智这些概念有密切的关系。

> 矣。故三代之所贵，无若贤也。

《说苑·奉使》云：

> 赵简子将袭卫，使史黯往视之，期以一月，六日(月)而后反。简子曰："何其久也?"黯曰："谋利而得害，由不察也。今蘧伯玉为相，史鳍佐焉，孔子为客，子贡使令于君前，甚听。《易》曰：'涣其群，元吉。'涣者，贤也；群者，象〈众〉也；元者，吉之始也；'涣其群，元吉'者，其佐多贤矣。"简子按兵而不动耳。

史黑、史鳍、史黯、史黡、史默、史墨，在不同书篇中其字有异，但音义皆通，当为一人。[①] 比较《缪和》《召类》和《奉使》三处文本，可知《奉使》文完全抄自《召类》，皆主"贵贤"之义，但《缪和》与《召类》《奉使》在文本上并不相袭[②]，在义理上不但重贤用宾，而且更重所以重贤用宾之道，它引《易·观》六四爻辞"观国之光"，就包含了阐发这层意思的可能。随后的文字，在此种可能性的基础上利用经文大肆发挥仁、义、道（圣）、明（智）的儒家思想。这或许是第三部分文本编入《缪和》的一个理由。另外，孔子师徒及其宣扬的思想主张在这一部分中出现，或许是它被并入《缪和》的又一个相关理由。

回到我们前面议论的问题上，通过三种文本的比较，我们

---

① 参见（汉）刘向撰，向宗鲁校证：《说苑校证》，308～309页，北京，中华书局，1987。

② 比较《缪和》与《召类》文本，不同之处颇多，前者更古朴，抄作时间当在先，但两者不存在抄袭问题。

不但强烈地感受到帛书《缪和》最末一段文本有后人着意添加和改造的痕迹，以强化抄编者的主观意图，而且更可以证明《缪和》整篇其实可以分成三个部分，它们是由后来的抄编者逐渐连缀起来的。由此考虑，对于《缪和》与《昭力》的文本关系，我们还能够仅仅用“一种”“两篇”这样的概念来敷衍地描述其成篇的过程及其内含的意义吗？不能，完全不能。因为潜藏于其中的理解前提，实在是一个观念性的问题。

第三节 《昭力》文本分析及其与《缪和》的关系

上面，通过详细的分析，我们证明了《缪和》的成篇是有一个历史的过程，后面两部分文本是由编者逐渐合抄起来而加入其中的。古人造书，常用此法。衡量它们的文本关系，笔者认为其时帛书《昭力》很可能正在被编者试图编入《缪和》文本之中。这样说，包含四层含义：第一，表明《缪和》与《昭力》原为两篇文本；第二，它们的编者认为《昭力》跟《缪和》应该合为一篇帛书；第三，编者正在试图把《昭力》编入《缪和》之中，但这一过程尚处于初级阶段，没有实现预期目标；第四，编者的主观意图在文本分合实践中表现为尝试性的努力，所以在客观的方面《缪和》与《昭力》当有较多的文本间隔（包括叙述方式、引《易》方式和思想内涵等方面的不同）。为了说明这些观点，我将首先对《昭力》文本做必要的分析，然后比较它与《缪和》的关系。

研究《昭力》的文本，可知它在结构安排上非常严谨有序，几乎没有混乱的迹象。整个文本可分为三章，原来的分章标志（小圆点）即已把它们标明出来。第一章问答“《易》有卿、大夫之义乎”，先总问，然后逐层询问之，而“子曰”的回答也是依次逐步展开的。第二章问答“《易》有国君之义乎”，先总问，然后逐层询问之，“子曰”的回答也是依次逐步展开的。第三章比较简短，除君、卿、大夫之事外，昭力追问《易》是否还有其他之义，“子曰”的回答是肯定的，认为六十四卦囊括了六合之内、四物之义，并举例说《旅》《无孟》《归妹》分别有商夫之义、邑途之义、戎夫之义、处女之义。特别是此一章昭力的提问还具有承上的作用，表明《昭力》的叙述结构比较富有逻辑性，是逐层组织起来的。当然，依照“昭力问先生曰：‘君、卿、大夫之事既已闻之矣，参（三）或有乎?’”的文本，《昭力》的叙述顺序尚有不够完善的地方，需要把第一章与第二章的次序更换一下，即先问“《易》有国君之义乎”，然后再问“《易》有卿、大夫之义乎”，如此方合乎道理，并与第三章昭力的提问所列次序一致了。

与之相较，《缪和》的分章偶有不当之处。比如按照现在的释文，原文第十四、十五两章都是讲解《恒》卦经义的，而且讲述经义都是有顺序的，先《恒》之初六，继以《恒》之九三，最后是《恒》之九五，非常有逻辑秩序。衡量这两章在《缪和》第二部分中的位次，要么把它们合并为一章①，要么干脆彻底

① 邓球柏把它们合为一章，自有其理由。不过邓氏把原文第十二、十三章合为一章，则未必允当。参见邓球柏：《帛书周易校释》，519～523页，长沙，湖南人民出版社，1997。

分析，离为三章更为妥当[①]。除此之外，《缪和》的分章应该说是比较合理的。拿具有可比性的第一部分来看，它的分章是按照问《易》人物和所问易卦的不同来排列的，没有混乱的现象。但是在两个方面，它又与《昭力》有所不同。其一，《昭力》先后各章具有逐层追问的倾向，而《缪和》第一部分各章之间只具备并列的关系。其二，深入到每一章内部，《昭力》所具有的逐层追问的特性更为明显，而《缪和》第一部分虽然有些章具有连续问答的特性，但是并非很有层次性地展开追问，且其他章的答问完全是并列铺开的。

从问《易》和引《易》形式来看，《昭力》跟《缪和》第一部分既有相同，也有相异的地方。从相同来看，首先它们都是问答体，并且问答的双方是师生关系。其次在答问形式上是相同的，都以"子曰"作答；而在问话形式上也有一致的地方，如"昭力问先生曰"就与"缪和问（于）先生曰"相同。但亦有重要的不同。前面说过，《缪和》篇第一部分有两种问答方式，第一种为"缪和问于先生曰/子曰/缪和曰/子曰/"，第二种为"张射问先生曰/子曰/子曰/子曰/子曰/"，而且缪和等六人的首次发问都带有"先生"字样，格式是这样的：某某问于先生曰。《昭力》的问答方式与《缪和》第一部分第一种方式相同，但在它的三个首次发问中只有最后一个把发问对象"先生"列出来了，其他两个都是以"昭力问曰"开始的。两相比较，颇为醒目，不知有何信息包藏于其中。

---

① 根据下文的分析，有关《恒》卦三爻的讲经文本，原文当分为三章。

从引《易》形式来看，《昭力》基本上只有“《易》曰”一种，且都是由“子曰”引出的。这一点与《缪和》颇不相同。《缪和》第一部分的引《易》方式颇为繁多，而且没有与之完全相同的。拿《缪和》“故《易》曰”的字面形式来看，与《昭力》虽只有一字之差，但实际上两者根本不同。因为“《易》曰”的引经居于文本中间，一般起引证和解释的作用，而“故《易》曰”的引经则是在此段文本末再次出现，其作用主要是做结论，并带有结束该段文本的用意。此其一。其二，昭力的问话，特别是每章的第一个提问都不涉及引《易》方式，也不涉及具体的《易经》卦爻辞内容。这就与《缪和》有着根本的不同。《缪和》第一部分的每个发问者的每一章的第一个问题，就是直接针对经典而问具体的卦爻辞含义的，自然其中皆包含具体的引《易》方式和经文。其三，从内容上来思考《昭力》和《缪和》第一部分的形式特点，可以看出昭力的发问都很简短，问题也比较浮泛，其兴趣偏重于得到较为浅近的文字解释，“子曰”的回答也正好满足了这一点。另外昭力问《易》的兴趣集中于“卿、大夫之义”“国君之义”等问题上，足见他不但于《易》颇为生疏、外行①，而且热衷于为官治民之道。所有这些，皆不见于缪和等六人身上。从师生之间的问答可以看出，缪和等六人不但对《周易》颇为熟络，而且其兴趣也比较纯粹、专精，师生之间的问答虽然以先生为主导，但毕竟包含对谈和切磋的因素，不似昭力只是一个单纯的

① 帛书《昭力》云：“昭力问先生曰：‘君、卿、大夫之事既已闻之矣，参（三）或有乎？’”足见昭力不但于《易》外行，无能读经，而且有下愚的嫌疑。

发问者和受教者。此外，缪和等人的问话不但比较专门、深入，而且其先生的回答也颇为深刻、高妙，师生问答因而富含较深的哲学思想，比如天道人心、仁义圣智，在这里都得到了较多的阐发。由此可以得出一个结论：缪和、吕昌、吴孟、庄但、张射、李羊六人，他们不但对《周易》颇为熟悉，有较深的理解，而且是一个在思想情趣上比较靠近的小集团，关系比较亲近；他们互相切磋，与先生相问答，可以看出师生关系也颇为亲近，尤与昭力相比，其地位与作用更为重要。相比较而言，昭力在师生研《易》中的地位与作用不及前六者重要，而且通过上面的文本比较，可以肯定除了同为学生的身份外，昭力与缪和等六人是有所区别而相疏离的。这一点，在《缪和》第一部分的文本中就有明证。

关于缪和等六人及与其师的亲近关系，除了他们的问答文本前后相连，问答方式、解《易》方式相同或非常相近外，还有几处文本上的证据。第一，缪和问《易·涣》之九二爻辞，吕昌则问《易·涣》之六四爻辞；缪和问《易·谦》之九三爻辞，庄但问《易·谦》之初六爻辞，张射则问《易·谦》卦辞；而且针对《谦》卦，在答缪和问的“子曰”中说“舜之取天〔下者〕，当此卦也”，在答庄但问的“子曰”中说“若此故能君人，非舜，其孰能当之”，在答张射问的“子曰”中说“〔此谓〕盛盈者处下，非君子，其孰当之”，句式相近，所要表达的思想相同。第二，在对缪和提问的“子曰”回答中有引《诗》以说《易》，并提到《书》《春秋》等经典，在对吕昌提问的“子曰”回答中也有引《诗》以说《易》的内容。第三，缪和自称“吾年岁犹少”，吕昌则说“愿先生少进之，以明少者也”，虽未问《谦》卦，而谦逊好学的态度溢于言表。考察缪和、吕昌、吴孟三人的问学，态度都很谦逊。第四，从思想观念上来看，也是相通的。缪和师生的问答包含困而能达、谦而有终、君主臣辅和重视时机的思想；吕昌师生的问答包含居上恤下、涣散朋党、诚敬好学、力行仁义的思想；吴孟师生的问答包含君臣上下欢欣交通的思想；庄但师生的问答包含智而能愚、尊而能卑、贵而能贱和高而能下的谦德思想；张射师生的问答包含卑身下人、以德下人、盛盈好下和人道恶盈而好谦、尊严睿智而弗以骄人的谦德思想；李羊师生的问答包含君臣上下通实的思想。概括来说，对谦德的强调和对《谦》卦经义的发挥，对君臣上下和谐、信实关系和对儒家修身思想的重视，这是它们相通的方面。另外，缪和等六人与其师问答的侧重点，都是从君主的角度出发而言道德的，在答缪和问的“子曰”中，“夫《易》，明君之守也”一句的确切中了此部分文本的肯綮。

总之，分析《昭力》的文本特点，比照它与《缪和》第一部分的关系，笔者认为两者本来就不是同一个文本；而且即使编者已把《昭力》合入《缪和》第一部分的文本之中，根据前面的考察，我们仍然不能认为此种文本编合就是成功的、无间的和完美无瑕的，因为两者之间的差距实在太大，可以说根本上就是两个独立的文本单元。所以我认为那种把两篇帛书合称为“一种帛书”的看法，是不妥的。另一方面，根据《缪和》第二、三部分的文本很可能是后来添入其中的，以及两篇帛书前后相抄接，《昭力》篇前没有分篇的墨块、篇尾记有两篇的合计字数的情况来看，可以推断，帛书的编者不但一直在编合《缪和》文本，而且正在试图把《昭力》编入《缪和》之中，使之成为一篇帛书。当然，尽管我们知道《缪和》第一部分文本与《昭力》在形式上相似，可能是编者想把它们编辑在一起的动因，但是毕竟这样的行为大体上又受到他的自我遏制。不然，真正彻底的做法是把《昭力》直接编入《缪和》第一部分的文本之中，且在篇尾不应分别注明《缪和》《昭力》的篇题。而从此一角度来看，把《缪和》《昭力》两篇叫作“一种帛书”也是不妥的。

总之，《缪和》《昭力》的成书过程从逻辑上分解当是这样的：首先，《缪和》第一部分文本的第一层和第二层在类似笔记之物的基础上进行了第一次拼接、整合，同时从第一部分的形式和内容两个方面来综合考察，真正意义上的《缪和》文本也才第一次形成，并构成该篇的主体，此前尚是散乱的，未经汇编的；随后第二部分的文本被编入其中；再随后，第三部分的文本被编入其中；最后，《昭力》也被编者试图——也仅仅是试图——编入其中。而正由于最后一次的编辑活动只是尝试性的，尚处于初步的阶段，同时也显示了编者的自我遏制行为，因此《昭力》仍然得以独立成篇，从根本上来说与《缪和》是分开的。

第四节　余论：由《缪和》《昭力》看孔子与《周易》的关系

由《缪和》《昭力》看孔子与《周易》的关系，包含三个问题：第一，《缪和》《昭力》是否属于儒家解《易》著作；第二，《缪和》《昭力》是否与孔子直接相关，特别是两篇的“子曰”之“子”是否就是孔子；第三，由《缪和》《昭力》可以看出孔子与《周易》有何具体而特别的关系。

对于第一个问题，陈鼓应先生认为：“《二三子问》《易之义》《要》这几篇古佚易说，若从学派性质来看，是属于儒家的作品，虽然其中有些许黄老思想成分；而《缪和》《昭力》这两篇古佚易说，就出现了相当浓厚的黄老思想成分。从这两篇帛书中，我们一方面可以看到黄老道家在战国后期易说中的影响，另一方面也反映了战国后期各家融合的一种时代特点——主要以老子和黄老思想为主体，而融合了儒家、法家乃至纵横家的思想。”① 他的观点具有明显的倾向性，与笔者的看法不同。我认为这两篇帛书的主体性质仍然是儒家的，如果有所谓融合，那也是以儒家为基础的融合。在前面，除了《缪和》第二部分的文本以外，笔者都已做了仔细的思想研究和概括，这里就不再重复了。

关于第二个问题，拙文《帛书〈缪和〉〈昭力〉“子曰”辨》② 已做了详细的论证，认为其中的“子曰”之“子”就是指孔子。今天重新阅读帛书和拙文，有几个新的证据需要略作

① 陈鼓应：《帛书〈缪和〉〈昭力〉中的老学与黄老思想之关系》，见陈鼓应主编：《道家文化研究》，第 3 辑，218 页；又见陈鼓应：《易传与道家思想》，215 页，北京，三联书店，1996。

② 载《中国哲学史》，2001（3），100～107 页。此前邓球柏、郭沂等人已持此种观点，不过邓球柏的注释未提供论证，而郭沂的论证比较简略。参见邓球柏：《帛书周易校释》，488、536 页；郭沂：《从早期〈易传〉到孔子易说》，见朱伯崑主编：《国际易学研究》，第 3 辑，155～156 页。

补充。其一，答缪和问的“子曰”云：“夫《易》，明君之守也。吾□□不达，问学不上与？恐言而贸易，失人之道；不然，吾志亦愿之。”答吕昌问的“子曰”亦云：“弗知而好学，身之赖也，故曰‘利〔贞〕’。”“好学”，正是孔子的生命性格之一。《论语》的例子特多，无须举证。其二，答缪和、吕昌、庄但的“子曰”，都追崇三代，这是孔子的思想特征。一曰：“禹之取天〔下者〕，当此卦也。禹〔劳〕其四肢，苦其思虑，至于手足胼胝，颜色〔黧黑〕……果□□下名号圣君，亦可谓终矣，吉孰大焉。”一曰：“物未梦（萌）兆而先知之者，圣人之志也，三代所以治其国也。”一曰：“能下人若此，其吉也，不亦宜乎？舜取天下也，当此卦也。”一曰：“聪明睿智守以愚，博闻强识守以贱，尊〔爵〕贵官守以卑。若此故能君人，非舜，其孰能当之？”其三，答吕昌问的“子曰”云：“故君子处尊思卑，处贵思贱，处富思贫，处乐思劳。君子能思此四者，是以常有其利而名与天地俱。今《易》曰‘屯其膏’，此言自润者也。”我颇疑心这也是孔子的思想，因为《大学》曾说：“富润屋，德润身，心广体胖，故君子必诚其意。”在思想上两处文本是相通的，怀疑《缪和》是继承孔子思想的结果。其四，答吕昌问的“子曰”云：“君子于仁义之道也，虽弗身能，岂能已哉？日夜不休，终身不倦，日日载载，必成而后止。”《中庸》第二十章说：“博学之，审问之，慎思之，明辨之，笃行之。有弗学，学之弗能，弗措也。有弗问，问之弗知，弗措也。有弗思，思之弗得，弗措也。有弗辨，辨之弗明，弗措也。有弗行，行之弗笃，弗措也。人一能之己百之，人十能之己千之。果能此道矣，虽愚必明，虽柔必强。”按照原文，此当判为孔子之言，朱熹也认为这一章皆“引孔子之言”。因此帛书此处“子曰”，当是指孔子所云。其五，答庄但问的“子曰”云：“《谦》之初六，《谦》之《明夷》也。”《谦》之《明夷》的“之卦”解《易》体例颇古，且较特别，见于《左传》和《国语》，反映了帛书的制作时代可能较早，非秦至汉初的作品。

关于第三个问题，除了由第二个问题的证明而显示出孔子与《周易》有密切的关系外，《缪和》第十四、十五、十六章的文本（在第二部分）也值得密切注意。这几章的文本是这样的：

● 子曰：“《恒》之初六曰：‘睿恒，贞凶，无〔攸利〕。’”

〔子〕曰：“睿，治□□□□□□□□□□□□□用，人之所非也，凶必□，〔故曰：‘睿恒，贞凶，无攸〕利。’”

● 子曰：“《恒》之九三曰：‘不恒其德，或承之羞，贞〔吝〕。’”

子曰：“‘不恒其【德】’者，言其德行之无恒也。德行无道，则亲疏无辨；亲疏无辨，〔则〕必将□□□□□，〔如〕何不吝，故曰：‘不恒其德，或〔承之羞，贞吝〕。’”

〔● 子曰：“恒〕之六五曰：‘恒其德，贞，妇人吉，夫子凶。’”

【子曰[1]：】“妇德一人之为，〔不〕可以有它。有它矣，凶〔必〕产焉。故曰：‘恒其德，贞，妇人吉。’其男德不□□□□□有弱德必立，而好比于人。贤、不肖人得其宜□，则吉；自恒也，则凶。故曰：‘恒其德，贞，妇人吉，夫子凶。’”

● 子曰：“《川》之六二曰：‘直方大，不习，无不利。’”

子曰：“直方者，知之谓也；不习者，□□□□□□□□也；无不利者，无过之谓也。夫羸德以与人过，则失人和矣。非人之所习也，则近害矣。故曰：‘直方大，不习，无不利。’”

这几章文本属于《缪和》第二部分。根据这一部分文本的叙述特征和解《易》方式，实际上可以分为两层。第一层包括前两章，即从“子曰：君人者，有大德于臣，而不求其报”到“故曰：‘食旧德，贞厉，或从王事，无成。’”为止。第二层包括后三章，即从“子曰：《恒》之初六曰”，到“故曰：‘直方大，不习，无不利。’”为止。第一层的叙述方式是，每一章都是理、事、《易》相结合，讲的是与君臣有关的内容；引《易》特别的地方是使用了“故其在《易》也，《复》之六二曰：休复，吉”，和“故其在《易》〔也，《讼》之六三曰：食旧德，贞厉，或从王事〕，无成”的方式。与第一层相比，第二层有较大的区别，其基本的叙述结构是这样的：前一个“子曰”直

① “子曰”二字，疑原文抄脱，故特地添入引文中。本章的分章小墨点，根据文本体例和分章要求涂上。

接述经，后一个“子曰”紧扣经文而解经，在内容上包括《恒》之初六、九三、九五，以及《川（坤）》之六二爻辞；在引《易》方式上，其特别的地方则是普遍使用了类似“《恒》之初六曰：‘睿恒，贞凶，无〔攸利〕。’”的方式。由于《缪和》帛书具有非常严整的叙述方式和引《易》方式，所以据此可以断定在《恒》之九三和《恒》之九五两段文本之间当有分章的小墨点标记，在引述经文之后、“妇德一人之为”前，当有“子曰”二字抄脱。也即是说，“〔子曰：‘《恒》〕之六五曰……故曰：“恒其德，贞，妇人吉，夫子凶。””这段文字，应该单独作为一章。

我曾经对这一部分第二层的引《易》及解《易》方式，颇感纳闷：为什么要把《恒》之初六、九三、九五和《坤》之六二的爻辞，分别冠上“子曰”的名分特别单独引出，且又分别冠上“子曰”的名号逐条加以解释呢？难道引经的“子曰”有什么特别重要的意义吗，还是这些经文本身即是由“子曰”创作的？相对于引经的解经文字来说，它的学术价值又在哪里呢？2001 年 9 月份，笔者终于明白前一个“子曰”是所谓述经的内容，它着重反映和强调了孔子曾经传经这一事实本身，而孔子弟子所习得的《经》文也正是由其师所授的，《易经》也才能够称得上所谓的儒家经典；后一个“子曰”是所谓“解经”的内容，它着重反映了孔子不但述经，而且针对经文做了细致的解释，从其体例看，正是所谓“传”的方式和内容。因此所谓“述经”和“解经”的“讲经”教学活动，其实就是由“经”“传”相结合的方式构成的；由此创作的文本，也就是有

“经”有“传”的文本。《缪和》第二部分第二层文本正是由“经”“传”两种性质的文字组成的。由于此一层的“经”和“传”文字前都冠上“子曰”的身份，在学术上就具有了特别重要的意义和价值，它具体、直接而明白无误地反映了孔子与《周易》具有密切的关系：孔子生前不但以“先生”的身份授经，而且也解释经文和创作《易传》。如此，我们还有什么理由否认孔子与《易传》的紧密关系呢？

20世纪的中国学术主流，认为孔子与今本《周易》无关。帛书《周易》的出土，宣告了这一学术观点的破产。目前，笔者尚不敢直接断言今本《易传》是由孔子所作的，但是可以肯定今本《易传》与孔子是颇有关联的。比如在《缪和》篇中，答张射的“子曰”云：“天道毁盈而益谦，地道销〔盈而〕流谦，〔鬼神害盈而福谦，〕人道恶盈而好谦。”《说苑·敬慎》、《韩诗外传》卷三和卷八、帛书《二三子问》也有非常类似的话，并都记为孔子之言，因此此段话为孔子所云，应当是很可能的。需要补充的是，这段话都是由《缪和》《二三子问》等针对《谦》卦卦辞阐发出来的，而今本《彖传》也正是针对卦辞而发。何以多处文本及其生发的根源如此惊人地相似？这只能解释作为“先生”的人物非同一般，只有孔子才足以当之。同时，也证明今本《易传》与孔子研《易》、作《易》具有密切的关系。

第七章　马王堆帛书《二三子》疑难字句释读

帛书《二三子》，或称《二三子问》①，与帛书《易经》六十四卦合抄在同一幅丝帛上。该篇帛书释文几经修订，现在已基本定型②。目前，《二三子》绝大部分文本已可读通，需要再加探讨的地方实在不多。对于这些少数疑难字句，笔者拟在此再作释读，以期抛砖引玉。

第一节　"翯鸟正虫"与"化官虫"

1. "翯鸟正虫"

"翯鸟正虫"和"化官虫"二句，均见于帛书《二三子》

① 此篇帛书先称《二三子问》，后来廖名春根据张立文的说法，在《国际易学研究》第1辑发表新释文的时候改称为《二三子》。参见陈松长、廖名春：《帛书〈二三子问〉〈易之义〉〈要〉释文》，见陈鼓应主编：《道家文化研究》，第3辑，424页；廖名春：《帛书〈二三子〉释文》，见朱伯崑主编：《国际易学研究》，第1辑，7页。按，该篇帛书原无篇题，今篇题均为释文者根据首句数字所拟加。其实，题名为《二三子》或《二三子问》均可。

② 《二三子》释文本子，可参见张政烺：《〈二三子问〉释文》，见《马王堆帛书〈周易〉经传校读》，95～101页；廖名春：《帛书〈二三子〉释文》，见《帛书〈周易〉论集》，370～374页；丁四新：《马王堆汉墓帛书〈易传〉释文・二三子》，见《楚竹书与汉帛书〈周易〉校注》，508～513页。按，下引张政烺释文及校注，将参照李零等整理的本子《张政烺论易丛稿》。又按，对于廖名春（或他参与的）以前发表的多个释文本子，本章通常不一一征引。

第2～3行一段文字中。这段话说：

（孔子）曰："龙大矣！龙既能云变，又能蛇变，又能鱼变。蜚（飞）鸟正（征）虫（蟲），唯所欲化，而不失本形，神能之至也。唯□□□□□□□□□□□焉，又弗能察也。智者不能察其变，辩者不能察其美，至巧不能象其文，明目弗能察视也。□□焉，化官（蚑）虫（蛲），神贵之容也，天下之贵物也。"①

这段话是从"龙变"的角度来表现"龙大"的原由的。"龙变"具有两个特点：其一，龙能变化万物，"唯所欲化，而不失本形"；其二，龙的变化至美至文，"神贵之容"，可以达到绚烂之极的地步。当然，作者的目的乃在于以此龙象来说龙德。不过，这段文字中的"蜚鸟正虫"和"化官虫"二句，无论是在释文还是在释读上均有深入讨论的必要。

先看"蜚鸟正虫"一句。"蜚"，声从"非"，读作"飞"字无疑。在帛书《周易》经传中，其例多见。不过，第三字无论在识字还是在训解上，目前存在很大的问题。此字，濮茅左释作"丘"②，张政烺释作"正"③，廖名春释作"蚀"④。笔者

① 本章引用《二三子》原文，一般从笔者的释文（《马王堆汉墓帛书〈易传〉释文》，见《楚竹书与汉帛书〈周易〉校注》，508～513页），下文不再说明。笔者刊印在《儒藏》的释文及注释，本章不再列出。参见丁四新校点：《马王堆汉墓帛书〈周易〉·二三子》，见《儒藏》（精华编），第281册，225～237页。

② 参见濮茅左：《楚竹书〈周易〉研究》，584页，上海，上海古籍出版社，2006。

③ 参见张政烺：《〈二三子问〉释文》，见《马王堆帛书〈周易〉经传校读》，96页。

④ 参见廖名春：《帛书〈二三子〉释文》，见《帛书〈周易〉论集》，370页。

及连劭名均从张释。①

按：此字当从张释，作“正”字。先看图版：

此字，与作两虫的“蚰”字明显不肖，但是似乎有点像“丘”字。为了进一步辨明此字，下面先将马王堆简帛书的“丘”“正”二字图版列之如下，以供参照②：

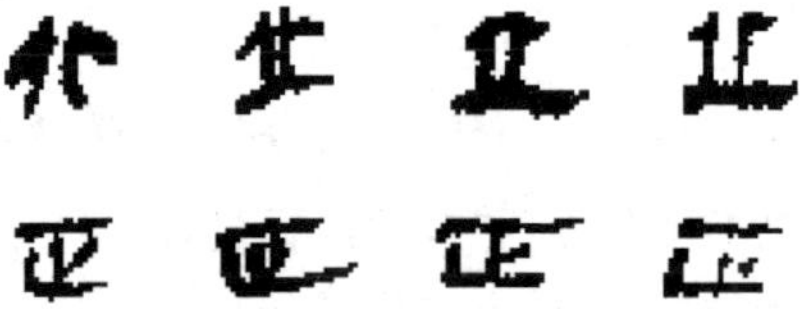

上列为“丘”字，下列为“正”字。可以看出，在帛书中，“丘”字与“鸗鸟△虫”第三字的图版差别很大，主要表现在后者上面一横笔及左下一竖笔上。从彩色图版来看，“鸗鸟△虫”第三字的中间笔画略有破损、开裂，上面两短笔本当连在一起而为一长横笔。与“正”字相对照，可知它应当就是“正”字。

关于“正虫”二字，目前学者几乎没有很好的训解。由于“正”字被误释为“蚰”，所以长期以来此二字被直接当作“昆

① 参见丁四新：《马王堆汉墓帛书〈易传〉释文·二三子》，见《楚竹书与汉帛书〈周易〉校注》，508页；连劭名：《帛书周易疏证》，205页，北京，中华书局，2012。

② 参见陈松长编著：《马王堆简帛文字编》，344、61页，北京，文物出版社，2001。

蟲”来理解。[①] 例如邓球柏云：“蚰虫：昆蟲。蚰：即‘昆’字。《说文解字》：‘蚰，蟲之总名也。’”[②] 既然“蚰”字之释已误，那么做“昆蟲”理解无疑是不对的。张政烺说：“正蟲，读为贞蟲。贞蟲，见《淮南·原道》‘夫举天下万物，蚑蛲贞蟲’，高注：‘贞蟲，细腰之属也。’”[③]

按：张说值得重视，但仍似未得的解。“正”为章纽耕部，“贞”为端纽耕部，章、端二纽准双声，故二字可以通假。虽然“虫”“蟲”不同字（“虺”“蟲”二字在声音上不能相通），《说文》分居二部，但是彼时“虫”已可以作“蟲”字使用。《说文》“虫”字有二义，一作“毒蛇”解，即“虺”字；一作偏旁用，其义从“蟲”省。《虫部》曰：“虫，一名蝮，博三寸，首大如擘指。象其卧形。物之微细，或行【或飞】，或毛或羸（蠃）[④]，或介或鳞，以虫为象。”“物之微细”下一节文字，即是说“虫”可象蟲类之意。徐灏《说文解字注笺》云：“虫者，动物之通名……戴氏侗曰：蟲或为蚰或为虫者，从省

---

① “正”被释作“蚰”，首先见于陈松长、廖名春合作的释文；且下一字释作“蟲”。不过，“蟲”字，廖氏后来的本子都改作“虫”。参见陈松长、廖名春：《帛书〈二三子问〉〈易之义〉〈要〉释文》，见陈鼓应主编：《道家文化研究》，第3辑，424页；廖名春：《帛书〈二三子〉释文》，见朱伯崑主编：《国际易学研究》，第1辑，8页。此二字，赵建伟依据的本子即直接写作“昆虫”。参见赵建伟：《出土简帛〈周易〉疏证》，203页。

② 邓球柏：《帛书周易校释》（修订本），440页，长沙，湖南人民出版社，2002。

③ 张政烺：《〈二三子问〉释文》，见《马王堆帛书〈周易〉经传校读》，102页。

④ 据段玉裁说，“或行”下当补“或飞”二字，“羸”当作“蠃”。参见（清）段玉裁：《说文解字注》十三篇上，663页，上海，上海古籍出版社，1988。

以便书。”①《武威汉代医简》云“治久咳上气喉中如百虫鸣”，“蟲”即写作“虫”。马王堆帛书“虫”字，“虺”“蟲”两读均有其例。帛书《老子》乙本第190行曰：“蠭（蜂）疠（虿）虫蛇弗赫（螫）。”“虫”，通行本作“虺”。帛书《十六经》第88行曰：“执（蛰）虫不出。”“虫”即用作“蟲”字。其实，“虫”“虺”“蟲”三字散言可通。② 当今学者们认为，“虫”可以看作“蟲”的俗体或简体。③

回过头来看张政烺所谓“正蟲”当读作“贞蟲”，在笔者看来这个意见很可能是不正确的。《原道》篇高诱《注》云：“贞蟲，细腰之属也。”洪颐煊云：“贞蟲不专是蜂，贞蟲犹言昆蟲。《地形训》‘万物贞蟲，各有以生’，《大戴礼·易本命》作‘昆蟲’。昆蟲即众蟲也。”刘文典云：“本书《说山训》‘贞蟲之动以毒螫’，高《注》：‘贞蟲，细腰蜂，蜾蠃之属。无牝牡之合曰贞。’”刘氏大概以为二处高《注》可以互证。何宁云：“案：‘贞’当为‘征’之假字。《墨子·非乐上篇》‘今人固与禽兽麋鹿蜚鸟贞蟲异者也’，《三朝记》谓之‘蜚征’。高以‘无牝牡之合’释之，未赅。”④ 按：何说是也。洪氏据

---

① 徐灏：《说文解字注笺》卷十三上，《续修四库全书》本，70～71页。

② 王筠已懂得此理，其《说文释例》曰：“案：虫、䖵、蟲，同物即同字，如古文即以屮为艸之比。不独融、䘅一字，可证虫、蟲一字也。小虫多类聚，故三之以象其多；两之者，省之也；一之者，以象其首尾之形也。至于字分三形，而又各有从之者，即分三音三义，又孳育之一法也。”（王筠：《说文释例》，344页，北京，中华书局，1987）

③ 参见王力主编：《王力古汉语字典》，1135～1136页，北京，中华书局，2000。

④ 三引文，参见何宁：《淮南子集释》卷一，84页，北京，中华书局，1998。刘说，又见刘文典：《淮南鸿烈集解》卷一，40页，北京，中华书局，1989。《墬形》《说山》高《注》，参见何宁：《淮南子集释》卷四、十六，345、1164页。

《易本命》“贞蟲不专是蜂，贞蟲犹言昆蟲”，其意亦是也。不过，需要指出，“贞”（端纽耕部）、“昆”（见纽文部）两字在声音上不能通假。《淮南子》“贞蟲”一词凡三见，《原道》曰：“夫举天下万物，蚑蛲贞蟲，蠕动蚑作，皆知其所喜憎利害者，何也?”《墬形》曰：“凡人民禽兽，万物贞蟲，各有以生。”《说山》曰：“介蟲之动以固，贞蟲之动以毒螫，熊罴之动〔以〕攫搏（拨），兕牛之动以抵触，物莫措其所修而用其【所】短也。”对于这三处“贞蟲”，高《注》均以“诸细腰之属”通解之。《说山》一例，在笔者看来，高氏得解。原文以“贞蟲”与“介蟲”“熊罴”“兕牛”对言，且云“贞蟲之动以毒螫”，因而此“贞蟲”殆为所谓蜂类动物，应无疑义。依高《注》“无牝牡之合曰贞”来看，“贞蟲”即今人所谓工蜂。但是，《原道》《墬形》两篇（特别是后者）的“贞蟲”则不当训为“诸细腰之属”。于鬯曰“细腰之属而谓之贞蟲，实无义”[①]，这是有一定的道理的；不过根本在于《墬形》篇之“万物贞蟲”与“人民禽兽”相对，可知此“贞蟲”的外延应当非常广泛，而不应仅作“诸细腰之属”来训解。何宁说“‘贞’当为‘征’之假字”，这是正确的。《墨子·明鬼下》曰：“百兽贞蟲，允（以）及飞鸟。”孙诒让《间诂》曰：“《淮南子·墬形训》云‘万物贞蟲，各有以生’，《原道训》云‘蚑蛲贞蟲’，高《注》：‘贞蟲，细腰之属也。’又《说山训》云‘贞蟲之动以毒螫’，注云：‘贞蟲，细腰蜂，蜾蠃之属，无牝

① 参见何宁：《淮南子集释》卷四，345 页。

牡之合曰贞。’案：‘贞’当为‘征’之假字，乃动物之通称，高说未晐，说详《非乐上》篇。”① 《墨子·非乐上》曰：“今人固与禽兽麋鹿、蜚鸟贞蟲异者也。今之禽兽麋鹿、蜚鸟贞蟲因其羽毛以为衣裘，因其蹄（蹢）蚤（爪）以为绔屦，因其水草以为饮食。”孙诒让《间诂》曰：“‘贞蟲’，详《明鬼下》篇。宋翔凤云：‘贞通征。此言蜚鸟征蟲，即《三朝记》所谓蜚征也。’案：宋说是也。《庄子·在宥》篇云‘灾及草木，祸及止蟲’，《释文》引崔譔本作‘正蟲’，亦即‘贞蟲’也。‘征’正字，‘贞’‘正’并声近假借字。”② 从《墨子·明鬼下》《非乐上》原文来看，“贞蟲”与“禽兽”相对，与“飞鸟”相近，大概亦属于能飞之物。而宋、孙二氏否定高《注》，这是完全有根据的。

总之，《墨子·明鬼下》《非乐上》《淮南子·原道》《墬形》四篇的诸“贞蟲”，均当读作“征蟲”。据《经典释文》，《庄子·在宥》篇的“止蟲”，或作“正蟲”，亦当读作“征蟲”。而帛书《二三子》的“蟗鸟正虫”一句，则与《墨子·明鬼下》“百兽贞蟲，允（以）及飞鸟”、《非乐上》“禽兽麋鹿、蜚鸟贞蟲”二句高度相应，可知它大概承接后两篇而来。这样看来，帛书的“正虫”读作“征蟲”，应无疑义。不过，还有一个问题，这就是“征虫”之“征”的训释问题。“征”为“延”字之或体，见《说文·辵部》，常训为“行”。《吕氏

① 孙诒让：《墨子间诂》卷八，239页，北京，中华书局，2001。

② 同上书，257页。

春秋·季冬纪》:“征鸟厉疾。”高诱《注》曰:“征,犹飞也。”①《礼记·月令》:“征鸟厉疾”,郑玄《注》曰:“征鸟,题肩也。齐人谓之击征,或名曰鹰,仲春化为鸠。”孔颖达《疏》曰:“征鸟,谓鹰隼之属也,谓为征鸟如征。厉,严猛。疾,捷速也。”② 综合高《注》及郑《注》、孔《疏》来看,“征鸟”之“征”乃“飞行”义,但又包含“鹰击长空”之“击”字义。反观帛书《二三子》,“正(征)虫(蟲)”与“蔫(飞)鸟”相对,可知高诱等人的训解也合乎此“正(征)”字之义。而所谓“征蟲”,乃泛指有羽、能飞行的所有动物。

2. “化官虫”

再看“化官虫”一句。该句第二字,濮茅左释作“官”③,张政烺释作“官”④,廖名春释作“蚀”⑤。笔者及连劭名均从张释。⑥

按:第二字,当从张释。先看此字图版:

① 许维遹:《吕氏春秋集释》卷十二,259页,北京,中华书局,2009。

② (汉)郑玄注、(唐)孔颖达疏:《礼记正义》卷十七,见(清)阮元校刻:《十三经注疏》(清嘉庆刊本),第3册,2996页。

③ 参见濮茅左:《楚竹书〈周易〉研究》,585页。

④ 参见张政烺:《〈二三子问〉释文》,见《马王堆帛书〈周易〉经传校读》,96页;张政烺著,李零等整理:《张政烺论易丛稿》,151页。

⑤ 参见廖名春:《帛书〈二三子〉释文》,见《帛书〈周易〉论集》,370页。此前,陈松长、廖名春合作的本子亦释作“蚀”。参见陈松长、廖名春:《帛书〈二三子问〉〈易之义〉〈要〉释文》,见陈鼓应主编:《道家文化研究》,第3辑,425页。

⑥ 参见丁四新:《马王堆汉墓帛书〈易传〉释文·二三子》,见《楚竹书与汉帛书〈周易〉校注》,508页。

很容易看出，“化△虫”的第二字，显然上从宀，下从巨，当释作“宣”。张氏的释文无疑是正确的。濮氏将“宀”下释作“目”旁，实误；而廖氏则将此字释作“蚰”，与图版大殊，显然是不正确的。①

对于“宣虫”二字，张政烺、连劭名均未作训释。笔者认为“宣”从巨声，当读作“蚑”。巨为群纽鱼部字，蚑为群纽支部字，“支”“鱼”二部旁转，故“宣”“蚑”二字音通。“虫”即“蟲”字，说见上。不过，笔者认为，“虫（蟲）”在此当读作“蛲”。蟲为定纽东部字，蛲为日纽宵部字，“定”“日”同声系，“东”“宵”二部旁对转，故二字音通。总之，“宣虫”当读作“蚑蛲”。之所以读作“蚑蛲”，还因为：其一，与本段文义相合，本段的主旨在讲“龙变”；其二，于其他文献有征。“蚑蛲”一词，《淮南子》凡三见，二次见于《原道》篇，一次见于《俶真》篇。《原道》曰：“泽及跂（蚑）蛲。”高诱《注》：“跂，跂行也。蛲，微小之虫也。”其实，高《注》是不正确的。“跂”当读作“蚑”，《道藏》本、景宋本此字均作“蚑”。②《原道》又曰：“夫举天下万物，蚑蛲贞（征）蟲，蠕动蚑（跂）作，皆知其所喜憎利害者，何也?”高诱《注》：“蚑行蛲动之蟲也。”《俶真》曰：“夫与蚑蛲同乘天机。”高诱《注》：“蚑行蛲动，谕微细也。”蚑、蛲，本皆为微细之蟲。不过，据高《注》，《淮南子》的“蚑蛲”乃“蚑行蛲动”之省，

① 此字，邓球柏使用的本子也作“蚰”，赵建伟作“昆”，当然都是不对的。参见邓球柏：《帛书周易校释》（修订本），439页；赵建伟：《出土简帛〈周易〉疏证》，203页。

② 参见何宁：《淮南子集释》卷一，54～55页。

实际上指“蚑行蛲动之蟲”[①]。这一点，在帛书《道原》篇中表现得更为清晰[②]：

> 一度不变，能适规（蚑）侥（蛲）。鸟得而飞，鱼得而流（游），兽得而走。万物得之以生，百事得之以成……天地阴阳，四时日月，星辰云气，规（蚑）行侥（蛲）重（动）、戴根之徒，皆取生，道弗为益少；皆反焉，道弗为益多。

“规侥”，读作“蚑蛲”。[③]“能适规（蚑）侥（蛲）”，谓能安适所有蚑行蛲动之蟲。不过，最为值得注意的是，《淮南子·原道》篇“蚑蛲”与“贞（征）蟲”连言，而帛书《二三子》亦有“蜚（飞）鸟正（征）虫（蟲）”一句，如果我们在此将“化官虫”读作“化蚑蛲”的话，那么这就会与《淮南子·原道》等篇的语境十分相应了。

总之，“化官虫”读作“化蚑蛲”，是很合理的，这无论在音理上还是在文献上都拥有充分的根据，同时也比较符合本段帛书《二三子》文本的语境。顺便指出，“官虫”不能读作“巨蟲”，因为：其一，在先秦至汉代的文献中尚无此词；其二，它与帛书文本不太契合。

---

① 何宁：《淮南子集释》卷十九，1341 页。

② 参见国家文物局古文献研究室编：《马王堆汉墓帛书》（壹），87 页，北京，文物出版社，1980。

③ 参见上书，87 页；丁四新：《帛书〈道原〉集释》，见《楚地简帛思想研究》，第 2 辑，329、337～338 页，武汉，湖北教育出版社，2005。

第二节 “时至矣而不出”与“諯猒在廷”

1. “时至矣而不出”

“时至矣而不出”和“諯猒在廷”二句，俱见于《二三子》第 4～5 行一段文字中。这段话说：

> 《易》曰：“寑（潜）龙勿用。”孔子曰：“龙寑（潜）矣而不阳，时至（窒）矣而不出，可胃（谓）寑（潜）矣。大人安失（佚）矣而不朝，諯（苟）猒（燕）在廷（庭），亦猷（犹）龙之寑（潜）也。其行灭而不可用也，故曰：‘寑（潜）龙勿用。’”

这段话解释了《键（乾）》初九爻辞“寑（潜）龙勿用”的含义及其哲学意蕴，其中的关键在于对“潜”字的理解和发挥上。其中，“龙寑（潜）矣而不阳”与“时至（窒）矣而不出”是相对而言的：由龙象之潜到大人之潜，或者由大人之潜到龙象之潜，充满了象征含义的诠释，或者政治实践之象征义的判断。上句“阳”字，乃显露义。《庄子·则阳》“无入而藏，无出而阳”二句与帛书“龙寑（潜）矣而不阳，时至（窒）矣而不出”反义相关，可证帛书“阳”字正当如字读。成玄英《庄子疏》曰：“阳，显也。”“显”即显露义。至于下句“至”字，学者多无说，唯赵建伟如字作训。[①] 笔者认为，

---

① 赵建伟说：“‘阳’训为动、训为张扬。‘时至不出’是因潜龙之修养未成，即《乾·文言》释初九所说的‘行而未成’。”（赵建伟：《出土简帛〈周易〉疏证》，205 页）按，赵氏实际上读“阳”为“扬”，亦误。

赵说是不对的。既然“时至（窒）矣而不出”与“龙寖（潜）矣而不阳”在这里相对为义，那么“时至”的“至”字只有读为“窒”，才能符合上下文语境和文义。“窒”从穴，至声；“至”读作“窒”，在声音通假上是完全没有问题的。《说文·穴部》《尔雅·释言》均曰：“窒，塞也。”从道理上来讲，时机窒塞而大人不出家庭（即不去上朝为政），这是通顺的，且与上文“龙寖（潜）矣而不阳”一句正相应。设若此“至”如字读，那么所谓时机到来了而大人不出家庭，这在道理上是讲不通的。从爻位来讲，本爻为“初”；从爻象来看，本爻为“潜”，看不出来有“时至”之意。从下文来看，作者也没有反向说理之意。关于“时至（窒）”的训解，还可以参看《乾·文言传》。

2. “謞猒在廷”

先看“謞猒在廷”的“廷”字。《说文·廴部》：“廷，朝中也。”① 《玉篇·廴部》：“廷，朝廷也。”《说文·广部》：“庭，宫中也。”段玉裁《注》曰：“宫者，室也，室之中曰庭。”② 朱骏声《说文通训定声》曰：“庭，今俗谓之厅……按，堂、寝、正室皆曰庭。”③ 按：以“朝廷”训“廷”，以“宫中”训“庭”，这是《说文》等字书的区别，其实，“廷”“庭”同音，应为同一字。④ 本句“謞猒在廷”之“廷”字，

---

① 关于“廷”字的构形分析，许慎有误。参见董莲池：《说文解字考正》，73页，北京，作家出版社，2006。

② （清）段玉裁：《说文解字注》九篇下，443页。

③ 朱骏声编著：《说文通训定声》，880页，北京，中华书局，1984。

④ 参见王力主编：《王力古汉语字典》，282页。

以《说文》的分别来看，当读作“庭”。“庭”指“家庭”，与“朝廷”相对。

再看本句第一字。此字，濮茅左释作“訽”[①]，张政烺释作“譎”，注曰：“譎，从言，苟（?）声，疑是诟之异体，在此读为苟，苟且。”[②] 廖名春、笔者均同张释。[③] 连劭名释作“苟”，并说：“苟犹若，假设之辞。”[④]

下面先列出此字图版[⑤]：

很明显，这个字右边从苟旁，其上二笔为叠加字符；左边部分当是言旁，其最上一笔似略有变化，与“垂”字略近，但实非“垂”字。“垂”字（见下列第一、二字）及从言旁之字（計、誧，下列第三、四字），在马王堆简帛中的写法见下[⑥]：

总之，可以确定，我们一直在讨论的那个从言从苟、左右结构的字，当释为“譎”，而不当释为“訽”或“苟”。值得指

① 参见濮茅左：《楚竹书〈周易〉研究》，585页。

② 张政烺：《〈二三子问〉释文》，见《马王堆帛书〈周易〉经传校读》，103页。

③ 参见廖名春：《帛书〈二三子〉释文》，见《帛书〈周易〉论集》，370页；丁四新：《马王堆汉墓帛书〈易传〉释文·二三子》，见《楚竹书与汉帛书〈周易〉校注》，508页。

④ 连劭名：《帛书周易疏证》，209～210页。

⑤ 见陈松长编著：《马王堆简帛文字编》，101页。

⑥ 下列二“垂”字，分别见竹简《十问》第62号、帛书《周易》第51行；“計”“誧”二字，分别见帛书《战国纵横家书》第24行、《刑德》乙本第64行。具见陈松长编著：《马王堆简帛文字编》，547、89、93页。

出的是，此前陈松长、廖名春的研究及陈氏的《驻堆简帛文字编》已经将此字释为“訽”①，这是对的。

关于此字的训释，赵建伟说：“‘訽’字从苟声，读为‘居’，训为‘止’。”② 邓球柏说：“訽：读为‘苟’。”③ 按：“訽”从苟声，按文义，当读作“苟”。王引之《经传释词》卷五曰：“苟，犹若也。”④ 乃表假设的连词，与下文“亦犹”相呼应。“亦”为语气副词，在文中起强调作用。

再看“猒”字。首先，此字或释作“猒”⑤，连劭名直接写作“厌”字⑥。“猒”即“猒”字。不过在训释上，学者的差别很大。赵建伟说：“‘猒’字为‘厌’之讹省，训为‘伏’，藏身（《礼记·曲礼》注‘厌犹伏也’）。《列子·黄帝》‘（黄帝）退而闲居大庭之馆，斋心服形’（‘服形’即‘伏形’，敛藏形迹。唐卢重玄注此句说‘斋肃其心，退伏其体’），与此止伏于廷同。”⑦ 邓球柏说：“猒：当作‘猒’。‘猒’同‘厌’。

---

① 不过，廖名春在单独发表的释文中改为“訽”。参见陈松长、廖名春：《帛书〈二三子问〉〈易之义〉〈要〉释文》，见陈鼓应主编：《道家文化研究》，第3辑，425页；陈松长编著：《马王堆简帛文字编》，101页；廖名春：《帛书〈二三子〉释文》，见朱伯崑主编：《国际易学研究》，第1辑，8页。

② 赵建伟：《出土简帛〈周易〉疏证》，205页。

③ 邓球柏：《帛书周易校释》（修订本），441页。

④ 王引之：《经传释词》卷五，120页，长沙，岳麓书社，1985。

⑤ 参见陈松长、廖名春：《帛书〈二三子问〉〈易之义〉〈要〉释文》，见陈鼓应主编：《道家文化研究》，第3辑，425页。陈松长亦将其释作“猒”，参见陈松长编著：《马王堆简帛字编》，193页。

⑥ 参见连劭名：《帛书周易疏证》，209页。

⑦ 赵建伟：《出土简帛〈周易〉疏证》，205～206页。按，赵氏引《列子·黄帝》“黄帝”二字原未加括号，应加上；二“形”字原作“刑”，误，应改正。参见杨伯峻：《列子集释》，40页，北京，中华书局，1979。

假借为‘延’。”① 张政烺在释文“猒”字后圆括号中夹注“厌”字。② 连劭名说：“《荀子·儒效》云：‘天下厌然犹一也。’杨倞注：‘厌然，顺从之貌。’厌然在廷，如《周易·系辞下》云：‘尺蠖之屈，以求信也。龙蛇之蛰，以存身也。’”③

按：“猒”，原图版作“猒”（马王堆简帛的“猒”字均写作此形），从十分严格的意义上来讲，当隶作“猒”，从口从肰会意。其实，此字即是《说文》的“猒”字，不过口旁讹作甘旁。《说文·甘部》：“猒，饱也。从甘从肰。猒，猒或从目。”此字，西周金文至汉初文字均从口，不从甘。许慎篆书作“猒”，从甘，乃是口旁的讹变。④ 甘旁又隶变作曰，于是“猒”进一步讹变为“猒”。《说文》亦有“厌”字，《厂部》曰：“厌，笮也。”“猒”“厌”实非一字。“猒”字段玉裁《注》曰：“浅人多改猒为厌，厌专行而猒废矣。猒与厌音同而异义。……猒、厌古今字，猒、餍正俗字。”⑤ 据段《注》，“厌”为“猒”之今字。

《玉篇·厂部》：“厌，伏也。”此“厌”同“压”字，引申为“伏下”“压服”“从服”等义。《集韵·艳韵》曰：“厌，服也。”“伏”“服”义通。“厌”并无隐伏、止伏义。据此，赵训殆非。邓球柏说“厌”，“假借为‘延’”。“延”一般训“长”，

---

① 邓球柏：《帛书周易校释》（修订本），441页。

② 张政烺：《〈二三子问〉释文》，见《马王堆帛书〈周易〉经传校读》，95页。按，在李零整理本中，“猒”字抄作“猒”。参见张政烺：《〈二三子问〉释文》，见张政烺著，李零等整理：《张政烺论易丛稿》，151页。

③ 连劭名：《帛书周易疏证》，210页。

④ 参见董莲池：《说文解字考正》，185页。

⑤ （清）段玉裁：《说文解字注》五篇上，203页。

亦与帛书文义不合，邓解非是。《二三子》“誋猒在廷”，连劭名说为“厌然在廷”，他大概以“厌”为副词，“在”为动词。其说有可取之处。不过，连氏据《荀子》杨倞注，“厌然”训为“顺从之貌”，则未必合于帛书文义。“厌”不若训为“安”。《诗·小雅·湛露》“厌厌夜饮”，毛《传》：“安也。”《集韵·盐韵》：“恹，《说文》：‘安也。’或作厌。”“恹”为“厌”之分化字。“厌”既训为“安”，则“在”当训为“凥（处）”。[①]又，在传世文献中，“厌”训为“安”，往往叠字或加“焉”“然”词缀为文[②]，表示安详之貌。此训所表示的主观心理之意很浓重，与帛书所谓“潜藏”“行灭”之旨难以密合。因此笔者认为，“猒（厌）”（影纽谈部）当读作“宴”（影纽元部），二字音通（谈、元二部通转）。《说文·宀部》：“宴，安也。”《字彙·宀部》：“宴，闲也。”《广韵·霰韵》：“宴，息也。”总之，“宴”有安闲、安息、安乐之义，可以作动词和副词使用。[③]“燕”通“宴”。《礼记·仲尼燕居》：“仲尼燕居。”郑玄《注》曰：“退朝而处曰燕居。”[④]《经解》篇“燕处”，即是“燕居”。据《礼记》文例，“燕居”乃表示“退朝而处”的专辞，“居”后不需再跟宾语。回过头来看“誋（苟）猒（燕）在廷（庭）”一句，“在”可训为“居”或“处”。不过“猒

---

① 参见《广雅·释诂二》。

② 文例参见《荀子·王霸》：“然而厌焉有千岁之固，何也?”同书《儒效》：“猒猒兮其能长久也。”王先谦谓：“猒猒，犹安安然。”（王先谦：《荀子集解》卷四，132页，北京，中华书局，1988）

③ 文例参见《汉语大字典》（第二版），1000页，湖北，崇文书局；成都，四川辞书出版社，2010。

④ 参见孙希旦：《礼记集解》卷四十九，1267页，北京，中华书局，1989。

（燕）在”非专辞，故在其后可以接宾语“廷”（“廷”字前省略了介词“于”）字。如此，“譎（苟）猒（燕）在廷（庭）”就与上文“大人安失（佚）矣而不朝”一句正相呼应。

总之，“猒（厌）”可读为“恹”，或“燕（宴）”，均可训为“安”。不过“恹”字偏重于心理及举止活动上的安详貌，而“燕（宴）”为安闲、安息、安乐义。权衡二训，笔者认为“猒”读作“燕（宴）”，似乎更加符合帛书文义。而所谓“譎（苟）猒（燕）在廷（庭）”，即是说“假设（大人）安闲地居处于（自家的）厅堂”（按，“庭”在文中是借代用法，表示“家庭”）。

第三节 “民忑相觴以寿”

“民忑相觴以寿”一句，见于帛书《二三子》第11～14行一段文字中。这段话说：

> 《易》曰：“康矦（侯）用锡马番庶，昼日三接。”孔子曰：“此言圣王之安世者也。圣人之正（政），牛参（犙）弗服，马恒（极）弗驾①，不忧乘，牝马□□□□□□□□□〔菽〕粟时至，刍稾不重，故曰‘锡马’。圣人之立（莅）正（政）也，必尊天而敬众，理顺五行，天地无菑（灾），民□不伤，甘露时雨聚降，剽（飘）风苦雨不至，民忑（悤）相觴（觞）以寿，故曰‘番庶’。圣王各有厽（三）公、厽（三）卿，‘昼日三

① “牛参（犙）弗服，马恒（极）弗驾”二句的训解，参见丁四新：《〈易传〉类帛书零札七则》，见《湖南省博物馆馆刊》，第4辑，1～2页。

〔接’，言圣王之安世〕者也。”

这段话以“孔子曰”的名义解释《晋》卦辞，分别诠释了“锡马”“番庶”“昼日三接”的含义，而以“圣王之安世”为思想主题。不过，我们在这里不分析其思想，而只讨论“民㣺相睗以寿”一句的释读问题。

先看“民△相睗以寿”一句的第二字。此字，陈松长、廖名春释作“心”①；廖名春释作“也”，濮茅左同②；张政烺释作“悤”③；廖名春、连劭名同④；笔者则释作“㣺”⑤。

按：帛书此字的黑白图版不甚清晰，但是彩版照片清晰，经过处理后其形体如下：

在马王堆简帛文字中，“心”“也”二字的图版如下⑥：

① 参见陈松长、廖名春：《帛书〈二三子问〉〈易之义〉〈要〉释文》，见陈鼓应主编：《道家文化研究》，第3辑，426页；陈松长编著：《马王堆简帛文字编》，423页。

② 参见廖名春：《帛书〈二三子〉释文》，见朱伯崑主编：《国际易学研究》，第1辑，9页；廖名春：《马王堆帛书〈周易〉经传释文》，见《易学集成》，第3卷，3027页，成都，四川大学出版社，1998；濮茅左：《楚竹书〈周易〉研究》，588页。

③ 参见张政烺：《〈二三子问〉释文》，见《马王堆帛书〈周易〉经传校读》，95页。

④ 参见廖名春：《帛书〈二三子〉释文》，见《帛书〈周易〉论集》，371页；连劭名：《帛书周易疏证》，217页。

⑤ 参见丁四新：《马王堆汉墓帛书〈易传〉释文·二三子》，见《楚竹书与汉帛书〈周易〉校注》，509页。

⑥ “心”字简帛形体，见《养生方》第67行、《五行》第174行、《春秋事语》第33行、《要》第11行。“也”字，见《春秋事语》第28行、《刑德》甲第35行、《合阴阳》第105号、《阴阳五行》乙第9行、《衷》第1行。参见陈松长编著：《马王堆简帛文字编》，423、506页。

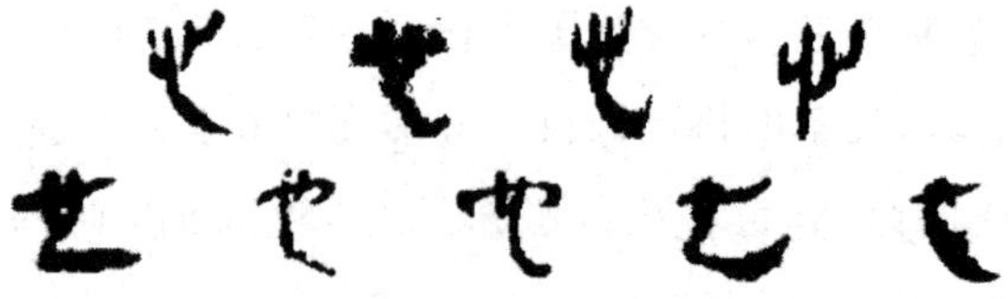

上一列为“心”字图版，下一列为“也”字图版。很容易看出，二字写法区别明显。将此二字与我们要讨论的那个字相比照，首先可以确定它不可能是“也”字。它虽然与“心”字相近，但是也有一个重要区别，这就是其上部有一短横，连接着两竖笔。这个字，笔者隶作“𢗀”，现在看来仍是对的。而释作“心”或“也”，则是不对的。进一步的问题是，“𢗀”又为何字呢？这个字，其实就是“悤”之本字。

帛书《系辞》第22行、《缪和》第36行及《十问》第20号简各有一字，与“𢗀”字形体十分近似。其图版分别见下：

前一字，陈松长释作“芯”，后二字释作“葱”。① 其实，陈氏的前一释是不对的，仔细核对彩色图版，该字上部从艸，下部从𢗀，与后二字一样均应隶作“芯”。“芯”即“葱”字。帛书《系辞》曰：“古之芯明（明）僾（睿）知（智）、神武而不恙者也虖（乎）!”今本作：“古之聪明睿知、神武而不杀者夫!”帛书《缪和》曰：“芯（聪）明（明）夐（睿）知守以愚，博闻强识守以贱。”《说苑·敬慎》有一段文字可以与之对

① 上图版及陈氏释字，参见陈松长编著：《马王堆简帛文字编》，432、26页。

照，曰：“聪明睿智而守以愚者益，博闻多记而守以浅者广。”足证无论是《缪和》篇还是帛书《系辞》的“芯”字，均应当释作“葱”，读作“聪”。反观帛书《二三子》那个字（“忈”），其实即是“悤”字。金文已见此形，不过心上一横笔作一竖笔而已，秦简及汉初帛书通常作一点或一短横，乃一指事字。①其古文字见下：

克鼎　毛公㾓鼎　番生簋

睡虎地秦简日甲158背　《古玺文编》1108

再看“民忈（悤）相△以寿”一句的第四字。此字，陈松长、廖名春释作“醻”②，濮茅左、连劭名同③，张政烺释作“醻”，笔者从之④。

按：这个字的帛书图版见下：

很容易看出，这个字左边从酉，右边从易，严格说来，此字应当写作“醻”。但是在马王堆简帛文字中，“易”“易”

① 参见容庚编著，张振林、马国权摹补：《金文编》，692页，北京，中华书局，1985。

② 参见陈松长、廖名春：《帛书〈二三子问〉〈易之义〉〈要〉释文》，见陈鼓应主编：《道家文化研究》，第3辑，426页。廖名春后来发表在《国际易学研究》第1辑、《易学集成》和《帛书〈周易〉论集》上的释文仍作“醻”，没有改变。

③ 参见濮茅左：《楚竹书〈周易〉研究》，588页；连劭名：《帛书周易疏证》，217页。

④ 参见丁四新：《马王堆汉墓帛书〈易传〉释文·二三子》，见《楚竹书与汉帛书〈周易〉校注》，509页。

二形容易混写。例如，在《战国纵横家书》第 142 行“弗易攻也”、《十问》篇第 26 号简“险易相取”二句中，“易”即写作“易”。① 又如，一号墓遣策第 221 号简及三号墓遣策的二“锡”字，其“易”旁均写成了“易”。② 另一方面，我们也看到“易”混写成“易”的一些例子，这可以参见下列图版③：

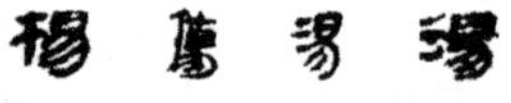

上举四字分别为“杨”“伤”“汤”“汤”，文句分别为《周易》第 66 行“楛杨生华”，《战国纵横家书》第 130 行“而毋听伤事者之言”，《九主》第 352 行“汤乃自吾”，《衷》第 19 行“汤武之德也”。其中第一、三字的“易”旁完全写成了“易”旁，第二字则二旁高度近似，第四字比较相近。本句“醳”字虽然从易旁，但是从文义上来看，应当读为从“易”得声之字，因此笔者认为，它也可以直接释作“醳”字。

最后看“民忈（悳）相醳（醳）以寿”一句的训读。赵建伟说：“‘忈’，容也（《广雅·释诂四》），悦乐（‘忈’或读为‘欣’）。‘醳’读为‘觞’，举杯劝酒。‘寿’，进酒祝寿。相觞以寿即《诗·七月》‘称彼兕觥，万寿无疆。’”④ 邓球柏说：“醳：读为‘醻’，同‘觞’，酒器。”⑤ 张政烺说：“悳，假为

① 参见陈松长编著：《马王堆简帛文字编》，388 页。

② 参见上书，566 页。

③ 参见上书，239、337、448 页。

④ 赵建伟：《出土简帛〈周易〉疏证》，212 页。

⑤ 邓球柏：《帛书周易校释》（修订本），449 页。

总，聚也，合也，皆也。”① 连劭名说：“悤读为总，《淮南子·精神》云：‘万物总而为一。’高诱《注》：‘总，合也。’《淮南子·道原》云：‘万物之总。’高诱《注》：‘总，聚众也。’䞶读为易，《礼记·郊特牲》云：‘示易以敬。’郑玄《注》：‘易，和说也。’《礼记·中庸》云：‘故君子居易以俟命。’郑玄《注》：‘易犹平安也。’《公羊传·庄公十三年》云：‘何以不曰易也。’何休《注》：‘易，犹佼易也，相亲信、无后患之辞。”②

按：赵氏所据释文已误，故其说“‘心’，容也”自然是不对的。上文已指出，“㣺”其实即是“悤”字。《说文·囱部》：“悤，多遽悤悤也。”帛书显非用此义。张政烺先生读为“总”，连劭名从之，这是可取的。“总”可训“聚”“合”，也可训为“皆”，前一训为动词，后一训为副词，意义及用法均有别。笔者比较赞成前一训。“人民聚会在一起”，这大概属于古人行乡饮酒之礼的场合。

赵、邓二氏皆曰“䞶读为䞶”，这是不可取的。虽然“易”（喻纽锡部）、“昜”（喻纽阳部）二字音近，但是由于二字形体极近，常常混写，所以笔者赞同张政烺的做法，应当直接将其释作“䞶”。连氏读为“易”，并列“和说也”“犹平安也”“犹佼易也”三义，显然他的训释首先缺乏必要的选择，其次训作“易”字，也未必恰当。“䞶”字在“相”下，当为动词，而连

① 张政烺：《〈二三子问〉校注》，见《马王堆帛书〈周易〉经传校读》，105页。

② 连劭名：《帛书周易疏证》，218页。

氏训为“和说”“平安”“佼易”，乃一形容词或名词，因此他的训解很难说是正确的。“醻”，可以直接看作“醻”字。“醻”即“醻”字，“醻”“觞”为正俗字。《集韵·阳韵》曰：“觞，《说文》：‘实曰觞，虚曰觯。’或从酉。”《礼记·投壶》：“命酌曰请行觞，酌者曰诺。”陆德明《经典释文》：“觞，字或作醻，同。”阮元《校刻记》：“按：醻、觞，正俗字。”[①]“醻（觞）”在帛书中作动词用，乃向人敬酒之义。

总之，“民忩（总）相醻（觞）以寿”这整句话是说，人民聚会在一起，相互敬酒为乐，而至于年寿长久。如此，则与上文“天地无菑（灾），民□不伤，甘露时雨聚降，蒯（飘）风苦雨不至”四句相谐。

第四节 “精白敬宫”与“敬宫任事”

“精白敬宫”一句，见于帛书《二三子》第33～34行一段文字中。这段话说：

> 〔《卦》曰：“根（艮）其北（背），不获其身；行其庭，不见其人，无咎。”孔子〕曰：“‘根（艮）其北（背）’者，言〔任〕事也。‘不获其身’者，精白〔敬宫〕也。敬宫任事，身〔犹获〕者鲜矣！其占曰：能精能白，必为上客；能白能精，必为古世。以精白长众者，难得也。故曰：‘〔行〕其庭，不见其人。’”

---

① 转见（汉）郑玄注、（唐）孔颖达疏：《礼记正文》卷五十八，见（清）阮元校刻：《十三经注疏》（清嘉庆刊本），第3册，3620页。

这段话借孔子之口对《艮》卦的卦辞做了政治哲学上的诠释。其主旨在于“敬宫任事”一句，而诠释的重点则落在“精白敬宫”四字上面。从“精白敬宫”到“任事”“长众”，体现了内圣外王的思维方式及因果关系。

这里，我们要着重讨论“精白敬宫”一句。此句中的“敬宫”二字，是根据下文“敬宫任事”一句补入的。这种补法，学者们并无疑义。但是，对于“敬△任事”的第二字及“精白□□”的第四字，从释字到解释，学者们的差异较大。“敬△任事”第二字，陈松长、廖名春释作“官”①，廖氏1995年的释文同②，1998年的释文作“宫”③；濮茅左释作“官”④；张政烺释前两字为“敢（敬）宫（官）”⑤；廖名春2008年释文仍作“宫”字，但前句的后二字补作“敬官”⑥；连劭名从张释，作“敢宫”⑦；笔者释作“敬宫”，前句的补文亦作“敬宫”⑧。

---

① 参见陈松长、廖名春：《帛书〈二三子问〉〈易之义〉〈要〉释文》，见陈鼓应主编：《道家文化研究》，第3辑，428页。

② 参见廖名春：《帛书〈二三子〉释文》，见朱伯崑主编：《国际易学研究》，第1辑，11页。

③ 参见廖名春：《马王堆帛书〈周易〉经传释文》，见《易学集成》，第3卷，3029页。

④ 参见濮茅左：《楚竹书〈周易〉研究》，595页。

⑤ 参见张政烺：《〈二三子问〉释文》，见《马王堆帛书〈周易〉经传校读》，100页。

⑥ 参见廖名春：《帛书〈二三子〉释文》，见《帛书〈周易〉论集》，374页。

⑦ 参见连劭名：《帛书周易疏证》，234页。

⑧ 参见丁四新：《马王堆汉墓帛书〈易传〉释文·二三子》，见《楚竹书与汉帛书〈周易〉校注》，512页。

按："△△任事"的第一字，除张、连二氏释作"敢"外，余皆释作"敬"。先看帛书此字图版①：

第一形乃我们所要讨论的那个字，后二形取自《周易》第31行"辰敬百里"、《二三子》第12行"必尊天而敬众"二句。马王堆帛书《周易》与《二三子》同幅，是由同一位抄手书写的。可以看出，第一字与后二字同构同形，其实也是"敬"字，而不是"敢"字。

进一步，"敬"下一字当是"宫"，而不是"官"字。相关帛书字形图版见下②：

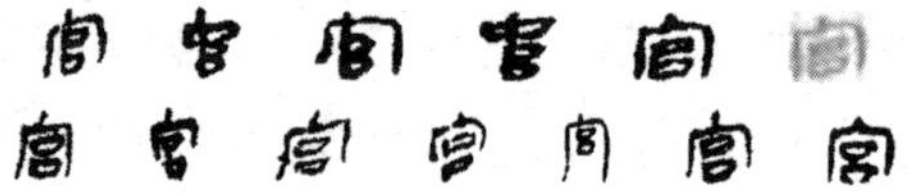

上列前五字及下列七字，被陈松长分别列入"官""宫"字条。其中，上列第五、六为一字，正是我们所要讨论的那个字，其中第五字是陈松长处理过的图片，有点失真；第六字是由笔者直接从彩色图版复制、稍经处理后的图片。下一列七字，很容易辨识，无疑都是"宫"字。上一列第二、三、四字亦很容易辨识，无疑都是"官"字。"宫"字宀下从吕或吕旁，"官"字宀下则从𠂤旁。"官"与"宫"字在书写上有两个区

① 参见陈松长编著：《马王堆简帛文字编》，378页。

② 第一列图片，见于《阴阳刑德》甲本第53行、《九主》第367行、《阴阳刑德》乙本第36行、《老子》乙本第241行、《二三子》第33行。下一列图片，见于《阴阳刑德》甲本第139行、《养生方》第61行、《战国纵横家书》第192行、《天文云气杂占》F056、《阴阳刑德》乙本图四、《出行占》第28行、《称》第152行。参见陈松长编著：《马王堆简帛文字编》，579、309页。

别，其一，⾂字左边一竖笔贯通上下，吕或㠯字则是两口旁上下分别写出；其二，⾂字右部作圆弧形，吕或㠯字上下两口一般作方形。据此，上列第一、五两字均当释作“宫”字，宀下俱从吕旁，与下列第二字在形体上很相近。陈松长的释文有误。不过，由于“宫”“官”二字形近，所以误写的可能性是存在的。上列第一字，见于《阴阳刑德》甲本第53行“巳（已）当宫□”一句，“宫”字即可能为“官”字的形讹。依此，我们所要讨论的帛书《二三子》“敬宫任事”的“宫”字，是否即是“官”的讹混字呢？这依赖于人们对于原文及当时思想背景的理解。

赵建伟说：“从下文的‘敬官任事’‘精白’来看，这几句足文当作‘艮其北者，言〔任〕事也；不获其身者，精〔白敬官也〕’。‘任事’，从事，从事于为官之事。‘敬官’即从官，也是指从事于为官之事，与‘任事’换文同义。‘精白’，精妙质朴。此言止于阴处而不见其身影，是说治事为官当精妙质朴，不着形迹。”① 邓球柏说：“孔子要求人们敬官任事，争创一流，为‘精白’‘能白能精’而努力任事敬官。精是一流，白是纯洁。与传世的解说大不相同。”② 又说：“孔子强调敬业精神，告诫人们敬官任事，达到‘能精能白’的境界，这样便能成为‘上客’，便能保住自己的身家性命，是为官之道，求禄祈福之术。”③ 连劭名说：“敢，读为严。《礼记·大学》云：

---

① 赵建伟：《出土简帛〈周易〉疏证》，227页。

② 邓球柏：《帛书周易校释》（修订本），475页。

③ 同上书，476页。

‘曾子曰：十目所视，十手所指，其严乎。’郑玄《注》：‘严乎，言可畏敬也。’《管子·小问》云：‘坚中外正，严也。’《荀子·儒效》云：‘井井兮其有理也，严严兮其能敬己也。’《管子·心术上》云：‘宫者，心也。’敢宫，如言敬己。《论语·子路》云：‘居处恭，执事敬，与人忠。’《论语·季氏》：‘貌思恭，言思忠，事思敬。’”①

按：“敬”，连氏所据释文作“敢”，已误。不过，他将“敢”读作“严”，并训为“敬”，其意是也。张政烺与连氏不同，他似乎将“敢”看作“敬”的讹混字。下“宫”字，张先生亦作“官”的讹混字看；但是连氏如字为训，“宫”训为“己”，“敢宫”就是“敬己”。前面已辨明，释文本当作“敬宫”；“敬”释作“敢”，“宫”释作“官”，都是不对的。这里，依据已误释的“官”字为训或解释文义，这当然是有问题的。而将“宫”看作“官”的讹混字，并据此为训，这在古文字学上是有道理的，但是还需要符合文义，或来自思想背景上的证明。

“敬宫”如何训释或解释？这首先与“精白”一语的含义有关。“精白”一语还见于《二三子》上文第3～4行一段文字。这段文字说：

> （孔子）曰：“龙大矣！〔龙〕之驯（顺）德也曰利见〔大人〕□易□□□，爵之曰君子。戒事敬命，精白柔和而不讳贤，爵之曰夫〈天〉子。或大或小，其方一也，至周

① 连劭名：《帛书周易疏证》，234～235页。

□也，而名之曰君子。兼（谦），‘黄常（裳）’近之矣。尊威、精白、坚强，行之不可挠（桡）也，‘不习’近之矣。”

文中提出了“天子”和“君子”两种人格，无疑前者高于后者。“戒事敬命”是从修身的角度而言的，“事”为天子之事，“命”则指天命。“精白柔和”是从修心的角度而言的，“精”谓精纯、精粹，“白”谓洁白、素朴，它们都是相对于私智私欲而言。“柔”则能包容而不外拒，“和”则彼此有分际、平衡而协调。“精白柔和”的修心目的，乃是为了“不讳贤”，能察贤、纳贤和用贤。反过来说，天子治理天下贵在不自专，其首要的任务在于察贤和用贤，如此才有可能达到天下致平的政治目的。

上引《二三子》第33～34行“孔子曰”的那段文字，“其占曰”前为一节，其后为另一节。前一节诠释《艮》卦辞“根（艮）其北（背）”“不获其身”的蕴义，分别说出“〔任〕事”“精白〔敬宫〕”的义理来。根据文义，“北”同“背”，脊背也。“身”指人们的身体，并包括“心”在内。“‘不获其身’者，精白〔敬宫〕也”，这里当然存在一个问题：什么东西不获其身，如此才是“精白〔敬宫〕”的呢？原文虽然没有指明，但是最大的可能性即在于人们身体中内部的私智私欲！反过来看，精白与身中不干净的私智私欲正形成鲜明对照。进一步，我们可以意识到，“精白”与“敬宫”具有紧密的关系，前者为后者的手段。由此，我们不能不追问（甚至意识到）“敬宫”之“宫”指向了何物。下文“敬宫任事，身〔犹获〕者鲜矣”，将“敬宫任事”一句反过来说，仍放在“身”上，足证“宫”与“身”之间具有密切的关系。设若这里将“宫”看作“官”的讹文，并解“官”为“职官”，那么在“精白”与“敬官”之间会丧失其应有的语境，文义难以通达。“其占曰”① 下一段文字，无论是“必为上客”，还是“必为古世”（“古世”，理想化的太平社会），均是“能精能白”（或“能白能精”）的结果。无疑，“精白”是外王及为官的关键。虽然如此，但是本节文本并没有谈及“敬官”的问题。总之，帛书《二三子》整个文本没有证据来支持“敬宫”之“宫”字应当读作“官”的看法。另外，先秦至两汉文献也没有出现过“敬官”一词。比较例外的是，在《逸周书·大匡解》篇中有“不官则不长，官戒有敬”这样的句子。二句的意思，孔晁云：“官以长官，所戒惟敬，则八宅顺矣。”② 在这里，“戒”的主语为“官”，其原则为“敬”。这与“敬官”的语法结构是不同的，“官”在这里乃“敬”的对象。

从帛书《二三子》来看，笔者倾向于将“精白〔敬宫〕”“敬宫任事”的“宫”字如字读，并认为“宫”具体比喻“心”。“宫”比喻“心”，这有文献上的明确证据。《管子·心术上》曰：“絜（洁）其宫，开其门，去私毋言，神明若存。……洁其宫，阙〈开〉其门。宫者，谓心也。心也者，智之舍也，故曰宫。洁之者，去好过也。门者，谓耳目也。耳目者，所以闻见也。”除《心术上》外，此喻又见于《庄子·人间世》篇：“瞻

① “占”，谓自隐度而口说之。《汉书·昭帝纪》“令民得以律占租”，颜师古《注》：“占，谓自隐度其实，定其辞也。”《汉书·陈遵传》“冯几，口占”，颜师古《注》：“占，隐度也。口隐其辞以授吏也。”《文选》颜延年《陶征士诔》“式遵遗占”，李善《注》：“占，谓口隐度其事，令人书也。”《文选》张衡《思玄赋》“占水火而妄讯”，李善《注》：“占，谓自隐度而言也。”

② 黄怀信等：《逸周书汇校集注》（修订本），369 页，上海，上海古籍出版社，2007。

彼阕（阙）者，虚室生白，吉祥止止。”陆德明《经典释文》引司马彪《注》曰：“室比喻心，心能空虚则纯白独生也。”

笔者曾经对“精白”一词有所探究。[①] 在汉代文献中，此词亦见于《盐铁论·讼贤》《汉书·贾山传》等篇。《讼贤》曰：“怀精白之心，行忠正之道。”《贾山传》曰：“天下之士莫不精白以承休德。”此二“精白”都是从“心志”上而言的。马王堆帛书《经法》有“素精”的说法，与“精白”同义。《经法·道法》云：“故能至素至精，悎（浩）弥无形，然后可以为天下正。”《经法·论》云：“静则平，平则宁，宁则素，素则精，精则神。”这里，“素”即“素白”，“素精”与“精白”同义。同时可以看出，《经法·道法》《论》两篇也是从修心的角度来使用“素”“精”二词的。与此相关的是，除上引《庄子·人间世》《管子·心术上》文献外，《庄子·天地》《天下》两篇及出土楚竹书《凡物流形》《彭祖》两篇也讲到了以“纯白”“素朴”的原则来修心或修身的问题。[②] 它们应当都是帛书《二三子》所谓“精白”之术的思想来源。

---

① 参见丁四新：《〈易传〉类帛书札记十六则》，见《玄圃畜艾——丁四新学术论文选集》，220～221页。

② 《庄子·天地》曰：“机心存于胸中则纯白不备，纯白不备则神生不定，神生不定者，道之所不载也。”《天下》篇有“白心”一语。楚竹书《凡物流形》曰：“闻之曰：心不胜心，大乱乃作；心如能胜心，是谓小彻。奚谓小彻？人白为察。奚以知其白？终身自若。”楚竹书《彭祖》曰：“远虑用素，心白身泽（怿）。”笔者曾研究过相关思想，参见丁四新：《“察一”（“察道”）的工夫与功用——论楚竹书〈凡物流形〉第二部分文本的哲学思想》，载《武汉大学学报》（人文科学版），第66卷第1期，2013年1月，23～24页。

第三编

第八章　早期《老子》《周易》“文本”的演变及其与“思想”之相互作用

早期中国古典文本是如何演变而趋于定型的？文本的改变又是如何导致思想或经义的变化的？反之，思想或经义的变化又是如何导致古典文本的演变的？近四十年来大量简帛书籍（特别是子籍和经籍）的出土，为我们深入地思考相关问题提供了可能条件。笔者近年从事相关文献的校注工作①，对于这些问题业已形成了一些自己的看法，今不揣拙陋，具体以《老子》《周易》两大经典文本来阐明上述问题。

第一节　早期《老子》文本的演变及其思想变动

1. 早期《老子》文本的篇章重组与思想主题的改变

《老子》是子部典籍的突出代表。最近四十年，先秦至西汉的《老子》古本出土了四种。② 这四种本子分别为郭店楚

---

① 参见拙著《郭店楚竹书〈老子〉校注》，武汉，武汉大学出版社，2010；《楚竹书与汉帛书〈周易〉校注》。为避免烦琐，凡引小书的成果，本章一般不再加注。另外，笔者十多年前已开始思考《老子》在古典时期的文本演变问题，参见拙著《郭店楚墓竹简思想研究》，第1章，1～84页。

② 此外，还有在北齐后主高纬武平五年（574年）出土的项羽妾冢本。此本，唐以后即已不传，不过，它有部分内容或因素被傅奕本所吸收和保留。

简、马王堆帛书甲乙和北大藏汉简[1]，它们大抵反映了从战国中期到西汉中期《老子》一书的形成、演变直到基本定型的过程。楚简有三组，它们是三种不同的抄本，字数仅为今本的三分之一，且其篇章组合和划分，与帛书、今本也基本不同，楚简大抵反映了《老子》文的原生状态。而五千言的《老子》是从一开始即有的，还是逐步发展、集合起来的？这确实是一个有待回答的问题。不过，可以肯定，韩非所据本已经是一个五千言的足本了。从《韩非子·解老》《喻老》引《老子》来看，韩非所据本的章段次序及构成与帛书、今本相差巨大，至于上下篇的具体章段构成也应当与帛书、今本有异。帛书二本，与汉简、今本的文本编连顺序大体相同，只不过它们在抄写上分篇而不分章，其《德》篇、《道》篇次序与今本互倒。汉简是一个基本定型的本子，它的分章非常清晰，共有七十七章，上经四十四章，下经三十三章，分别对应于今本之《德》篇和《道》篇。而八十一章本及《道》先《德》后的次序，据宋人谢守灏《混元圣纪》（见《正统道藏》）引《七略》，乃由刘向校中秘书时所裁定。[2] 顺便指出，刘笑敢所谓"王弼本分为八十一章当在明代后期或清代"的意见[3]，是不正确的。总之，

① 北大藏汉简本相关信息，参见韩巍：《北京大学藏西汉竹书本〈老子〉的文献学价值》，载《中国哲学史》，2010（4），16～22页；韩巍：《北大汉简〈老子〉简介》，载《文物》，2011（6），67～70页。本章凡引述汉简本《老子》内容，均参见此二文，不再加注。

② 笔者曾有详细的论述，可以参看拙著《郭店楚竹书〈老子〉校注》，209～210页。

③ 参见刘笑敢：《老子古今——五种对勘与析评引论》上卷，6、110页，北京，中国社会科学出版社，2006。

我们很容易看到，早期《老子》文本确实经历了一个章段聚集、离合、重组以及篇章调整的复杂演变过程。

而为何早期《老子》文本会产生如此复杂的演变过程？其原因有多个方面，不过与“思想”的因素最为密切。①

首先，可以看到，由于构成早期《老子》文本之篇第的章段不同，导致其思想主题发生了重大变化；反之，也可以说，由于传《老》者在其思想主题的理解上发生了巨大变化，从而导致其篇第上下及其章段之具体构成也产生了巨大的差别。一般说来，人们通常认为《老子》的思想主题即是“道”“德”二字。其实，这是汉人建立起来的主流看法。司马谈《论六家要指》或称“道家”为“道德”，而他本人即曾“习道论于黄子”②。这里，所谓“道家”“道论”，实即“道德家”“道德论”之省语。在《史记·老子韩非列传》中，司马迁说：“老子修道德。”又曰：“老子乃著书上下篇，言道德之意五千余言而去。”严遵《老子指归·说二经目》亦云：“昔者《老子》之作也，变化所由，道德为母。”皆为其证。而汉人的这种看法，在出土的汉代《老子》诸本中得到了印证。帛书二本、汉简在章段构成上不但以“德”“道”为核心观念来聚合上下篇之文本，而且均

① 刘笑敢曾使用“思想聚焦”一语来说明《老子》文本具有“增加核心概念”和“调整段落文句”的现象，但他主要是就两千多年的不同版本对勘，并做单纯的语文学考察来说的，与笔者将“思想”本身看作文本变动的内在基础及其动力颇为不同。参见刘笑敢：《老子古今——五种对勘与析评引论》上卷，23～35页；丁四新：《申论〈老子〉文本变化的核心观念、法则及其意义》，载《哲学动态》，2002（11），12～15页。

② 《史记·太史公自序》。

以《上德不德》《道可道》两章分居两篇之首①，甚至在帛书乙本上下篇末，抄手即直接题署了“德”“道”的篇名。②

与帛书、汉简等相较，楚简所显示的思想主题却大不一样。楚简《老子》甲组分为上下篇③，上篇以“道恒无为”为纲要，下篇以“返也者，道动也；弱也者，道之用也”为重心（并包括了部分谈论道之本体特性和含德修身等内容的文本）。从此上下篇所包含的章段来看，楚简甲组的文本与帛书、今本大殊；而从具体内容来看，老子谈论本体之道的章段在楚简中亦大多缺失。其时，传《老》者很可能还没有将“道”“德”作为《老子》一书最为基础、实质的两个概念澄明出来。据此，无论是从上下篇之首章，还是从其整体篇意来看，楚简《老子》均无法直接称之为《德道论》或《道德论》。反观帛书，它很可能是传《老》者根据“思想”的原则而有意重新编组和整合《老子》文本的结果。在此，可以看到，《老子》文本的演进或改变，与其在思想上的编辑理念是大体相应的。

其次，传《老》者编辑理念的改变及早期《老子》文本的演变、思想主题的重新呈现，与从战国至汉初的思想运动密切

---

① 严遵《老子指归》上经亦以《上德不德》章起篇，下经残。严本亦当为《德》先《道》后的顺序。

② 需要指出，汉代虽以“道”“德”为《老子》之主题，并且上下篇可以题名《德》《道》，但是在整个西汉，《老子》一书仍未称名为《道德经》或《道德》。《汉书·艺文志》所列相关经注，皆以《老子》为称，无以《道德经》或《道德》称名者。《老子》称名为《道德经》，当在刘向校书、颠倒上下篇次第以后。

③ 根据第 32、39 号简各有一个“乚”符号（又称钩识符号），作“”形（参见荆门市博物馆编：《郭店楚墓竹简》，5、6 页），可知楚简本《老子》甲组当分为上下篇。

相关。先秦儒家各派均以“仁义”的价值观念作为实质内容，贯穿其学说，这样，道家在剽剥儒家仁义学说的过程中也就必须把握和呈现自己的核心观念，以与之相抗。就《老子》来说，崇老者也即是要收束和凝聚自身的思想主旨，将“道”“德”阐明为核心概念，特别是将道家的多种思想内涵统摄在此二概念之下，而这与周末至汉初诸子百家在观念上的自我聚焦趋向也是一致的：“无为”无疑是道家思想所着力宣扬的主旨，同时也是道家区别于其他诸家的界限所在，然而随着时代的发展，它必须在“道”“德”的名目下获得思想阐释的竞争平台。实际上，“道”“德”观念也正是在传《老》及道家之理论发展的过程中被逐步拣择和明晰出来的：从先秦至汉代，《老子》具有逐步向“道”“德”等重要概念凝聚，并进而凸显这些观念的文本特征。这一点，除上文所举例证之外，在文本上还有更为具体、明确的证据。例如，楚简甲组“域中有四大”的顺序作“天大，地大，道大，王亦大”，汉简、《淮南子·道应》引《老》与之相同；帛书二本则作“道大，天大，地大，王亦大”，通行本加以继承。这种将“道大”置于“四大”之首的做法，就直接在文本抄写顺序上突出了所谓《老子》思想的主旨。此一例也。“古之善为士者”，见于楚简甲组，通行本同之；帛书乙本“士”作“道”（帛甲残），傅奕本同之。[①] 此二例也。“物或恶之，故有欲者弗居”，帛书二见，而通行本

① 在此需要指出，文本的传承和演变是比较复杂的，未必一蹴即就。当时传《老》者虽众，然未必人人趋时，以“道大”置于句首为务。因此，这里通行本亦作“士”，不作“道”，实不足奇怪。

"欲"作"道"。此三例也。最后，刘向干脆将《德》前《道》后的篇第变更，而以《道》前《德》后为上下篇之次，这在文本上就空前强化了"道"这一概念。关于"德"，楚简《老子》"德"字总计11见，甲组1例，其余10例（包括3例缺文）均在乙组。乙组包含此10例"德"字的文本，帛书、今本则都在《德》篇；甲组之1例见于《含德之厚》章，通行本属于第五十五章，亦在《德》篇。如此，可知《含德之厚》一章是后来才被人们编入《德》篇的。而《老子》文本依观念聚合在一起，乃是一种古已有之的现象。进一步，"德"字在通行本下篇中凡35见，在上篇中则只有8见。这种"德"字高度集中的文本现象，从楚简来看虽然起源很早，但也未尝不是后人有意聚焦此一观念而重组《老子》文本的一种结果。

最后，早期《老子》文本的演变和思想主题的呈现，还与秦汉之际的时代背景及汉初的经学化运动密切相关。在早期诸本中，帛书甲本对于《老子》定本的形成无疑起了十分关键的作用。当然，换一个角度来看，这是汉初以秦亡为鉴，重视黄老，并要求其经学化的必然结果。《汉书·艺文志》载有《老子邻氏经传》《老子傅氏经说》《老子徐氏经说》三书，又有《黄帝四经》一书，可为印证。《老子》称"经"，大概始于文景时期。武帝时期的汉简即题名为《老子上经》《老子下经》，将《老子》称"经"的时代下限明确化。[①] 在抄写形式上，此

---

① 稍后，严遵亦有"上、下经"之称。《老子指归·说二经目》："上经配天，下经配地。……以五行八，故上经四十而更始。以四行八，故下经三十有二而终矣。"（（汉）严遵撰、王德有点校：《老子指归》，1页，北京，中华书局，1994）

本与楚简、帛书《易经》相仿：简帛《周易》经文皆以一卦为独立的抄写单位；而汉简《老子》亦以一章为抄写单位，与上下章均不共简。这一现象，在楚简、帛书《老子》中却是看不到的。

2. 早期《老子》文本的局部移动、改变与思想变化

早期《老子》文本的局部移动、改变，有时会引起其思想的变化，反之亦然。这里所说的“局部”，既包括章段内部（相应于今本章段的划分而言）的文本分合和文字更改，也指文本在不同章段之间的迁移和组合。同时，这种局部意义上的文本变动，也或多或少地间接影响着《老子》文本的整体变化及其上下篇思想主旨的确定。这方面的例子很多，例如，今本第四十五章后段“躁胜寒，静胜热，清静为天下正”，与第五十四章文本异处，然而在楚简乙组中，它们是抄连在一起的。笔者认为，此二段文本原本当共章，其章旨为“清静为天下正”；而下文“善建者不拔”诸语（即今本第五十四章）实际上都是从“德”的角度来谈论修身的，“德”者得也，而所谓“修之身”即是将此“清静为天下正”之原理获之于身也。反过来看，没有此一原理作为论述的前提，今本第五十四章文本就会失去依托，飘浮无根。而帛书将它们隔离开来，分作两处抄写，这直接导致了后来的注者对于第五十四章思想的误解。这是一个由文本章段的误移而导致对章旨发生误解的例子。又如，今本第五十七章“法令滋章”，“法令”，楚简甲组作“灋物”，河上公本作“法物”，帛书乙存“物”字、残“法”字（甲本二字俱残）。今按，“法”即“灋”字省文。据简帛二本

对照，可知《老子》原本当作“法物”。所谓“法物”，据帛书《二三子》、《后汉书·光武帝纪》及李贤《注》，乃大驾、卤簿、仪式之属，皆为行礼用乐之器物或仪制。而通行本作“法令”，很可能是汉人的改作。“法令”与“法物”的含义差别较大。《淮南子·道应》《史记·酷吏列传》《文子·道原》《后汉书·东夷传》均引作“法令”。大概，文本的改易发生在西汉文景时期，其时诸家均在反思秦亡，而将其聚焦在“秦法”上面。可以看出，此处文本的改易与时代思潮互为表里。再如，今本第十六章：“致虚极，守静笃。”帛书乙作：“至虚，极也；守静，督（笃）也。”（帛书甲有异字，但不异读。）楚简作：“至虚，亟（恒）也；兽（守）中，笞（笃）也。”从文本的演变顺序来看，简帛的句读无疑是可据的。而王弼《注》云“言至虚物之极”，河上公《注》云“至于虚极”，皆将“虚极”二字连读，且“极”如字为训。今天看来，魏晋以来的句读及解义当是不正确的。严遵《老子指归》云“空虚为常”，司马谈《论六家要指》云“虚者，道之常也”，与楚简作“至虚，亟（恒）也”大意一致。据此，楚简作“亟（恒）”字当为原本，帛书二本作“极”字，乃因形近致讹。由字误、句读误而至于经义迴殊，这也是早期《老子》文本演变中的一个较为典型的例子。

总之，《老子》在从战国到西汉的演变过程中，文本的改变会引起其思想的变化，反之思想的改变也会引起文本的变动。这里，所谓“文本”，既针对全书、上下篇的构成和演进而言，也针对一些章段、词句的组合和变化来说；而所谓

“思想”，首先是指文本的思想，其次指向其所关涉的时代思潮及传《老》者个人的思想倾向，因素较为复杂。需要提醒的是，《老子》作为一个思想性的文本，在旧文本章段的分解、离析和破坏，以及新文本章段的重组、连缀和生成的过程中，不是由传抄者个人随意处置的结果，而是由“思想单位”（具有确定思想内涵的文本单元）这一因素来奠定其迁移、变化的基础的。我们应当看到这一点，否则，早期《老子》文本的历时性变动就会被完全看作人们随意处置的主观产物，从而让其丧失了文本演变之“道”（即“确定性”）。① 而刘笑敢在叙述《老子》文本的变化现象（“版本歧异”“文本改善”“文本趋同”“语言趋同”等）时②，主要将其看作编者的主观裁断和重构的结果，笔者认为，这只是看到了问题的表面。

第二节　早期《周易》文本的变动与经义的改变

在早期古典文本的演变中，如果说《老子》是子书文献的代表，那么《周易》无疑是经籍文献的代表。近四十年来，《周易》出土多次，这包括马王堆帛书、阜阳汉简和上海博物

① 关于早期《老子》文本的演变法则，笔者曾有详细的论述和概括，参见拙文《申论〈老子〉文本变化的核心观念、法则及其意义》，载《哲学动态》，2002（11），13页；《从简、帛、通行本比较的角度论〈老子〉文本演变的观念、过程和规律》，见《楚地出土简帛文献思想研究》（一），125～151页，武汉，湖北教育出版社，2002。

② 参见刘笑敢：《老子古今——五种对勘与析评引论》上卷，4～42页。

馆藏战国楚竹书。[①] 汉简较帛书稍晚，但都是汉初的抄本[②]；楚简的抄写，大概与郭店楚简的墓葬时间接近[③]。早期《周易》文本的变动具有什么特点，而文本的变动与经义（思想）之呈现具有什么关系？这是梳理和思考早期《周易》文本变动应当注意到的两个基本问题。

1. 出土《周易》文本的特点及其经学、思想意涵

首先，出土《周易》诸本在抄写形式上具有高度的一致性，这很可能包含着《周易》早已称“经”的学术意涵。楚简的抄写，以一卦为相对独立的单位，每一卦之首尾与前卦均不共简。[④] 帛书、汉简大体上也保持了同样的抄写体例，具有高度的一致性。与此相对，子书文献的抄写一般无此特征；而《老子》在汉代通过经学化也模仿了此一抄写体例——这当是《老子》文本得以定型的基础。据此，可以断定，至少在实质的意义上《周易》早已称“经”，且已形成相当稳固的传授源

---

① 另外，晋武帝时，在汲冢还出土了《易经》两篇（参见唐修《晋书》卷五十一《束皙传》、杜预《春秋经传集解后序》）。这两篇《易经》同于今本，可惜早已佚失不存。

② 汉简本《周易》于1977年出土于阜阳双古堆汉墓，墓主夏侯灶卒于文帝前元十五年（公元前165年）。马王堆帛书《周易》抄写于文帝之前，比阜阳汉简本稍早。参见安徽省文物工作队等：《阜阳双古堆西汉汝阴侯墓发掘简报》，载《文物》，1978（8），18页。

③ 参见湖北省荆门市博物馆编：《荆门郭店一号楚墓》，载《文物》，1997（7），47页；马承源：《前言：战国楚竹书的发现、保护和整理》，见马承源主编：《上海博物馆藏战国楚竹书》（一）。

④ 其例，先画卦画，然后抄写卦名、彖辞、爻题及爻辞，并在卦名下及上爻末一般画有首符和尾符，且尾符之下，竹简若有多余部分，则均留白不书。帛本沿袭了楚简本的体例，基本未做改变，而汉简本大概也是如此。不过，汉简本有一点例外，在每条卦爻辞之下连抄卜辞。这一现象表明，汉初不仅保留了卜筮并用的传统，而且仍然遵从《周礼·春官·筮人》“先筮而后卜”的顺序。

流。长期以来，学界曾认为《周易》称"经"很晚，甚至认为先秦无《易经》①，现在看来，这完全不合实际。

其次，帛书卦序之不同，导致六十四卦文本先后抄写顺序的不同，而卦序的不同又体现了其组织原则和哲学观念的不同。今本六十四卦卦序，因为有《序卦》的存在而相传不误。孔颖达《序卦正义》曾将今本卦序的组织原则概括为"二二相耦，非覆即变"②，这即内在地包含了相耦对待与错综流行的哲学观念。帛书六十四卦抄写在同幅的丝帛上，卦序很明确，属于八宫卦序，与今本大异。关于它的生成原理，大多数学者认为见之于帛书《衷》篇的一段话："天地定立（位），〔山泽通气，〕火水相射③，雷风相榑（薄），八卦相唐（错），数往者顺，知来者逆，故《易》达数也。"这段话包含两层意思，一是六十四卦是由八卦相重而来的，二是八卦的相重是建立在相耦对待和交错流行之观念的基础上的。虽然由于编绳的朽烂，楚简的卦序已无法真实还原，但是根据六种涂上红黑二色的首符和尾符，学者们对此本的卦序做了一些推论，认为其中也包含了"阴阳""对待""变化"的观念。④ 总之，自战国中期以后，

① 参见陈玉森、陈宪猷：《先秦无〈易经〉论》，载《中山大学学报》（哲社版），1986（1），91～98页。另外，李镜池曾认为爻题是在战国末、秦汉间加入的。这一看法也是不正确的，已被楚竹书证伪。参见李镜池：《周易探源》，66页。

② （清）阮元校刻：《十三经注疏》（清嘉庆刊本），第1册，199页。

③ 据《说卦》，帛本"火水"乃"水火"之倒，而《说卦》之"不"字殆为衍文。参见周立升：《帛〈易〉六十四卦刍议》，载《文史哲》，1986（4），25页；李学勤：《周易溯源》，303页。

④ 参见濮茅左：《〈周易〉释文注释》，见马承源主编：《上海博物馆藏战国楚竹书》（三），259页。这些看法具有一定的参考价值，当然是否可靠，还值得讨论。

传《易》者是在“阴阳”“对待”“流行”的哲学观念的指导下来认识和构造六十四卦的排列顺序的。这也即是说，六十四卦的排列次序彼时一定要被看作客观理性的某种形式化的表达。

最后，单个的卦爻符号本身即代表了一种观念，人们对于卦爻符号之内涵的理解可能在战国早期已实现了从筮数到哲学观念的转变。三十多年前，张政烺先生提出“数字卦”的设想①，这是非常富有启发性和建设性的。不过，帛书、汉简的卦画是不是数字卦②，这就有商榷的必要了。阳爻（为方便计，这里权且如此称谓），楚简、帛书、汉简、汉石经与今本无异，均画作“—”。阴爻，楚简、汉简作“八”，帛书作“⅃L”，汉石经、今本作“--”。笔者认为，前两者实与后者同义，“--”乃“八”“⅃L”二形之简化。帛书《衷》篇云：“《易》之义萃阴与阳，六画而成章。曲句焉柔，正直焉刚。”“萃”者，聚也。这段话明确地以“曲句”“正直”之形来描绘二爻，以“刚”“柔”之名来指称二爻，而不认为爻画即是所谓的数字！《同人》九五《象传》：“同人之先，以中直也。”《困》九五《象传》：“‘乃徐有说’，以中直也。”“直”，在二《象》辞中很显然是就刚爻之形来说的。这是两条非常有力的证据。此外，从《说卦》“观变于阴阳而立卦，发挥于刚柔而生爻”（帛书在《衷》篇）二句来看，“曲句”与“正直”之二

① 参见张政烺：《试释周初青铜器铭文中的易卦》《易辨——近几年根据考古材料探讨〈周易〉问题的综述》，见张政烺著，李零等整理：《张政烺论易丛稿》，6～29、44～63页。

② 参见李零：《中国方术考》（修订本），206～271页；韩自强：《阜阳汉简〈周易〉研究》，87～95页。

爻在观念上是用来表达地道之刚柔特性，而六画卦则是用来表达阴阳变化之理的。这就将卦爻的来源和生成上升到哲学的高度来认识。应当说，这是解释观念上的重大转进。反过来说，今本和帛书《易传》在观念上皆不认为“一”“八”（或画作“⅃L”“--”）是所谓的数字，而是表达刚柔观念的抽象符号。实际上，根据汲冢竹书有《易繇阴阳卦》和《阴阳说》两篇，战国中期，人们很可能已将“一”“八”分别称名为阳爻和阴爻了。而历代正是在阴阳观念的主导下，通过注疏等形式，使《周易》发挥了最大的解释效力。

2.《周易》文字的变化与经义的理解

出土及今传本《周易》文本有两大变化，其一为卦序的不同（从而导致六十四卦文本的抄写顺序不同），其二为卦爻辞之字句的不同。其中第一种情况，上文已说。至于卦爻辞之不同，单就字形来看，其文字变化较大。不过，其中大部分属于音近通假之异形字，一部分属于近义或同义之换字，而只有少量异形之字会引起辞义或经义的变化。这也即是说，《周易》文字虽然从楚简到今本产生了很大的变异，然而其中可判断为真正引起卦爻辞含义变化的，其实不多。这是一种很重要的文本现象，与《老子》等子籍文献的流传特征不同。这里，仅就后者略举一例。《比》卦辞，楚简云“备（邍）筮”，“备”，帛书、今本均作“原”。“原筮”，虞翻、俞越俱解为“再筮”[①]，孔颖达《周易正义》、李鼎祚《周易集解》释“原”为“原穷”

① 参见《周易集解》卷二，《群经平议·经一》。

"原究"，均依"原"字作解。现在看来，这个字当据楚简为训。"备"从"邍"省，"邍"为"邍（原）野"字。"邍（原）筮"即"邍（原）野之筮"。而"原"与"邍"本不同字，"原"为"水泉本"，后人以"原"代"邍"字，遂至经义大变。另外，文本的增字、脱字也可能导致句读的不同，而句读的不同又进而引起辞义、经义的变化。例如，《晋》初六爻辞，今本作："晋如摧如，贞吉。罔孚，裕，无咎。"帛书作："溍（晋）如浚（摧）如，贞吉，悬（悔）亡。复（孚）浴（裕），无咎。"两相比较，可知文字及句读皆当从帛书，而二本之经义大殊，一览即知。

出土诸本及今本《周易》存在大量音近之异字，它们既是人们产生误解的前提，同时也是探寻其"本义"（理论上的）的基础。这里，存在"读法"（即"如何理解"）的张力问题。而张力的消解，既需要相关历史条件和因素的积极参与，也需要依据字形、声音和辞义的恰当性及经义训解的延续性来做出综合判断。例如，《蛊》之卦名，帛书作"箇"，学者或即据《说文》"箇，竹枚也"而引申之，云"本指筮占所用的工具"，于是爻辞"干父之箇"就被翻译为"向父亲学习画卦记爻的方法"。① 其实，这是矫持同音之异字而故为别解的结果，显然是不正确的。今据楚简作"蛊"，与今本作"蠱"同字，可知帛书作"箇"，实为一通假字。又，"蛊"字故训，陆德明《经典释文》做了集录，云："事也，惑也，乱也。《左传》云：

① 参见邓球柏：《帛书周易校释》（修订本），152、153页。

'于文，皿虫为蛊。'又云：'女惑男，风落山谓之《蛊》。'"今按，单就字形来看，"于文，皿虫为蛊"的分析是正确的；但是，医和的用意乃在于借助这一训解来发挥"惑乱"之义，并以之去解释《周易》经文，这是不恰当的。训诂之体，一字兼有数义。以"蛊"之"惑乱"义去解释经文，这与《蛊》之卦爻辞并不相合。顺便指出，这种训诂错置现象，正是历代解《易》者经常耍弄的一种注解手法。王引之《经义述闻》卷一云"蛊"者，故也；"故"者，事也。① 辨之颇详，可以参看。本卦名，帛书《衷》篇作"故"，与王引之说正相应。总之，对于《周易》卦爻辞之经义的理解，本字的确定是第一步，其次是字义的确定，而本字及字义的读法都必须深入传统注疏（包括清人训解）之中去反复循环，并根据语言的历史性、社会性和系统性三大法则来做出综合判断。

毫无疑问，经义的显现其实也是人们之理解活动的一种反映，《周易》尤其如此，甚至可以说"解释"在此先于"文本"而存在。不过，某一种理解是否正确，经义的阐释是否真实、恰当，这在《周易》思想的理解过程中往往是需要检讨的。而这种检讨，由于文本的异常简略，所以通常落实在对各种训解的甄别上——即便是汉魏古注，存在的错误也不在少数。如今本《晋》上六"维用伐邑"、《解》六五"君子维有解"中的"维"，虞翻即据"坎为心"之象，而定其本字为"惟"（《周易集解》本从之，经文即作"惟"），并训为"思"，其例多见。

① 参见（清）王引之：《经义述闻》，16～17页，南京，江苏古籍出版社，2000。

其实，这种训解乃虞氏臆说。此字，帛书作“唯”，不作“惟”。“维”“唯”“惟”三字常通用，在这些例子中均为“发语词”，可参见王引之《经传释词》卷三“惟”条。在《周易》中，“象”与“辞（言）”之间当然是有关联的，但是虞翻执“象”以训“辞”，甚至由此更改经文，此不仅见讥于王弼诸人，而且一经与出土诸本相校，则显得更为荒唐和拙劣。其实，语言自身的问题仍应当着重以语言学的方法来加以理解和解决。虞氏所谓求象以训诂，对于疏通辞义而言，只具备或然的旁证作用。顺便指出，今人尚秉和《周易尚氏学》及于省吾《双剑誃周易新证》二书，都存在类似虞翻《注》的毛病。

3. 帛书、今本《易传》与《易经》的哲学阐释

从“经”到“传”，这是《周易》经学的一次大转变；而“传”同时具备方法论的意义，充当解释者，“经”则成为被解释者。就解释系统而言，“传”最为突出的贡献表现在卦爻结构、解《易》体例和哲学观念的设计三个方面，帛书和今本《易传》俱是如此。就哲学观念来看，无疑阴阳原理最为重要。帛书《衷》引“子曰”云：“《易》之义萃阴与阳。”帛书、今本《系辞》均有“一阴一阳之谓道”一语，从总体上对《周易》经义做了高度的概括。大概在战国中晚期之交，阴阳范畴已成为《周易》最根本的哲学解释观念。[1] 这个解释观念，源于人们对于天道的理解，在经过说经者的认同、吸纳和转化之

---

① 《庄子·天下》云“《易》以道阴阳”，《史记·太史公自序》曰“《易》著天地阴阳四时五行，故长于变”，而汲冢出土竹书亦有《阴阳说》一篇，无不与帛书《衷》篇相应。

后，就被应用到《周易》的卦爻结构之认识和具体经文的解释之中了。通过效法阴阳之原理，乾、坤二卦集中地体现在《周易》六十四卦、三百八十四爻所包含的“天道”（宇宙原理）上——“对待”与“流行”。乾、坤二卦的含义和作用，帛书《系辞》《衷》《二三子》均有专门的论述，与今本《易传》相同。当然，我们也应该看到，这种以“传”所推明的原理来解释“经”的观念，在正当性上本身即存在疑问：一方面人们很难抛弃以“传”解“经”的传统，另一方面又意识到“传”毕竟不是“经”！有鉴于此，朱熹曾以“本义”的观念为指导，而力主“《易》本卜筮之书”①，认为不应当将伏羲《易》（八卦之画）、文王《易》（《易经》）与孔子《易》（“十翼”），乃至伊川《易》混同起来，并由此反复批判了程颐解经的指导观念及指明《伊川易传》的训解错误。现在，由于古汉语语言学的蓬勃发展及“历史的”“客观的”学术观念深入人心，今人对于《周易》卦爻辞的含义具有一些崭新的理解。例如，经文“贞”字，传统注疏一般以“正固”为训，并依道德性的原理来做说解，然而随着甲骨金文研究的开展，其实“贞”在卦爻辞中应当训为“占问”。② 这不但证明了朱熹“《易》本卜筮之

---

① 类似的论述，参见（宋）黎靖德编：《朱子语类》卷六十六，1620～1633页。

② 参见罗振玉：《殷虚书契考释三种》，154页，北京，中华书局，2006；王国维：《史籀篇疏证》，见《王国维遗书》，23页，上海古籍书店，1983年据商务印书馆1940年版影印；何琳仪：《战国古文字典——战国文字声系》上册，794页，北京，中华书局，1998。高亨、李镜池等将甲骨学者的研究成果，应用到《易经》“贞”字的理解上。这个意见，逐渐得到了人们的普遍认同。参见高亨：《周易古经今注》（重订本），134页，北京，中华书局，1984；李镜池：《周易探源》，26～31页。

书”的观点，将《周易》经传进一步撕裂开来，而且对于《周易》经学的解释和发展无疑将产生深远影响。

第三节　申论两种性质的古典文本与对20世纪相关学术观念的反思

大抵说来，在刘向校定书篇之前，中国经典的形成情况比较复杂，经历了一个漫长的演变过程。与此相关，古书之所谓“作者”，亦与今日所谓“作者”概念相差很大。在这两个问题上，余嘉锡先生已有比较精辟、中肯的见解[①]，可以参看。不过，余先生的意见在当时几乎没有引起学者们的足够注意。现在，由于简帛书籍的大量发现，人们可以更为深入、具体地探讨古书的形成等问题，而由此产生的新视野，已远非余先生当时可比。

首先，我们应当将“五经”文本与子书文本区别开来，它们是两种性质不同的经典文本，其文本的生成和思想（或经义）的展开方式是不同的，不能将两者混同，甚至等同起来。《老子》为子书系统的代表，其文本的生成和演变呈现出历时性的特征，“文本”与“思想”之间的相互作用和关联是非常直接的：文本的实质性变化（包括文本构成及其含义）即展现在其思想的改变上，而思想的改变即呈现在文本的实质变化上。比较而言，《易经》文本则与《老子》颇为不同。单纯从文字来看，《周易》经文的实质性变化古今很小，这充分体现

---

① 参见余嘉锡：《古书通例》，208～209、287～288页，北京，中华书局，2007；余嘉锡：《余嘉锡论学杂著》，567～568页，北京，中华书局，2007。

了“经”之为“经”的特性：文本具有高度的同一性和权威性，不是可以随意更改的。[①] 由此，人们似乎可以得出“文本”与“经义（思想）”之间几乎表现为静止不动的关系，然而在几千年的发展史中，这两者之间实际上充满了张力，《周易》经学的解释历程十分悠久曲折、变化多端而极富活力。究其原因，《易经》本身即是一个多元、开放的文本，而不只是由单纯的文字（卦名及卦爻辞）所构成的。这个文本是由意、象、卦、辞、占五者组成的，它们之间的关系非常复杂[②]：“占筮”既是“卦画”形成的实践性来源，同时也是其得以应用的主要途径；“卦画”进一步展现为“象”，而“象”与“辞”的蕴义均不可拘执以解。《周易》文本的这种组织特点和表达形式，决定了“解释”是其内在本性，甚至可以说它先于“文本”而存在。比如，卦爻符号从数字到刚柔或阴阳的观念化，以及帛书六十四卦序的巨大变动，皆是解释观念（“思想”）影响文本根本含义及引发其变动的结果。同时，也可以看到，在抄本传承和经义解释的双重脉络中，《周易》文本在

① 就通假例而言，《老子》与《周易》的文字变化都非常巨甚，然而从实质的文本变化而言，前者远甚于后者。从出土诸本来看，《易经》其实早已形成了非常稳定的文本形态，这一点与史载《周易》在先汉具有悠久、稳固的传授源流的事实完全相印证。孟喜、梁丘贺、施雠同为汉初易学大师博士田王孙的弟子，田王孙去世，众人举荐孟喜继任，然而“上闻喜改师法，遂不用喜”（《汉书·儒林传》），由此可见汉初传《易》，非常强调学统和正统，而这附带着也使得文本的一致性得到了有力的保障。《汉书·艺文志》又曰：“刘向以中古文《易经》校施、孟、梁丘经，或脱去‘无咎’‘悔亡’，唯费氏经与古文同。”足见《易经》文本至西汉末年在诸家之间也保持了高度的一致性。

② 《周易·系辞上》：“子曰：‘书不尽言，言不尽意。’然则圣人之意，其不可见乎？子曰：‘圣人立象以尽意，设卦以尽情伪，系辞焉以尽其言，变而通之以尽利，鼓之舞之以尽神。’”

形式和内容上呈现出了同一性与变异性、静止性与开放性高度相统一的辩证特性。而且，由于《周易》文本的特殊性，其中任何一字的形体变化（包括同音异形现象），也有可能导致其经义解释产生很大的分别。这也即是说，《周易》文字在实质意义上的权威性和同一性，其实往往只具备理论上的意义。这个看似十分权威而高度同一的文本，在解释实践中却呈现出悖谲不同而精彩纷呈的演义景象。东汉诸儒解经尚异，或执异文为说，或由一己之私见而变易经文，以及宋儒解《易》的殊途百虑，皆为同出而异时之解释效应。总之，我们不应当将《周易》与《老子》文本混同起来，对于它们之“文本”与“思想”（或“经义”）间的关系也应当区别对待，特别是对《周易》文本在结构上的复杂性及其解释本性更应当引起高度重视。

与此相关，有两点值得特别注意。第一，重新评价汉儒解经的得失，需要以充分尊重《易经》文辞自身的确定性和稳固性为前提，而检讨近人及今人的训解，同样应当如此，否则，极易惑于彼此，而导致相对主义解释观的流行。第二，今人习惯于将《周易》当作子书、史书文本等来读，而对于在传统中所形成的“经书”界限本身未能做到起码的尊重，这固然是当今的学科知识分类使然，但是由此所产生的教训和失误，尤为深刻和沉重。例如，顾颉刚和闻一多先生等就曾分别将《周易》当作历史故事书和上古社会学材料来读。① 为了达到目

---

① 参见顾颉刚：《周易卦爻辞中的故事》，见顾颉刚编著：《古史辨》，第3册，1～44页，上海，上海古籍出版社，1982年影印；闻一多：《周易义证类纂》，见《闻一多全集》乙集《古典新义》，上海，开明书店，1948。

的，二人都在一些卦爻辞的训解上做了大胆突破，闻氏尤甚。至于现代新儒家熊十力、牟宗三先生，则大体将《周易》当作子书、哲学书来读[①]，于经文本身颇为疏离，甚至将其干脆抛却一边。总之，虽然学术风气的巨大转变及哲学、历史学等学科的分立是当今学界的现实，但是对由于解释观念的错置而产生的对传统经典的种种臆解和误释，人们也应当保持高度的警觉。

其次，早期老学研究的重心，应当将文本与思想的双重变化紧密结合起来，而对于《易经》的理解，则要着重从辞义训解及其文本结构（辞、象、占、意）的相互循环等方面来进行。目前，学者对于《老子》是否在思想主旨上随着文本的变化也产生了相应的变动这一问题，尚处于模糊的意识之中。其实，这一点是毋庸置疑的，即使在《老子》定型之后，王弼通过注解将《老子》的主旨做了改变，成为人们清谈“崇本息末”的话语场所。杜道坚《玄经原旨发挥》卷下说不同朝代有不同宗旨的《老子》，“汉人注者为汉《老子》，晋人注者为晋《老子》，唐人、宋人注者为唐《老子》、宋《老子》”[②]，这即是说，文本随着注者视角的不同而产生了差异（这里需要区别“作为书写载体呈现的文本”与“在解释中的文本”两个概念）。对于《周易》经文的理解，与《老子》相较要困难得多。如何理解《周易》文本？如何把握经义？从目前的实际来看，

---

① 参见熊十力《新唯识论》《十力语要》《读经示要》等书，见萧萐父、郭齐勇主编：《熊十力全集》，武汉，湖北教育出版社，2001；牟宗三：《牟宗三先生全集》，第1、31册，台北，联经出版事业有限公司，2003。

② 《道藏》，第12册，773页，北京，文物出版社，1988。

第一，应当结合出土诸本，尽可能准确地训解卦爻辞之字义和经义。出土简帛诸本为我们提供了文本还原的坚实基础，这不仅为纠正东汉诸儒的妄说和回归文本的同一性提供了有利条件，同时为鉴别和批判今人的训诂成果创造了良好环境。例如，《豫》六二“介于石”之“介”字，汉魏古注有四种本子和训诂。现在，根据简帛，可以判断经文本字当作“介”，训“坚硬”，其他皆为借字或误文；而“介于石”之经义，其实并不难解释。今天，《周易》经文的解释再也不能走汉人自是其意、破碎文本的老路。不仅如此，当20世纪《周易》经学从官学的崇高位置上跌落下来的同时，今人的研究观念和心态在时代的崩解中也发生了巨大转变，一些所谓诂经著作也纷纷效从新潮观念，导致许多说解纰缪百出而不自觉，已与乾嘉朴学所崇尚的“实事求是”的精神发生了根本的背离，甚至走向反对，徒有皮相之近似而已。例如，《复》初九爻辞“无祇悔”，“祇”字数号难训。其实，清人已辨明，“祇”乃后人刻误，原字当作“衹”。然而高亨先生根本不理睬清人成果，仍以“祇”字为据，读作“衮”，训为“大”。[①] 今按，“衹”为支部字，“祇”为脂部字。段玉裁在《说文解字》“衹”字注中，王引之在《经义述闻》卷一“无衹悔”条中，都已从音理上说明支、脂二部之字不得轻言相通。[②] 现据帛书作“提”，帛书《要》篇作“是”，汉简作“智（智）”，三字均为支部字，足证今本

① 参见高亨：《周易古经今注》（重订本），230页。

② 参见（清）段玉裁：《说文解字注》，3页；（清）王引之：《经义述闻》，20～21页。

当作“衹”，而高说之误已不待言之矣。总之，出土简帛诸本为我们改变观念、重返雅正的经解传统提供了十分有利的条件，同时也为将来《周易》经学之哲学解释提供了坚实的文本基础。第二，应当从“辞—象—占—意”的文本整体中来理解辞义或经义。如果经义的理解仅以“辞—意”为循环结构，无疑会将《周易》经学拖入“沉沦”状态。实际上，乾嘉以来的《周易》经学研究即是以此循环结构为理解前提，而以语言学的研究为基本导向的。但是，语言学的研究仅可能解决卦爻辞的表层含义，而对与“象”“占”等因素相关联的深层经义，它是无法触及的。第三，《周易》文本构成的复杂性决定了解释的复杂性和统一性，但也正因为这种内在的紧张性，最终导致了经义解释的分裂和殊途（《系辞》所谓“《易》有四道”是也）。这是一种包含自我否定特性的文本解释活动。而当前经义（或思想）的新发和推阐，虽然并不排斥以分途殊类的学科研究为基础，但是更应当强调研究的整体性和综合性的一面，因为《周易》文本结构的复杂性在很大程度上即已预先决定了解释的复杂性和歧义性，以及经义新阐的正当性和可能性。总之，我们不能将《周易》看作一个死寂不动，而应当看作一个充满无限生机的开放文本：通过“解释”活动对于“内在张力”的释放，文本的同一性在朝向经义的歧异性中做出无穷多的延展。

最后，既然《老子》从先秦到西汉末年是一个高度流动、变化的文本，那么对于此期子书的形成问题，人们就应当持“发展”“演变”的观念。古史辨派的观念十分深刻地影响了

20世纪中国的学术活动和进程，其成绩有目共睹，但是也有重大的失误。与当时的历史背景相应，这些先生们抱着“疑古”的信念，在学术上尽力将先秦子书及其作者的历史实在性加以消解；而如果无法做到这一点，他们就将经典其书其人的制作、生活时代尽量往周末或汉初拖移，从而在一定程度上消解经典及其内涵的神圣性。这里面最典型的论战例子就是《老子》。[①] 从文化运动及政治手腕来看，古史辨派的文本考证在效果上无疑是十分成功的，但是从学术反思的角度来看，他们对待子书及其作者的一些根本观念确实值得商榷。一些古史辨派的骨干成员对于先秦子书的所谓考证，乃是以一种僵化、静止不动的观念去看待和分析经典文本的，即将已定型了的文本看作一开始即已如此完整存在的东西。不能不说，他们在考证的前提上出现了大问题。其实，从先秦到刘向定编之前，子书文本一直是在不断发展和变化的。从出土诸本与今本的对照来看，《老子》是一个典型的案例。并且，我们还发现，文本抄写的相距时间愈近则其差异性愈小，愈远则其差异性愈大。帛书《老子》甲乙本的抄写时间相距甚近，其差异性即很小；楚竹书《缁衣》《天子建州》《郑子家丧》《君人者何必安哉》《凡物流形》各有两个本子，以及郭店楚简《性自命出》与上博楚简《性情论》等，皆同此例。楚简与汉简《老子》的抄写时间相距甚远，其差异性即很大；楚简《民之父母》与《礼记·孔子闲居》、《孔子家语·论礼》，楚简《内礼》与《大戴礼记·

---

① 参见罗根泽编著：《古史辨》，第4册，217～519页；罗根泽编著：《古史辨》，第6册，387～685页。

曾子立孝》，楚简《中弓》、《君子为礼》、《弟子问》、《颜渊问于孔子》与《论语》，以及简、帛《五行》等，皆同此例。因此，很容易推知，20 世纪的主流学术关于先秦子籍的成书及其作者的问题，有许多材料的使用根本就不当，甚至子虚乌有，有许多观点和看法实际上如同海市蜃楼，并不真实。至于他们就子书去思考史学的问题，而不能用"子书"观念本身去阅读子书，这种读法当然是受到了当时学术风气的局限，今天看来，似乎不必苛责。不过，对于经典文本，我们今天不仅仍有尊重"子书"身份的必要，将其适当返本归位，而且更应当从"文本考证学"转到"文本解释学"的立场上来！

第九章　出土早期易学材料与《周易》经学的哲学解释

第一节　出土早期易学材料与《周易》经学的解释观念

现在，《周易》方面的相关出土材料已积累很多①，但这些材料究竟会给今日的研究带来什么作用，对于《周易》义理的当代阐释又会产生出什么真实的问题以及何种意义，这些问题，是人们十分关心的。

从总体上来看，笔者认为，出土早期易学材料所引起的研

---

① 出土《周易》材料，包括楚竹书《周易》（1994 年春出现在香港文物市场，上海博物馆于同年 5 月收藏）、帛书《周易》六十四卦经文及六篇《易传》类帛书（1973 年底出土于长沙马王堆三号汉墓）、汉简《周易》（1977 年出土于阜阳双古堆汉墓）、汉熹平石经。此外，1993 年在湖北荆州王家台出土了秦简《易》占材料（学者或称为秦简《归藏》）；晋武帝时期，在汲冢出土了《易经》及《易传》类著作多篇。部分资料，参见马承源主编：《上海博物馆藏战国楚竹书》（三）；马王堆帛书整理小组：《马王堆帛书〈六十四卦〉释文》，载《文物》，1984（3）；张政烺：《马王堆帛书〈周易〉经传校读》；韩自强：《阜阳汉简〈周易〉研究》；马衡：《汉石经集存》，北京，科学出版社，1957；王明钦：《王家台秦墓竹简概述》，见《新出简帛研究——新出简帛国际学术研讨会文集》。

究热点，目前还是在文字的释读和文本的校注等方面。[①] 在此一方面，学界产生了一些问题，也解决了一些问题。比如，楚竹书所独具的首符和尾符，为他本所无。不过，它们在文本中的含义和作用是什么？但凡研究《周易》或出土《周易》材料的人，对此几乎没有不感兴趣的。对于这一全新的文本现象，许多学者曾下了很大的研究功夫，得出了一些推论，但现在看来，还不太严密，过头的结论占据了书刊版面。[②] 其重要性在于，这是个全新的问题，超出了人们既往的知识，大家都不曾料到。过去，有人曾发高论，认为先秦《周易》文本没有爻题，爻题是后人加上去的，还认真地论证了一番。[③] 现在看来，这是一个邻人疑斧式的断想。综合《小象》《文言》《系辞》引经之例及楚竹书来看，我们完全可以肯定，爻题的产生

---

① 近十年出版的相关专著约有十五种之多，相关论文则多达数百篇，仅《周易研究》杂志在近三年即发表了30余篇，例如刘大钧、夏含夷、廖名春、谢向荣及笔者均有论文发表。参见刘大钧：《今、帛、竹书〈周易〉卦爻辞补释》，载《周易研究》，2011（5）；夏含夷：《〈周易〉“元亨利贞”解——兼论周代习贞习惯与〈周易〉卦爻辞的形成》，载《周易研究》，2010（5）；廖名春：《〈周易〉比、履、离、泰四卦爻辞零释》，载《周易研究》，2010（5）；谢向荣：《论楚竹书〈周易〉“讦”之卦义》，载《周易研究》，2011（2）；丁四新：《马王堆帛书〈周易〉卦爻辞校札九则》，载《周易研究》，2011（3）。

② 对于楚竹书首符、尾符的研究，始于濮茅左先生，李尚信、陈仁仁等的后续研究比较深入和详细。参见濮茅左：《关于符号的说明》，见马承源主编：《上海博物馆藏战国楚竹书》（三），251～260页；濮茅左：《楚竹书〈周易〉研究》，23～46页；李尚信：《卦序与解卦理路》，87～102页，成都，巴蜀书社，2008；陈仁仁：《战国楚竹书〈周易〉研究》，64～85页，武汉，武汉大学出版社，2010。

③ 李镜池认为：“‘九’‘六’二字，在原始的《周易》是没有的；它的插入，当在战国末秦汉间，为的是便于应用；创作的人物，当是作《易·象传》《文言传》等儒生。”（李镜池：《周易探源》，66页）

至迟在战国中期之前。而高亨认为爻题为“晚周人所加”的意见[①]，现在看来也受到当时疑经疑古风气的深重影响，明显地将其产生的时间拉后了许多。回过头来看，笔者的问题是，即使我们依据楚竹书破除了这一说法，甚至破除了那种“先秦无《易经》”的十分狂谬的“大胆设想”[②]，可是这到底又有多大的学术价值呢？它们本来就是一个疑人挠心而抛出来的“莫须有”的东西，然而因为与那样一种带着严重的文化自虐倾向的时代风气相应和，而得以长期在学术界郑重地流传开来！两三代人花了这么长的时间积累了这么多有影响力的“或许是”的观点，到头来后人却发现是兜了一个大圈子，好像“噱头”一般，这是时代的可悲、学者的可悲！

通过楚简、汉帛书、阜阳汉简、汉石经及今本（清嘉庆南昌府学刊本《周易正义》）的对照，《易经》虽然在文字上的变化很大，但其实质性的变化很小（即导致辞义发生改变的异文较少）。由此可见，《周易》经文很早就已经基本上稳定了。作为十足的官学，它的权威性早已不容挑战！“经”毕竟是“经”！而且，从楚简到汉石经，《易经》的抄写体例保持了高度的一致性，均是以一卦作为独立的文本书写单位，与子书的抄写情况迥异！与此相对，《老子》的文本变化非常巨大，郭店楚竹书《老子》每一章文字的多少，章与章之间的先后关系，乃至整体文本的字数，都与今本差异很大。帛书与今本也有不小的差异。

---

① 参见高亨：《周易古经今注》（重订本），14页。

② 参见陈玉森、陈宪猷：《先秦无〈易经〉论》，载《中山大学学报》（哲社版），1986（1），91～98页。

帛书之后，《老子》称“经”，例如《汉书·艺文志》就载有《老子邻氏经传》《老子傅氏经说》《老子徐氏经说》三书，从此它的权威性也就不容轻易动摇了！在抄写体例上也开始模仿《易经》，武帝时期的汉简《老子》即以一章为独立的书写单位。[①] 总之，《老子》大体代表了子书系统从战国到汉代成书的特性。

《周易》原来到底是什么著作，或者说它到底是一个什么性质的书？我们首先应当承认它原来是用于占筮、稽疑的。这个观点应该是成立的，因为不仅传世先秦载籍有大量这方面的直接说法，将筮卜并列为“稽疑”的两种方式[②]，而且出土《周易》及易占材料也已经完全证实了这一点，当然，朱熹在其所处的时代，针对当时的学问风气曾特别指明了这一点，所谓“《易》本卜筮之书”也。[③] 包山、天星观、新蔡楚简中的卜筮祭祷简包含了易卦[④]，阜阳汉简通常在卦辞、爻辞之后紧

---

① 参见韩巍：《北大汉简〈老子〉简介》，载《文物》，2011（6），67～70页。关于《老子》文本在西汉的演变过程，参见拙著《郭店楚竹书〈老子〉校注》，209～210页。

② 例如，《尚书·洪范》曰：“稽疑。择建立卜筮人，乃命卜筮。曰雨，曰霁，曰蒙，曰驿，曰克，曰贞，曰悔，凡七。卜五，占用二，衍忒。立时人作卜筮，三人占，则从二人之言。”《左传·僖公四年》云：“卜人曰：‘筮短龟长，不如从长。’”同书《僖公十五年》曰：“（韩简子曰）龟，象也；筮，数也。”《周礼·春官·筮人》曰：“凡国之大事，先筮而后卜。”这些资料皆将卜筮联言。

③ “《易》本卜筮之书”，朱子或说为“《易》本为卜筮而作”“盖《易》本是卜筮之书”“《易》只是个卜筮之书”“《易》为卜筮而作”“《易》书本原于卜筮”等，意思相近。参见（宋）黎靖德编：《朱子语类》卷六十六，1620～1633页。另外，对于朱子此一观点及《易》“只则是个空底物事”的观点，朱伯崑在其《易学哲学史》中较早做了概括和综述。参见朱伯崑：《易学哲学史》，第2卷，417～437页。

④ 参见濮茅左：《考古易的发现》，见《楚竹书〈周易〉研究》，496～510页；湖北省荆沙铁路考古队：《包山楚简》，北京，文物出版社，1991；河南省文物考古研究所编著：《新蔡葛陵楚简》，郑州，大象出版社，2003；张政烺：《易辨——近几年根据考古材料探讨〈周易〉问题的综述》，见唐明邦等编：《周易纵横录》，184～186页。

接着书“卜辞”，而在殷墟、周原出土的一些卜骨上存在一些被张政烺等人认作“数字卦”的契刻符号①，这些都说明了占筮之道为《易》本有。孔子并不反对占筮，帛书《要》篇记“孔子曰”：“吾百占而七十当。”而《论语·子路》篇所记孔子云“不占而已矣”一语，可能为战国末季至汉初的编者所加②，还不能直接作为夫子不搞卜筮的所谓坚实证据。

既然《易》本为卜筮之书的观点可以成立，那么这样一来，在我们的时代就有了另外一个问题。在远离史巫时期的当今时代，占筮所需的氛围在今天的知识阶层已经十分稀薄，即使在民间也未必看得非常认真，而在理性盛行的高等学府里宣扬占筮和卜卦算命之术，这显然是不合适的。因此，我们既要承认“《易》本卜筮之书”的观点，也要实现《易》道在解释和功能

---

① 参见张政烺著，李零等整理：《张政烺论易丛稿》，44～76页。

② 《论语·子路》：“子曰：‘南人有言曰：“人而无恒，不可以作巫医。”善夫！“不承其德，或承之羞。”’子曰：‘不占而已矣！’”这段话，与《礼记·缁衣》末章“子曰”相近：“南人有言曰：‘人而无恒，不可以为卜筮。’古之遗言与？龟筮犹不能知也，而况于人乎！《诗》云：‘我龟既厌，不我告犹。’《兑命》曰：‘爵无及恶德。’民立而正事，纯而祭祀，是为不敬；事烦则乱，事神则难。《易》曰：‘不恒其德，或承之羞。’‘恒其德，贞，妇人吉，夫子凶。’”《缁衣》“南人”，孔颖达《礼记正义》解为“殷掌卜之人”，得其意。其实“南”为“宋”字之形讹，郭店、上博楚简《缁衣》均作“宋”，可证。《子路》篇“巫医”，据传本及简本《缁衣》均作“卜筮”，可知此二字为后人所改。据两种楚简本，《缁衣》自“《兑命》曰”下诸字，皆为后人增衍。而《子路》篇“不承其德或承之羞子曰不占而已矣”十五字，为后人增衍的可能性是存在的。根据大量出土简帛书与传世文本的勘校，可知从先秦至刘向校书定编之前，子书在这段时期内的变化很大，文本多呈现不断增衍、扩充的趋势。《荀子·大略》云：“善为《易》者不占。”《子路》篇文本的变化、衍增，或许受到荀子后学的影响。总之，在目前的学术观念中，我们无法将《论语·子路》“不占而已矣”一句，毫无保留、毫无怀疑地看作孔子本人的意思。孔子虽然崇尚“德义”的一面，但由此说他当时有意摒弃占筮而不用，这既非孔子的性格，也与春秋后期的思想背景不合。

上的转化。实际上，这种转变至迟在春秋后期已经开始了，帛书《要》篇孔子说："《易》，我后其祝卜矣！我观其德义耳也。"这是解释的方向问题！今天，如果从思想研究来看，如何把对《易经》这本书的解释转变为哲学性的，这是我们需要解决的问题。《易》十翼的作者不存在这方面的问题，因为自春秋时期已经储备了相适的观念和开启了这一方向。如对于《诗》，当时贵族们可依据具体场合而做远离本义的解释，这不但不是失礼的表现，反而唯有如此，才具备谈话的资格，所谓《论语·季氏》"不学《诗》，无以言"，这在方法上被《左传·襄公二十八年》称作"赋诗断章""告诸往而知来者"。对于《书》，《孟子·尽心下》有一句话可以总括其态度："尽信《书》，则不如无《书》!"孟子就是这样以"仁"的原则来做理论，而十分理想地去衡断史事的，《孟子·尽心下》称"吾于《武成》取二三策而已"！至于《春秋》，孔子说它的编修即包含了"知我罪我"的微言大义及不得已的历史情境在里面！① 总之，这是那时候的学问风气，这种风气提供了人们对经典做义理化、个性化和自由化解释的正当性理由，而彼时士人亦如鱼入水，置身于其中，浑然不觉。

宋人的《周易》解释，也大体上具备同样的解释氛围，特别是绝大多数人仍然相信孔子为《易传》的作者，"传"是对"经"最好、最直接的阐释，这为程颐写作《伊川易传》奠定了

---

① 《孟子·滕文公下》："世衰道微，邪说暴行有作，臣弑其君者有之，子弑其父者有之，孔子惧，作《春秋》。《春秋》，天子之事也，是故孔子曰：'知我者其惟《春秋》乎！罪我者其惟《春秋》乎！'"《史记·孔子世家》："弟子受《春秋》，孔子曰：'后世知丘者以《春秋》，而罪丘者亦以《春秋》!'"

最基本的解释信念。伊川豪迈，他认为易道自秦以下无传[1]，因而必欲新制《易传》(即《伊川易传》)以接续圣意；而在诠释观念上，他将至微之“理”放在至著之“辞”上来解释，如说“予所传者辞也”，将本来由“变、象、占、辞”(即《系辞》所谓《易》之“四道”)所构成的《周易》文本系统进一步打碎，而又特别排弃“占筮”传统。[2] 诚然，从学术观念演进的历程来看，伊川断然排斥“占”“象”的做法，与彼时的学问风气(即时代呼唤“道学”的兴起)是相应的，这为他长期赢得了后学的喝彩。朱熹作为程门四传弟子，在学问的格局上远较前辈广博，这突出地表现在一方面包容和涵化北宋诸子的思想，另一方面他更加重视原始儒家经典“真意”解释的客观性。就文本的解释，朱熹对于程颐多有不满和指斥，在他看来，《伊川易传》的最大问题“只是于本义不相合”“程先生只说得一理”，甚至认为“程《易》不说《易》文义，只说道理极处”，又说：“伊川见得个大道理，却将经来合他这道理，不是解《易》。”[3] 无疑，在解释上，伊川的做法是极其恶劣的，“文本”与“诠释”之间严重不相应，两者间存在着一道难以逾越的鸿沟。有鉴于此，朱子高扬“本义”的观念，将“占筮”看作《易》之本源，而卦、爻、彖、象之“义”，在他看

① 程颐站在儒家的立场，排斥玄学家王弼的《周易注》。当然，从解释观念来看，王弼《注》及其《周易略例》应当对程颐产生了积极影响。

② 参见(宋)程颐：《伊川易传·序》，见《文渊阁四库全书》，第9册，157页。

③ 以上诸引文见(宋)黎靖德编：《朱子语类》卷六十七，1649～1654页。

来都必须落实在占筮之“用”上，否则，“非《易》也”[①]。于《周易本义》，朱子即将《筮仪》一文列之卷首，由此可见他对于“占筮”的高度重视了。虽然如此，但朱子并不因此认为“占筮”之“用”即是易道的全部。从究竟的立场来说，一阴一阳之“理”才是“《易》之为书”的终极根据，而《易》虽“本为卜筮而作”，然而毕竟只是在日用的维度上与“卜筮”紧密关联在一起的。从历史的角度来说，这个一阴一阳之“理”在《易》上的表现，在朱子看来即展开为五个阶段：画前《易》、伏羲《易》、文王《易》、孔子《易》和程子《易》五者。[②] 同时，从逻辑分类的角度来看，易道又表现为理、象、数、图四者的分别和统一。[③]“画前《易》”的说法，来自于邵雍[④]；而

① 朱熹：《周易序》，见（宋）朱熹：《周易本义》，1页，北京，中华书局，2009。《朱子语类》曰：“问：‘《易》以卜筮设教。卜筮非日用，如何设教？’曰：‘古人未知此理时，事事皆卜筮，故可以设教。后来知此者众，必大事方卜。’”（（宋）黎靖德编：《朱子语类》卷六十五，1621页）

② 参见（宋）黎靖德编：《朱子语类》卷六十七，1622、1629页。

③ 《朱子语类》曰：“问《易》。曰：‘圣人作《易》之初，盖是仰观俯察，见得盈乎天地之间，无非一阴一阳之理；有是理，则有是象；有是象，则其数便自在这里，非特《河图》《洛书》为然。’”（（宋）黎靖德编：《朱子语类》卷六十七，1646页）

④ 《河南程氏遗书》卷二上：“尧夫诗……‘须信画前元有《易》，自从删后更无《诗》’，这个意思，古元未有人道来。”（程颢、程颐：《二程集》，45页，北京，中华书局，2004）《朱子语类》曰：“伏羲画卦，只就阴阳以下，孔子又就阴阳上发出太极，康节又道：‘须信画前元有《易》。’濂溪《太极图》又有许多详备。”（（宋）黎靖德编：《朱子语类》卷六十二，1504页）“画前《易》”的概念，无疑出自邵雍。关于此概念的含义，朱熹《答袁仲机》中有明确的说明：“是皆自然而生，瀵涌而出，不假智力，不犯手势，而天地之文、万事之理莫不毕具。乃不谓之画前之《易》，谓之何哉？仆之前书固已自谓非是古有此图，只是今日以意为之，写出奇偶相生次第，令人易晓矣。其曰画前之《易》，乃谓未画之前已有此理，而特假手于聪明神武之人以发其秘，非谓画前已有此图，画后方有八卦也。此是《易》中第一义。若不识此而欲言《易》，何异举无纲之网、挈无领之裘，直是无着力处！”（（宋）朱熹：《晦安先生朱文公文集》卷三十八，见《朱子全书》，第21册，1677页，上海，上海古籍出版社，合肥，安徽教育出版社，2002）

将理、象、数、图看作对易道的逻辑展开，这种观念在北宋中期已产生了。朱子的特别之处，在于高举“本义”的大旗，综合伊川与邵雍两家的路数，同时又积极地纠正《伊川易传》之偏失。①

《朱子语类》卷六十六云：“若《易》，只则是个空底物事。”这是朱子的又一个著名观点。这个命题，如果不放在其易学思想的整体脉络中来理解，就会被单纯看作义理派的一个响亮口号，并作为鳖毁文本而肆意解释的权威借口。若果真如此，那么今天看来，这就是一种恶的解释观念（对“本义”及经典本身的杀伤力很大），其危险性在清儒的眼中充分暴露出来！清儒常常批评宋明儒“游谈无根”，未必得孔孟之真意、六经之真意，即常以此为借口。其实，人们误解了朱子的这一命题。朱子的原意是就《易》与他经相比较而言，《诗》《书》诸经的特点是因“事”而有“文”，而《易》“只则是个空底物事，未有是事，预先说是理”。② 而所谓“物事”，在此是具体

① 《朱子语类》曰：“林择之云：‘伊川《易》，说得理也太多。’曰：‘伊川求之太深，尝说：“三百八十四爻，不可只作三百八十四爻解。”其说也好。而今似他解时，依旧只作得三百八十四般用。’”（（宋）黎靖德编：《朱子语类》卷六十六，1625页）

② 《朱子语类》曰：“论《易》云：‘其他经，先因其事，方有其文。如《书》言尧、舜、禹、汤、伊尹、武王、周公之事，因有许多事业，方说到这里。若无这事，亦不说到此。若《易》，只则是个空底物事，未有是事，预先说是理，故包括得尽许多道理，看人做甚事，皆撞着他。’又曰：‘“《易》无思也，无为也”，《易》是个无情底物事，故“寂然不动”；占之者吉凶善恶随事著见，乃“感而遂通”。’……又曰：‘夫子读《易》，与常人不同。是他胸中洞见阴阳刚柔、吉凶消长、进退存亡之理。其赞《易》，即就胸中写出这道理。’”（（宋）黎靖德编：《朱子语类》卷六十六，1631页）《朱子语类》卷三十四《论语十六・述而篇》也有一段基本相同的文字。参见（宋）黎靖德编：《朱子语类》卷六十六，885～886页。

的、实指的，与“明澈空阔”之“理”含义迥然不同。在朱子看来，《易》是为了“说理”的，理在先，事在后，“事”遇“理”而明。“理”与“文本”的关系，综合朱子思想的多个方面来看，特别是对伊川肆意解经的指责来看，他并不认为《周易》“文本”本身也即是一个“空底物事”，《易》“理”仍应当受到《易》“文”的必要制约！今天，人们更有所谓《周易》是“空套子”“宇宙代数学”[①] 的说法，笔者认为，如果对于它们在内涵上不做严格的限定或充实，而单纯作为一种堂皇的口号而流行开来，那么对于今天严谨的《周易》经学的建设来说，只可能是一种看似充满洞见，而实则充满误导的戏谑语。

第二节　经、传解释系统的分立与当代《周易》解释的困境

《易传》对于中国思想的演进来说，无疑做出了非常重大的贡献。在哲学上，主要表现在阴阳说、乾坤论和性命说三个方面，而爻位理论系统的建立则为其后历代易学思想的推展提供了基本前提。也可以说，没有《易》十翼所奠定的理论基础，也就没有后来两千余年的易学，特别是易哲学的生展和推演。但是，如果仅仅以《易》十翼（或者马王堆《易传》类帛书）为依据，那么我们对于《易经》的理解实际上就是一个传学的传统。这里，存在着解释原则上的重大问题。

---

① 这两个用词出自冯友兰先生，近三十年来成为学界理解《周易》文本的流行观念。参见冯友兰：《〈周易〉学术讨论会代祝词》，见唐明邦等编：《周易纵横录》，7页。

邵雍之前，学者大体上将《周易》经传两者混同不分，认为经文至简，其义唯赖“传”以显，直接将“传义”看作“经义”本身。自邵子开始，分别出先天、后天之学及“画前《易》”的概念，正式开启了区别“经”“传”文本及其思想的学术历程。朱子沿着此一路线，反复阐明“伏羲自是伏羲之《易》，文王自是文王之《易》，孔子自是孔子之《易》”，而“画前《易》”则是空阔明静之“理”，不挂搭在具体的画、文上面。朱子解经即从“粗处”说，《易》之本义“只是为卜筮尔”，“元未有许多道理在”，纵使道理说得再好，“与《易》元不相干”。他明确反对以《彖》《象》《文言》等去解释伏羲之《易》、文王之《易》，认为伊川《易》甚于孔子《易》，去《易》之本义更远。应当说，朱子远在宋代已将“经”“传”分别开来，认为不能用《易传》去解释《易经》之本义。不过，综合理解朱子易学的逻辑体系，“四易”（伏羲《易》、文王《易》、孔子《易》、程子《易》）虽然被分别开来了，然而它们仍然只是个明阴阳消息、吉凶消长之“理”。① 邵、朱的见解，在《周易》解释学上应当说具有普遍意义，值得高度重视，然而宋末至清初，学者贵尚自我，各逞己臆，让《易经》脱离“文本”的制约，而成为申述个人主张和个人意见的单纯工具和所谓“空套子”。

---

① 以上所述朱子思想，参见（宋）黎靖德编：《朱子语类》卷六十六，1629～1630页。在《朱子语类》卷六十六，对于“卜筮”与“理”的关系，朱子以体用来理解，卜筮之中即见理体。当初伏羲画卦，其本义为卜筮之用，然即此可见阴阳消息、吉凶消长之理。文王以下，本义渐失。至于孔子，“尽是说道理”。及至伊川，“又自说他一样，微似孔子之《易》，而又甚焉”。

清代，自顾炎武开始重视“文本”自身的研究，“语言”作为“文本”的直接载体得到高度的重视。乾嘉学者（比如王引之父子）在“实事求是”的原则的指导下，对《易经》文本的语言——卦爻辞做了历史性、系统性的还原，将其客观性刻画出来。[①] 这一方面衬托出前辈学者（特别是宋明儒）解经的主观性和不可靠性，另一方面也为后人解经画出了必要的界线。现在，又经过民国学者的论辩，“经”“传”分观（但不应该离绝为两橛）已经成为学界的共识。这是我们今天重建《周易》经学或者《周易》哲学解释的第一层学术氛围和背景。这个“前见”，与我们时代的所谓“学术性”共生，还难以随意祛除，如弃土苴。与此同时，几百年来，在《周易》经学方面，从哲学、思想的角度对《周易》做注释，应当说，还没有什么突出的贡献。从哲学性或义理性的视角来看，《周易》经学可以说在近现代是大大地萎缩了。

20 世纪又有高亨、闻一多、李镜池等人的训释[②]，且长期盛行于国内。高、闻、李三人的训解，直抒胸臆，清人的成果都懒得去理睬、利用，而在观念上又以故发新义，而与传统注

---

① 乾嘉以来，《周易》研究的著作成就主要表现在文字训诂方面，王引之父子的《经义述闻》堪称此方面的代表。此外，惠栋、宋翔凤、李富孙等在恢复古义和辨析异文上做出了突出贡献。参见（清）王引之：《经义述闻》；（清）惠栋：《周易述》，见《清经解　清经解续编》，第 10 册，南京，凤凰出版社，2005；（清）宋翔凤：《周易考异》，见《清经解　清经解续编》，第 10 册；（清）李富孙：《易经异文释》，见《清经解　清经解续编》，第 10 册。

② 高亨：《周易古经今注》（重订本）；闻一多：《周易义证类纂》，见《闻一多全集》，第 10 册，武汉，湖北人民出版社，1993；李镜池：《周易通义》，北京，中华书局，1981。

疏相乖异为风尚，任意揉捏、颠覆，而无复“经”之为“经”矣！他们的训释虽然包含了一些真知灼见，但从总体上来看，需要商榷的问题很多，用《系辞》的话来评论，叫作“力小而任重”。例如，《乾》上九“亢龙”，高亨读“亢”为“沆”，“亢龙”即谓“池泽中之龙也”[①]。闻一多则读卦名“乾”为“斡”，云斡者转也，并说“疑乾即北斗星名之专字”[②]。李氏则完全顺从闻氏意见，还夸奖其“论证精确”[③]。皆为其证。现在，随着古文字学、上古汉语语言学在20世纪的逐步深入和开展，人们对于《周易》经文的认识也是在逐步加深的，无论是在观念、态度上还是在方法上都变得更为冷静、审慎和客观，这在最近五六年出版的相关著作中表现得尤为明显。[④] 这是我们重新哲学地解释《周易》之前已经具备的第二个传统和学术氛围。这个传统和氛围，由清人发端和发展，而近百年的古文字学、上古汉语语言学运动则将其做到了具体而微。

我们有幸处在一个简帛书籍大发现的时代。帛书、汉简和楚简《易经》的相继发现，为我们检讨过去三百年的训诂成就和彼此见识的高低提供了基础性的材料，也为我们重新经学化地注解《周易》提供了必要的前提。认识和消化出土诸本，这

---

① 高亨：《周易古经今注》（重订本），164页。

② 闻一多：《周易义证类纂》，见《闻一多全集》，第10册，231页。

③ 李镜池：《周易通义》，1页。

④ 如廖名春：《帛书〈周易〉论集》；侯乃峰：《〈周易〉文字汇校集释》，台北，台湾古籍出版有限公司，2009；陈仁仁：《战国楚竹书〈周易〉研究》；郑玉姗：《出土与今本〈周易〉六十四卦经文考释》，台北，花木兰文化出版社，2010；张政烺著，李零等整理：《张政烺论易丛稿》；丁四新：《楚竹书与汉帛书〈周易〉校注》。

是今日之学者肩负的历史任务，“盲人”和“瞎马”是无法登达成功解释之“彼岸”的。三百年来的《周易》训诂成就，不应该仅仅理解为对后来的相关哲学阐释和新的经注传统的形成制造了大麻烦，而且也应当理解为为《周易》文本之“真意”在一个侧面、一定程度上的澄明和勾画提供了基础条件。

今天，可能的《周易》义理性解释或者经注，已经置身于上述两种学术氛围和背景之下，无所逃遁，但是，笔者认为应当超越。如何超越？使用经学的方式对《周易》的含义加以重新的阐发，对于今日的学者而言，确实是一个很大的困难。这个困难，突出地表现在连重新做哲学解释、再次进行跃迁的“虫洞”，目前似乎还没有出现在人们的视野之中！虽然如此，就当下的情况来看，作为学者，我们必须同时具备几种学科的知识和能力，否则的话，我们仍将“力小而任重”，无法将《周易》解释从一种对象化的、分解性的研究方式转变成为一种有机综合的经学训解方式，并接上古人的注疏传统。传统注疏即已包括“我注六经”和“六经注我”两个相统一的方面①，但“注疏”本身是“经学”延续的基本方式和载体，也可以说是其命脉所在。就两千余年的经学实践来看，“注疏”既是经义得以延展和新生的基本方式，也是“经学”本身得以存在的基本方式。自乾嘉以来，这一“命脉”即堙塞不畅，胜义难寻，不能不说，这是清儒的罪过。20 世纪的经学研究，主流也是一种考古式、博物馆式的工作，不是以经义的创发为

① “六经注我，我注六经”，语出陆九渊，见《陆九渊集》卷三十四，《语录上》，400 页，北京，中华书局，1980。

目标的，而所谓“校”“注”“译”，也多是试图让人理解卦爻辞的字面意思，距离古人在“画—象—辞—占—意”的整体结构上来理解《周易》文本，还十分遥远。当然，20 世纪也有一些对于《周易》的哲学解释，但是这种解释成果，其一数量不多；其二主要是引进另外一套哲学观念来做诠释，很难称得上“经学”的方式；其三避重就轻，舍“经”而以“传”作为诠释的依据。这其中最为突出的代表是熊十力先生，此外还有牟宗三先生。熊先生的易学哲学可以概括为两点，一个是“（乾坤）翕辟成变”，一个是“乾元性海”。① 牟宗三先生先后写了两本关于《周易》的书，一本叫作《周易的自然哲学与道德函义》，另一本叫作《周易哲学演讲录》。② 前一本是牟氏早年作品，用怀德海的过程哲学来理解和研究《周易》注疏，以对注疏的理解来代替《周易》经传本身之义理。③ 当然，这里就存在解释的正当性问题。后一本书是牟氏晚年的讲演录，以《易传》（特别是《系辞》及与乾坤论相关的文本）为哲学解说的材料基础。在该书中，人们同样能随处读到大段引述西洋哲学的文献。另外，两书都是用我们现在的论文方式来写作的，也不是所谓传统的“注疏”形式。因此，牟先生所阐发的《周易》哲学，不论是在内容上还是在形式上，都很难轻而易举地

---

① 参见熊十力《新唯识论》《十力语要》《读经示要》等书，见萧萐父、郭齐勇主编：《熊十力全集》；郭齐勇：《熊十力思想研究》，240～277 页，天津，天津人民出版社，1993。

② 两书见牟宗三：《牟宗三先生全集》，第 1、31 册。

③ 参见孙道升：《评牟著〈从周易方面研究中国之元学及道德哲学〉》，见《牟宗三先生全集》，第 1 册，“附录”，471～472 页。

将其归入“经学”的系统里面。

总之，《周易》解释要重新实现经学化，并将义理性（乃至哲学性）的阐释有机地植入其中，这里面确实存在很大困难：沉舟病树，山重水复。

第三节　训诂与《周易》本经的重释

笔者还想强调一下，今天，为何训诂对于《周易》经学的新发是如此之重要和必要？这里仍以《伊川易传》为例。虽然朱子曾经指出，伊川解《易》与《易》之本义不合，又认为其解说拘碍，三百八十四爻只作三百八十四件事解①，切中了程《易》的两大弊病，但是他并没有着重从语言学的角度来阐明程《易》存在的大问题。程子倡导以义理解《易》，所说之理本身虽然很精实，但是他的文字训诂确实存在很多问题，而且关键在于，他有一些重要义理的阐发就是建立在这些错误的训诂之上的。这即是说，他阐明的道理是有理的、正确的，但是由于他的文字训错了，正确的道理是加在错误的文本训释之上

---

① 后一点，《朱子语类》曰：“祖道举《乾》九三‘君子终日乾乾’，‘是君子进德不懈，不敢须臾宁否？’曰：‘程子云：“在下之人，君德已著。”此语亦是拘了。记得有人问程子，胡安定以九四爻为太子者。程子笑之曰：“如此，三百八十四爻只做得三百八十四件事了！”此说极是。及到程子解《易》，却又拘了。要知此是通上下而言，在君有君之用，臣有臣之用，父有父之用，子有子之用，以至事物莫不皆然。若如程子之说，则千百年间只有个舜禹用得也。大抵九三一爻才刚而位危，故须著“乾乾夕惕若厉”，方可无咎。若九二，则以刚居中位，易处了。故凡刚而处危疑之地，皆当“乾乾夕惕若厉”，则无咎也。’”（（宋）黎靖德编：《朱子语类》卷六十八，1694 页）

的。总之，他是懂得一个道理，而把它加在一个文本上，将“文”拉来，稀里糊涂地载“道”。这方面的例子很多，笔者先举一个。《蒙》卦六三爻辞：“见金夫，不有躬，无攸利。”伊川的训解是：“女之从人，当由正礼。乃见人之多金，说而从之，不能保有其身者也。无所往而利矣。”① 这就把“金夫”训同今天的所谓“大款”。而在汉魏的故训里面，它是很明确的，虞翻、王弼都解释为“阳刚之男”②，与“懦夫”一词大抵相对。伊川作“多金男”的训释，这样就很自然地加进了并凸显了他由此所作的道德性的议论。从今人的眼光来看，将英雄“武松”与商痞“西门大官人”混作一团，这是缺乏基本的分别的。又如，《屯》六二爻辞：“乘马班如。”《伊川易传》云：“班，分布之义。下马为班，与马异处也。”③ 这等训诂近似于胡诌，但也未见程子于此发明出什么高明的道理。伊川实在不懂训诂，但又喜欢通过训诂以生义理。需要指出的是，这许多“硬伤”、斑斑“劣迹”，很可能也是由于当时风气所致。王安石的《字说》谬误不少，有些甚至是笑料④，《宋史》卷327《王安石传》即云：“（王安石）晚居金陵，又作《字说》，

---

① （宋）程颐：《伊川易传》卷一，见《文渊阁四库全书》，第9册，175页。“金夫”，朱熹的训解与程颐相近。参见（宋）朱熹：《周易本义》卷一，55页。

② 参见（清）李道平：《周易集解纂疏》卷二，110页，北京，中华书局，1994；（魏）王弼注、（唐）孔颖达疏：《周易正义》卷一，见（清）阮元校刻：《十三经注疏》（清嘉庆刊本），37页。

③ （宋）程颐：《伊川易传》卷一，见《文渊阁四库全书》，第9册，171页。朱熹训“班”为“分布不进之貌”，虽与程训有所不同，然依旧惑于程《传》训解。参见（宋）朱熹：《周易本义》卷一，51页。

④ 参见曹锦炎：《王安石及其〈字说〉——介绍张宗祥辑本〈熙宁字说集〉》，载《浙江学刊》，1992（6），171～173页。

多穿凿傅会，其流入于佛老。”王氏《字说》受到时人及后人的讥评，究其原因，朱子曾指出：“字本来无许多义理，他要个个如此做出来，又要照顾须前后，要相贯通。”① 叶適也抨击道：“王氏见字多有义，遂一概以义取之……是以每至于穿凿附会。”② 固然王氏的解字观念（凡字均依会意为说，又要求得个“义理”）十分偏执，错谬百出，但是程子又何尝不是五十步笑百步呢？

相对来说，上举二例《伊川易传》的训诂错误还是“小节”，而“元亨利贞”的训解则是今日之“大事”。对于《周易》经注的重构而言，这是今天无法回避的大问题。元、亨、利、贞四字，遍布整部《易经》，几乎无处不在。《易》十翼继承《左传·襄公九年》中穆姜的四德说，而加以普遍化。后人有关《周易》经学的义理阐释，包括《易传》，都是建立在释此四字为四德的基础之上的。不过，程伊川已意识到从辞例的角度来看，“元、亨、利、贞”作四德解遇到了难以克服的障碍。《乾》彖辞“元亨利贞”，《伊川易传》云：“元、亨、利、贞，谓之四德。元者，万物之始；亨者，万物之长；利者，万物之遂；贞者，万物之成。惟《乾》《坤》有此四德，在他卦则随事而变焉。”③ 《随》卦辞“元亨利贞”，伊川即读作“元亨，利贞”，“元亨”即训为“大亨”，“利贞”即训为“利在于

---

① （宋）黎靖德编：《朱子语类》卷一百三十，3100页。

② 参见（宋）马端临：《文献通考》卷一百九十，1614页，北京，中华书局，1986。

③ （宋）程颐：《伊川易传》卷二，见《文渊阁四库全书》，第9册，157页。

贞正”[①]。朱熹又前进一步，他认为“元亨利贞”，就孔子《易》（即今本《易传》）而言为四德，就文王《易》（《易经》）而言乃“大亨，利正”之义，并批评伊川将此四字在“经”中分为两种句读来读，缺乏根据。[②] 今天看来，朱熹的句读是对的。不过，凡遇“贞”字，朱子与伊川、王弼等人的训解却没有什么不同，皆按“正固”的道德性含义来阐释。现在，由于百余年前甲骨的大量发现和甲骨文研究的随后展开，“贞”字本义崭露，而传统的训释由此发生断裂和崩解。这对《周易》经文作德义化或道德化的义理阐释，带来了根本性的影响，应该说，是一种致命的打击。因为我们知道，“贞”字已经不能按照正固、贞洁之义及其在背后定调的道德性方式来理解了。现在早已成为常识：“贞”是占问、贞问的意思。[③] 这是 20 世纪《周易》研究的最大贡献之一。不但如此，语言是有社会性、系统性和历史性的，按照《易经》本身的辞例来看，“元亨利贞”当读作“元亨，利贞”[④]，根本不是什么“四德”。可是，由于大多数学人不宗朱子句读，又常将“经”“传”混杂而论，导致此四字误读误断相续两千余年。这不由得不让人感

---

① （宋）程颐：《伊川易传》卷二，见《文渊阁四库全书》，第 9 册，221 页。

② 参见（宋）黎靖德编：《朱子语类》卷六十六、六十八，1622、1688 页。

③ 参见罗振玉：《殷虚书契考释三种》，154 页；王国维：《史籀篇疏证》，见《王国维遗书》，23 页；何琳仪：《战国古文字典——战国文字声系》上册，794 页；丁四新：《楚竹书与汉帛书〈周易〉校注》，189～190 页。

④ 高亨、李镜池等将甲骨文学者的研究成果，应用到《易经》“贞”字的理解上，亦认为是“占问”“卜问”之义。这个意见，逐渐得到了人们的普遍认同。这也是 20 世纪《周易》研究的最大贡献之一。参见高亨：《周易古经今注》（重订本），134 页；李镜池：《周易探源》，26～31 页。

叹、唏嘘不已！总之，我们现在遇到一个很大的麻烦，它超过了古人所遇，我们要训解《周易》，把它重新变成经学，一种"训故（旨趣）举大谊（义）"①，一种充满义理之趣的经学，确实困难大极了。这里，需要旷世大儒的出现！

① 参见《汉书》卷八十八，《儒林传》。颜师古《注》曰："故，谓经之旨趣也。""谊"读为"义"。

参考文献

一、著作

1. 古籍

班固，撰，颜师古，注. 汉书. 北京：中华书局，1964.

程颢，程颐. 二程集. 北京：中华书局，2004.

程颐. 伊川易传//文渊阁四库全书：第9册. 台北：商务印书馆，1986.

房玄龄，等. 晋书. 北京：中华书局，1974.

郭庆藩，撰，王孝鱼，点校. 庄子集释. 北京：中华书局，1961.

顾炎武，著，黄汝成，集释. 日知录集释. 上海：上海古籍出版社，2006.

韩婴，撰，许维遹，校释. 韩诗外传集释. 北京：中华书局，1980.

何宁. 淮南子集释. 北京：中华书局，1998.

桓谭，撰，朱谦之，校辑. 新辑本桓谭新论. 北京：中华书局，2009.

黄寿祺，张善文. 周易译注. 上海：上海古籍出版

社，1989.

黄怀信，等. 逸周书汇校集注. 修订本. 上海：上海古籍出版社，2007.

黄晖. 论衡校释. 北京：中华书局，1990.

惠栋. 周易述//清经解 清经解续编：第10册. 南京：凤凰出版社，2005.

李道平. 周易集解纂疏. 北京：中华书局，1994.

李富孙. 易经异文释//清经解 清经解续编：第10册. 南京：凤凰出版社，2005.

黎靖德，编. 朱子语类. 北京：中华书局，1994.

刘向，撰，向宗鲁，校证. 说苑校证. 北京：中华书局，1987.

刘向，集录. 战国策. 上海：上海古籍出版社，1998.

刘文典. 淮南鸿烈集解. 北京：中华书局，1989.

陆德明，撰，黄焯，汇校. 经典释文汇校. 北京：中华书局，2006.

陆九渊. 陆九渊集. 北京：中华书局，1980.

马端临. 文献通考. 北京：中华书局，1986.

马国翰. 玉函山房辑佚书. 扬州：广陵书社，2005.

欧阳修. 欧阳修全集. 北京：中华书局，2001.

欧阳修. 欧阳文忠全集.《四部丛刊》本.

钱大昕. 潜揅堂集. 上海：上海古籍出版社，2009.

阮元，校刻. 十三经注疏. 清嘉庆刊本. 北京：中华书局，2009.

司马迁．史记．北京：中华书局，1959．

宋翔凤．周易考异//清经解清经解续编：第10册．南京：凤凰出版社，2005．

苏舆，撰，钟哲，点校．春秋繁露义证．北京：中华书局，1992．

孙诒让．墨子间诂．北京：中华书局，2001．

孙希旦．礼记集解．北京：中华书局，1989．

王弼，注．老子．武英殿聚珍版．

王念孙．广雅疏证．南京：江苏古籍出版社，2000．

王聘珍，撰，王文锦，点校．大戴礼记解诂．北京：中华书局，1983．

王贻梁，陈建敏．穆天子传汇校集释．上海：华东师范大学出版社，1994．

王引之．经传释词．长沙：岳麓书社，1985．

王引之．经义述闻．南京：江苏古籍出版社，2000．

王先谦，撰，沈啸寰，点校．庄子集解．北京：中华书局，1987．

王先谦，撰，沈啸寰，王星贤，点校．荀子集解．北京：中华书局，1988．

王先慎，撰，钟夏，点校．韩非子集解．北京：中华书局，1998．

王筠．说文释例．北京：中华书局，1987．

魏徵，等．隋书．北京：中华书局，1973．

萧统，编．文选．《四库全书》本．

徐灏. 说文解字注笺.《续修四库全书》本.

许维遹. 吕氏春秋集释. 北京：中华书局，2009.

许慎，撰，段玉裁，注. 说文解字注. 上海：上海古籍出版社，1988.

严遵，撰，王德有，点校. 老子指归. 北京：中华书局，1994.

杨伯峻. 论语译注. 北京：中华书局，1958.

杨伯峻. 孟子译注. 北京：中华书局，1960.

杨伯峻. 列子集释. 北京：中华书局，1979.

于豪亮. 马王堆帛书《周易》释文校注. 上海：上海古籍出版社，2013

朱骏声，编著. 说文通训定声. 北京：中华书局，1984.

朱熹. 原本周易本义//文渊阁四库全书：第12册. 台北：商务印书馆，1986.

朱熹. 朱子全书：第21册. 上海：上海古籍出版社，合肥：安徽教育出版社，2002.

朱熹. 周易本义. 北京：中华书局，2009.

2. 今著

艾兰（Sarah Allan），邢文，编. 新出简帛研究——新出简帛国际学术研讨会文集. 北京：文物出版社，2004.

北京大学儒藏编纂与研究中心. 儒藏（精华编）：第281册. 北京：北京大学出版社，2007.

陈鼓应，主编. 道家文化研究：第3辑. 上海：上海古籍出版社，1993.

陈鼓应，主编．道家文化研究：第6辑．上海：上海古籍出版社，1995.

陈鼓应．易传与道家思想．北京：三联书店，1996.

陈仁仁．战国楚竹书《周易》研究．武汉：武汉大学出版社，2010.

陈松长，编著，郑曙斌，喻燕姣，协编．马王堆简帛文字编．北京：文物出版社，2001.

池田知久，著．池田知久简帛研究论集．曹峰，译．北京：中华书局，2006.

戴琏璋．易传之形成及其思想．北京：文津出版社，1989.

邓球柏．帛书周易校释．长沙：湖南人民出版社，1997.

丁四新，主编．楚地出土简帛文献思想研究（一）．武汉：湖北教育出版社，2002.

丁四新，主编．楚地简帛思想研究：第2辑．武汉：湖北教育出版社，2005.

丁四新．玄圃畜艾——丁四新学术论文选集．北京：中华书局，2009.

丁四新．郭店楚竹书《老子》校注．武汉：武汉大学出版社，2010.

丁四新．楚竹书与汉帛书《周易》校注．上海：上海古籍出版社，2011.

董莲池．说文解字考正．北京：作家出版社，2006.

傅举有，陈松长．马王堆汉墓文物．长沙：湖南出版

社，1992.

高亨．周易古经今注．重订本．北京：中华书局，1984.

顾颉刚，编著．古史辨：第3册．上海：上海古籍出版社，1982年影印.

郭齐勇．熊十力思想研究．天津：天津人民出版社，1993.

汉语大字典编纂委员会．汉语大字典．第二版．武汉：崇文书局，成都：四川辞书出版社，2010.

韩仲民．帛易说略．北京：北京师范大学出版社，1992.

韩自强．阜阳汉简《周易》研究．上海：上海古籍出版社，2004.

河北省文物研究所，定州汉墓竹简整理小组，编．定州汉墓竹简《论语》．北京：文物出版社，1997.

何琳仪．战国古文字典——战国文字声系：上册．北京：中华书局，1998.

河南省文物考古研究所，编著．新蔡葛陵楚简．郑州：大象出版社，2003.

侯乃峰．《周易》文字汇校集释．台北：台湾古籍出版有限公司，2009.

湖北省荆沙铁路考古队．包山楚简．北京：文物出版社，1991.

湖南省博物馆，复旦大学出土文献与古文字研究中心，编纂．长沙马王堆汉墓简帛集成：（壹）、（叁）．北京：中华书局，2014.

湖南省博物馆，湖南省文物考古研究所，编著．长沙马王堆二三号汉墓．北京：文物出版社，2004.

黄黎星．先秦易筮研究．北京：人民出版社，2015.

黄庆萱．魏晋南北朝易学书考佚．北京：中国书店，2011.

黄寿祺，张善文，编．周易研究论文集：第1辑．北京：北京师范大学出版社，1987.

季旭升，主编．《上海博物馆藏战国楚竹书（三）》读本．台北：万卷楼图书股份有限公司，2005.

金景芳．学易四种．长春：吉林文史出版社，1987.

荆门市博物馆，编．郭店楚墓竹简．北京：文物出版社，1998.

李镜池．周易探源．北京：中华书局，1978.

李镜池．周易通义．北京：中华书局，1981.

李零．中国方术考．修订本．北京：东方出版社，2000.

李零．中国方术续考．北京：东方出版社，2000.

李尚信．卦序与解卦理路．成都：巴蜀书社，2008.

李学勤．周易经传溯源．长春：长春出版社，1992.

李学勤．周易溯源．成都：巴蜀书社，2006.

连劭名．帛书《周易》疏证．北京：中华书局，2012.

廖名春．周易经传与易学史新论．济南：齐鲁书社，2001.

廖名春．帛书《周易》论集．上海：上海古籍出版社，2008.

林忠军. 象数易学发展史：第 1 卷. 济南：齐鲁书社，1994.

林忠军. 易学源流与现代诠释. 上海：上海古籍出版社，2012.

刘彬. 帛书《要》篇校释. 北京：光明日报出版社，2009.

刘大钧. 周易概论. 济南：齐鲁书社，1986.

刘大钧. 今、帛、竹书《周易》综考. 上海：上海古籍出版社，2005.

刘笑敢. 老子古今——五种对勘与析评引论：上卷. 北京：中国社会科学出版社，2006.

罗根泽，编著. 古史辨：第 4 册. 上海：上海古籍出版社，1982 年影印.

罗根泽，编著. 古史辨：第 6 册. 上海：上海古籍出版社，1982 年影印.

罗振玉. 殷虚书契考释三种. 北京：中华书局，2006.

马承源，主编. 上海博物馆藏战国楚竹书（一）. 上海：上海古籍出版社，2001.

马承源，主编. 上海博物馆藏战国楚竹书（三）. 上海：上海古籍出版社，2003.

马衡. 汉石经集存. 北京：科学出版社，1957.

牟宗三. 牟宗三先生全集：第 1、31 册. 台北：联经出版事业有限公司，2003.

潘雨廷. 周易表解. 上海：上海社会科学院出版

社，2004.

濮茅左. 楚竹书《周易》研究. 上海：上海古籍出版社，2006.

荣格，著. 东洋冥想的心理学：从《易经》到禅. 杨儒宾，译. 北京：社会科学文献出版社，2000.

容庚，编著，张振林同，马国权，摹补. 金文编. 北京：中华书局，1985.

宋华强. 新蔡葛陵楚简新探. 武汉：武汉大学出版社，2010.

唐明邦，等主编. 周易纵横录. 武汉：湖北人民出版社，1986.

唐明邦. 天人之学——唐明邦自选集. 北京：中央编译出版社，2013.

王葆玹. 今古文经学新论. 北京：中国社会科学出版社，1997.

王化平，周燕. 万物皆有数：数字卦与先秦易筮研究. 北京：人民出版社，2015.

王力，主编. 王力古汉语字典. 北京：中华书局，2000.

闻一多. 周易义证类纂//闻一多全集：第10册. 武汉：湖北人民出版社，1993.

吴新楚.《周易》异文校证. 广州：广东人民出版社，2001.

萧汉明. 船山易学研究. 北京：华夏出版社，1987.

萧汉明. 周易本义导读. 济南：齐鲁书社，2003.

萧汉明. 易苑漫步. 上海：上海古籍出版社，2010.

萧萐父，郭齐勇，主编. 熊十力全集. 武汉：湖北教育出版社，2001.

邢文. 帛书周易研究. 北京：人民出版社，1997.

徐复观. 中国思想史论集续编. 上海：上海书店出版社，2004.

严灵峰. 马王堆帛书易经斠理. 台北：文史哲出版社，1994.

杨庆中. 二十世纪中国易学史. 北京：人民出版社，2000.

杨树达. 周易古义. 上海：上海古籍出版社，1991.

余嘉锡. 古书通例. 北京：中华书局，2007.

余嘉锡. 余嘉锡论学杂著. 北京：中华书局，2007.

张善文. 象数与义理. 沈阳：辽宁教育出版社，1993.

张政烺. 马王堆帛书《周易》经传校读. 北京：中华书局，2008.

张政烺，著，李零，等整理. 张政烺论易丛稿. 北京：中华书局，2011.

张政烺，著，李零，等整理. 张政烺文集·论易丛稿. 北京：中华书局，2012.

赵建伟. 出土简帛《周易》疏证. 台北：万卷楼图书有限公司，2000.

郑玉姗. 出土与今本《周易》六十四卦经文考释. 台北：花木兰文化出版社，2010.

中国社会科学院简帛研究中心，编辑. 简帛研究：第3辑. 南宁：广西教育出版社，1998.

朱伯崑. 易学哲学史. 北京：华夏出版社，1995.

朱伯崑，主编. 国际易学研究：第1辑. 北京：华夏出版社，1995.

朱希祖. 汲冢书考. 北京：中华书局，1960.

二、论文

安徽省文物工作队，等. 阜阳双古堆西汉汝阴侯墓发掘简报. 文物，1978（8）.

曹锦炎.《凡物流形》释文注释//马承源，主编. 上海博物馆藏战国楚竹书（七）. 上海：上海古籍出版社，2007.

曹锦炎. 王安石及其《字说》——介绍张宗祥辑本《熙宁字说集》. 浙江学刊，1992（6）.

陈鼓应. 帛书《缪和》《昭力》中的老学与黄老思想之关系//陈彭应，主编. 道家文化研究：第3辑. 上海：上海古籍出版社，1993.

陈玉森，陈宪猷. 先秦无《易经》论. 中山大学学报：哲社版，1986（1）.

陈来. 马王堆帛书易传与孔门易学//国学研究：第2卷. 北京：北京大学出版社，1994.

陈来. 帛书易传与先秦儒家易学之分派. 周易研究，1999（4）.

陈松长，廖名春. 帛书《二三子问》《易之义》《要》释文//陈鼓应，主编. 道家文化研究：第3辑. 上海：上海古籍出版

社，1993.

陈松长. 帛书《系辞》释文//陈鼓应，主编. 道家文化研究：第3辑. 上海：上海古籍出版社，1993.

陈松长. 马王堆帛书《缪和》《昭力》释文//陈鼓应，主编. 道家文化研究：第6辑. 上海，上海古籍出版社，1995.

程浩.《筮法》占法与“大衍之数”. 深圳大学学报：人文社会科学版，2014（1）.

丁四新，校点. 马王堆汉墓帛书《周易》//儒藏（精华编）：第281册. 北京：北京大学出版社，2007.

丁四新. 帛书《昭力》注释//楚地出土简帛文献思想研究（一）. 武汉：湖北教育出版社，2002.

丁四新.《易传》类帛书零札九则. 周易研究，2007（2）.

丁四新.《易传》类帛书零札七则//湖南省博物馆馆刊：第4辑. 长沙：岳麓书社，2007.

丁四新.《易传》类帛书札记十六则//玄圃畜艾——丁四新学术论文选集. 北京：中华书局，2009. 人文论丛：2007年卷. 北京：中国社会科学出版社，2008.

丁四新. 楚竹书《周易》疑难卦爻辞校札八则. 武汉大学学报：人文科学版，2011（1）.

丁四新. 马王堆帛书《周易》卦爻辞校札九则. 周易研究，2011（3）.

丁四新. 上海博物馆藏楚竹书《周易》卦爻辞校札九则. 社会科学战线，2011（8）.

丁四新. 楚竹书《周易》疑难卦爻辞校札九则//儒教文化

研究（国际版）：第 16 辑. 首尔：成均馆大学儒教文化研究所，2011.

丁四新. 楚竹书《周易》卦爻辞校札二十一则//学鉴：第 4 辑. 武汉：武汉大学出版社，2011.

丁四新. 楚竹书《周易》卦爻辞校札二十七则//学鉴：第 4 辑. 武汉：武汉大学出版社，2011.

丁四新. 马王堆帛书《周易》校札八则//湖南省博物馆馆刊：第 8 辑. 长沙：岳麓书社，2012.

丁四新. 马王堆汉墓《易传》类帛书札记六则//孙剑秋，等. 易道研几——穷究易经精微，启发教学典范. 台北：五南图书出版股份有限公司，2012.

丁四新. 简帛《周易》卦名校释七则//张善文，等主编. 中国易学：第 2 辑. 福州：福建教育出版社，2014.

邓立光. 从帛书《易传》析述孔子晚年的学术思想. 周易研究，2000（3）.

董珊. 论新见鼎卦戈//刘钊，主编. 出土文献与古文字研究：第 4 辑. 上海：上海古籍出版社，2011.

冯友兰.《周易》学术讨论会代祝词//唐明邦，等编. 周易纵横录. 武汉：湖北人民出版社，1986.

高明.《连山》《归藏》考//黄寿祺，张善文，编. 周易研究论文集：第 1 辑. 北京：北京师范大学出版社，1987.

顾颉刚. 周易卦爻辞中的故事//古史辨：第 3 册. 上海：上海古籍出版社，1982 年影印.

郭沫若. 周易之制作时代//郭沫若全集（历史编）：第 1

卷. 北京：人民出版社，1982.

郭沂. 从早期《易传》到孔子易说//朱伯崑，主编. 国际易学研究：第3辑. 北京：华夏出版社，1997.

韩巍. 北京大学藏西汉竹书本《老子》的文献学价值. 中国哲学史，2010（4）.

韩巍. 北大汉简《老子》简介. 文物，2011（6）.

韩仲民. 帛书《系辞》前说——兼论《易传》的编纂. 孔子研究，1988（4）.

何琳仪. 上海博物馆藏楚竹书《周易》//儒藏（精华编）：第281册. 北京：北京大学出版社，2007.

湖北省荆门博物馆. 荆门郭店一号楚墓. 文物，1997（7）.

胡平生.《阜阳汉简·周易》概述//中国社会科学院简帛研究中心，编辑. 简帛研究：第3辑. 南宁：广西教育出版社，1998.

胡治洪. 帛书《易传》四篇天人道德观析论. 周易研究，2001（2）.

黄沛荣. 马王堆帛书《系辞传》校读. 周易研究，1992（4）.

黄沛荣. 帛书《系辞传》校证//陈鼓应，主编. 道家文化研究：第3辑. 上海：上海古籍出版社，1993.

金春峰.《缪和》《昭力》反映的思想、文化与时代//朱伯崑，主编. 国际易学研究：第5辑. 北京：华夏出版社，1999.

荆州地区博物馆．江陵王家台 15 号秦墓．文物，1995（1）．

李汉三．《周易·说卦传》著成的时代//黄寿祺，张善文，编．周易研究论文集：第 1 辑．北京：北京师范大学出版社，1987．

李镜池．论《周易》的著作年代//黄寿祺，张善文，编．周易研究论文集：第 1 辑．北京：北京师范大学出版社，1987．

李零．读上博楚简《周易》．中国历史文物，2006（4）．

李学勤．从帛书《易传》看孔子与《易》．中原文物，1989（2）．

李学勤．帛书《周易》的几点研究．文物，1994（1）．

李学勤．清华简《筮法》与数字卦问题．文物，2013（8）．

李学勤．《筮法》释文注释//清华大学藏战国楚简（肆）．上海：中西书局，2013．

廖名春．帛书《缪和》《昭力》简说//陈彭应，主编．道家文化研究：第 3 辑．上海：上海古籍出版社，1993．

廖名春．帛书《二三子问》释文．帛书《系辞》释文．帛书《易之义》释文．帛书《要》释文．帛书《缪和》释文．帛书《昭力》释文//朱伯崑，主编．国际易学研究：第 1 辑．北京：华夏出版社，1995．

廖名春．《周易·说卦传》错简说新考．周易研究，1997（2）．

廖名春. 马王堆帛书《周易》经传释文//易学集成：第3卷. 成都：四川大学出版社，1998.

廖名春. 帛书《二三子》《要》校释五则//朱伯崑，主编. 国际易学研究：第5辑. 北京：华夏出版社，1999.

廖名春.《周易》比、履、离、泰四卦爻辞零释. 周易研究，2010 (5).

廖名春. 清华简《筮法》篇与《说卦传》. 文物，2013 (8).

梁韦弦. 帛书易传《要》篇透露出的卦气知识及其成书年代. 齐鲁学刊，2005 (3).

梁韦弦. 关于帛书《易之义》解说坤卦卦爻辞之文义的辨析. 周易研究，2005 (3).

林忠军. 从帛书《易传》看孔子易学解释及其转向. 北京大学学报：哲学社会科学版，2007 (3).

刘大钧. 今、帛、竹书《周易》卦爻辞补释. 周易研究，2011 (5).

刘大钧. 周易大传我见——关于《周易大传》各篇写成的先后及六十四卦顺序编次的探讨//黄寿祺，张善文，编. 周易研究论文集：第1辑，北京：北京师范大学出版社，1987.

刘鄂培. 试论《周易》的两个基本符号的意义——兼论卦象源于数字. 清华大学学报：哲学社会科学，1988，3 (3).

马楠. 清华简《筮法》二题. 深圳大学学报：人文社会科学版，2014，31 (1).

马王堆汉墓帛书整理小组. 马王堆帛书《六十四卦》释

文. 文物，1984（3）.

濮茅左.《周易》释文注释//马承源，主编. 上海博物馆藏战国楚竹书（三）. 上海：上海古籍出版社，2003.

孙道升. 评牟著《从周易方面研究中国之元学及道德哲学》//牟宗三先生全集：第1册. 台北：联经出版事业有限公司，2003.

王博. 从帛书《缪和篇》到《淮南子·缪称训》//朱伯崑，主编. 国际易学研究：第2辑. 北京：华夏出版社，1996.

王博. 卦爻辞的弹性——以《易传》的解释为中心. 中国哲学史，2008（3）.

王国维. 史籀篇疏证//王国维遗书. 1940年商务印书馆版. 上海：上海古籍书店，1983年影印.

王明钦. 王家台秦墓竹简概述//艾兰，邢文，编. 新出简帛研究——新出简帛国际学术研讨会文集. 北京：文物出版社，2004.

王莹. 帛书《易之义》键川、阴阳、刚柔、文武思想合论. 周易研究，2007（3）.

闻一多. 周易义证类纂//闻一多全集：乙集. 上海：开明书店，1948.

吴勇. 从竹简看所谓数字卦问题. 周易研究，2006（4）.

夏含夷（Edward Shaughnessy）.《周易》"元亨利贞"解——兼论周代习贞习惯与《周易》卦爻辞的形成. 周易研究，2010（5）.

谢向荣. 论楚竹书《周易》“讦”之卦义. 周易研究, 2011 (2).

谢金良. 上博楚竹书《周易》研究管窥//简帛考论. 上海: 上海古籍出版社, 2007.

徐强. 今、帛本《易传》“刚柔”解《易》的诠释学考察. 周易研究, 2009 (1).

于豪亮. 帛书《周易》. 文物, 1984 (3).

于豪亮. 马王堆汉墓帛书《系辞》校注//出土文献研究: 第3辑. 北京: 中华书局, 1998.

张岱年. 论《易大传》的著作年代与哲学思想//黄寿祺, 张善文, 编. 周易研究论文集: 第1辑. 北京: 北京师范大学出版社, 1987.

张克宾. 由占筮到德义的创造性诠释——帛书《要》篇“夫子老而好《易》”章发微. 社会科学战线, 2008 (3).

张克宾. 龙德与易道. 社会科学战线, 2012 (8).

张政烺. 帛书《六十四卦》跋. 文物, 1984 (3).

张政烺. 马王堆帛书《周易·系辞》校读//陈彭应, 主编. 道家文化研究: 第3辑. 上海: 上海古籍出版社, 1993.

张政烺. 试释周初青铜器铭文中的易卦. 殷墟甲骨文中所见的一种筮卦. 易辨——近几年根据考古材料探讨《周易》问题的综述. 帛书《六十四卦》跋//张政烺论易丛稿. 北京: 中华书局, 2011.

周立升. 帛《易》六十四卦刍议. 文史哲, 1986 (4).

后 记

《周易》是中华民族最为重要的经典之一。大约在西汉成帝时期，它开始居于五经之首，而为《礼》《乐》《诗》《书》《春秋》之原，班固作《汉志》，即将其列于“六艺”之首。后世沿袭此例不变，《四库全书》亦是如此。《周易》经学也因此连绵不绝，兴旺发达。《四库全书总目提要》“经部·易类”所谓“两派六宗”的说法，得其大体，很好地概括了易学在两千余年时间里的发展大势和学术分派。不过，这一概括非常宏观，难免有所缺漏。今天，补苴罅漏显然是非常必要的。大量出土易学（包括《周易》经传）材料的发现，不但使我们增长了许多新的易学知识，而且提出了许多新的易学问题。这些问题包括：数字卦及其相关材料的问题，筮法及其与易卦的关系问题，三《易》的差别问题，卜筮连用及其如何应用的问题，《周易》卦爻画的性质及其来源的问题，《周易》文本的抄写问题，楚简的卦符问题，《周易》本经的异文问题，孔子与《周易》的关系问题，帛书卦序及清华简《别卦》的问题，清华简《筮法》的问题，以及帛书《易传》所提供的新知识及其价值的问题，等等。另外，《左传》《国语》诸筮例和今本《易传》

也由于出土文献的新视野而被带入新的问题意识之中。

笔者自 1993 年秋转入珞珈山攻读硕士学位以来即开始学《易》，后来，毕业论文是关于汉代经学大师——郑玄的易学研究。记得当年上课，比较简单，萧汉明老师和唐明邦先生一共讲了七八次。其余，就靠自己去寻找资料和阅读了。刘大钧的《周易概论》、张善文的《象数与义理》、朱伯崑主编的《易学基础教程》、黄寿祺和张善文的《周易译注》等，我都看过。除此之外，研究性的论著也读了不少，例如黄寿祺和张善文编的《周易研究论文集》、朱伯崑的《易学哲学史》、刘纲纪的《周易美学》、业师萧汉明的《船山易学研究》等。那时，武汉大学图书馆收藏的相关书籍不多，全国易学研究尚处于恢复和初步发展阶段。除了馆藏图书之外，我又私下向两位老师借阅了一些他们的家藏图书，其中包括多种易学会议论文集。另外，我那时还细读过十部以上的宋代易学著作，并写有提要。总结起来，在读硕期间，尽管看了不少的易学书籍，但是现在回想起来，笔者在较长的一段时间里对于《周易》和易学的认识还是懵懵懂懂的，难窥其门径。

学位论文的写作是一大转折。主题是由导师萧汉明教授选定的。他说，毕业论文要做一个比较难的题目，于是指定我做郑玄易学研究。为了做好这一研究，除了反复细读王应麟等辑佚的《郑氏周易注》、《易纬》八种及《注》以外，我又看了不少研究郑玄、汉代经学、汉代思想的著作。张舜徽的《郑学丛著》、吕凯的《郑玄之谶纬学》、钟肇鹏的《谶纬论略》和牟宗三的《周易的自然哲学与道德函义》等，凡是在学校图书馆和哲学系资料室能够找得到的相关资料，我都尽心尽力地读过了。那时，唐力权先生正在海内各大哲学系所掀起场有哲学讲座的狂潮，一路得到许多少壮派学者的大力追捧。我被吆喝着去听了几场，当时大为感动。这样，笔者在写作毕业论文时就不免在个别词汇上受到了他的影响。论文的初稿是在 1995 年暑假期间写出来的，10 月份，业师看了，觉得颇出乎他的预料。由此，我得到了老师的首肯，从此升堂入室，进入易学之门庭。在此，笔者还要特别感谢南京大学的周继旨先生、福建师范大学的张善文先生、武汉大学的唐明邦先生和山东大学的刘大钧先生。周、张、唐三位是笔者学位论文的评阅人，多年后周继旨先生在途经武汉、顺便访问故友萧萐父和唐明邦先生的时候，还特地让萧老先生命我前去侍座，一起吃个饭，见见面。善文先生事后特地修书一封，由于内容多涉笔者论文，业师遂将此函转交我保存。在信末，善文先生非常关心地询问起我毕业分配的去向，并说："我觉得他是个可造之材，前途甚佳。"刘大钧先生则将拙文的大部分文字发表在《象数易学研究》第 2 辑上，给晚辈以很大的鼓励。另外，拙文还有一章发表在《中国哲学史》1996 年第 3 期上，这要感谢张智彦先生。

笔者很早即关注出土易学。国内的易学研究，依鄙见，实始于出土易学，始于所谓数字卦问题。1978 年 12 月上旬，张政烺先生在吉林大学召开的一个会议（"首届中国古文字研究会学术讨论会"）上临时作了《古代筮法与文王演周易》的简短发言，回答了有关提问，断定新发现的西周甲骨上的数字组为筮数和易卦。此说一出，石破天惊，立即引起巨大轰动，并迅速向有关学界扩散，影响极大。张先生后来收集和整理相关资料，发表了多篇论文，论证了他的这一重要观点和发现。而这类由数字组构成的易卦，学界通称为“数字卦”。数字卦问题于是成为相关学界的研究热点。我对于出土易学的关注，即始于老师们对数字卦问题的介绍。在读研期间，陈松长、廖名春做的帛书《易传》释文又相继发表，对此我颇感兴奋。据我的印象，帛书《系辞》和《要》篇在当时的影响最大。而为什么会如此呢？其实这不难理解，因为《系辞》在中国哲学领域中是十分重要的文本，帛书的发现必然会引起学者的高度关注！而帛书《要》篇之所以受到高度关注，是因为其中有一段话直接关涉到一桩争执很久的公案，即孔子是否老而好《易》、学《易》和传《易》的问题。《要》篇曰：“夫子老而好《易》，居则在席，行则在橐。”这三句话说得如此之明白，证据如此之直接，给赞成派以极大的鼓舞和支持，难怪许多学者在当时就表现得很兴奋了！此外，陈鼓应先生“《易传》为道家学派作品”和中国文化为“道家主干说”的主张也借机鼓吹起来，在学界发生了一场“姓儒”还是“姓道”的小规模争论。

笔者对于出土易学的研究，始于《〈说卦〉三篇后得问题与汲冢竹书〈易〉述论》（原题为《从出土竹书综论〈周易〉诸问题》）一文，该文是为“首届海峡两岸青年易学论文发表会”（2000 年 5 月在台北召开）而写的。现在看来，这篇论文在出土易学的研究上尚处于学步阶段，对相关研究文献的阅读也稍嫌不足。不过，自那时起，笔者即逐步确立了从事“出土易学研究”的计划。此后，奉庞朴先生之命，笔者为《儒藏》点校了马王堆帛书《周易》经传。这个项目，对于当时的我来说，算得上勉为其难。老实说，笔者本无心承担此一任务，不过，现在看来，它还是给我带来了一大好处——积累了一些做校注的经验，这为后来笔者写作两部专著《郭店楚竹书〈老子〉校注》和《楚竹书与汉帛书〈周易〉校注》打下了良好的基础。《楚竹书与汉帛书〈周易〉校注》晚于《郭店楚竹书〈老子〉校注》的写作，动笔时，我感到比较从容、顺畅。在此前后，笔者又断断续续地撰写了多篇研究出土易学的论文，乃至于前后加起来有九篇之多（不计札记类文章），达到了预定规模的一半。

本书所列九章，是由笔者已发表的九篇论文略加编辑、润色而成的。第一章《从出土材料论〈周易〉卦爻画的性质和来源》，发表在《哲学门》2015 年第 1 辑上；第二章重新讨论“《说卦》三篇后得”问题，述论汲冢出土竹书易学文献，发表在《周易研究》2000 年第 4 期上。第二编五章，都是研究马王堆帛书《易传》的，分别发表在《江汉论坛》2015 年第 1 期、《中国哲学史》2001 年第 3 期、《武汉大学学报》（人文科学版）第 69 卷第 1 期、《周易研究》2002 年第 3 期和 2013 年第 4 期上。需要指出的是，《论马王堆帛书〈要〉篇“观其德义”的易学内涵》一章，主要是由李攀博士撰写的，我做了指导，并亲自修改了部分文字。《马王堆帛书〈二三子〉疑难字句释读》一章，本是一篇会议论文，在正式发表时附上了一位第二作者，特此说明。第三编两章，即第八章讨论了《老子》

《周易》这两种经典文本的演变特征和区别，以及“文本”与“思想”之相互作用的问题，发表在《中国社会科学》2013 年第 2 期上；第九章从出土早期易学材料论述了《周易》经学的哲学解释问题，发表在《社会科学战线》2012 年第 12 期上。此外，笔者在《周易研究》等刊物上发表了 10 余篇札记类文章，除一篇以外，本书一概不予收入。

在全书九章中，《从出土材料论〈周易〉卦爻画的性质和来源》和《马王堆帛书〈易传〉的哲学思想》两章值得特别一提，它们是笔者在近两三年的时间里写出来的，代表了笔者在出土易学研究上的最新水准。“《周易》卦爻画的性质和来源是什么”，这曾经是一个贯穿在张政烺、李学勤等先生的数字卦研究活动中，乃至贯穿在近一个世纪的《周易》考证活动中学者所要着力探讨和解决的重大疑难问题。现在，由于清华简《筮法》篇的发现，这一问题终于得到了圆满的解决，其中爻画“━（一）”在《筮法》卦例中一律表示数字“七”，起了关键作用。据鄙人的研究，在先秦，《周易》卦爻画的来源经历了从五十五数揲蓍法到五十数揲蓍法，从爻体六、一（七）到一（七）、八，而其性质则经历了从天地到阴阳的巨大转变。无论是今本还是出土诸本《周易》的爻画与爻题，实际上都直接来源于五十数揲蓍法所得的四象数：七、八为阴阳爻画，而九、六为爻题！拙文《从出土材料论〈周易〉卦爻画的性质和来源》的学术贡献正在于此。对于帛书《易传》的哲学研究，曾长期存在两大缺憾，一是落于局部和个别问题之中，二是释文长期处于不断改善之中。拙文《马王堆帛书〈易传〉的哲学思想》即以质量大幅提高的新释文为基础，对帛书《易传》的哲学思想做出了迄今为止最为一般的概括和总结，从解《易》原则、阴阳说、乾坤说（包括龙德说）和今本、帛书的思想差异四个方面做了详细的论述。当然，这两篇论文的写作，跟学界此前的研究成果是分不开的。

总之，笔者从事出土易学的研究颇有些年月，立志也比较早，但是论文写得不多，成绩仍有限。所幸，在此期间出版了小书数种，算是没有游手虚度时光。日后，等本书再版，那时笔者再补入五六篇论文，以完善我对这一课题的研究。

最后，感谢王琬莹女士的一再联系和催促，使得本书能够较快编辑成稿，并交由中国人民大学出版社出版。另外，十分感谢王巧生博士，他通读和检查了书稿的全部文字，并编辑了书末参考文献的初稿。

是为记。

丁四新

丙申年大暑记于

武昌珞珈山武汉大学

图书在版编目（CIP）数据

周易溯源与早期易学考论/丁四新著. —北京：中国人民大学出版社，2017.2
（出土文献与早期中国思想新知论丛/王中江　主编）
ISBN 978-7-300-23826-5

Ⅰ.①周…　Ⅱ.①丁…　Ⅲ.①《周易》-研究　Ⅳ.①B221.5

中国版本图书馆 CIP 数据核字（2017）第 004819 号

出土文献与早期中国思想新知论丛
王中江　主编
周易溯源与早期易学考论
丁四新　著
Zhouyi Suyuan yu Zaoqi Yixue Kaolun

出版发行	中国人民大学出版社		
社　　址	北京中关村大街 31 号	**邮政编码**	100080
电　　话	010－62511242（总编室）		010－62511770（质管部）
	010－82501766（邮购部）		010－62514148（门市部）
	010－62515195（发行公司）		010－62515275（盗版举报）
网　　址	http://www.crup.com.cn		
	http://www.ttrnet.com（人大教研网）		
经　　销	新华书店		
印　　刷	北京联兴盛业印刷股份有限公司		
规　　格	148 mm×210 mm　32 开本	**版　　次**	2017 年 2 月第 1 版
印　　张	8.875 插页 2	**印　　次**	2025 年 9 月第 4 次印刷
字　　数	177 000	**定　　价**	58.00 元